El Club de los Caballeros

Gary M. Douglas

Con la contribución del Dr. Dain Heer

Traducido por Guillermo Lara Aguilera

El Club de los Caballeros
Copyright © 2017 Gary M. Douglas

Traducción realizada por el Equipo de Traducción de Access en Español

ISBN: 978-1-63493-060-4

Todos los derechos reservados. Ninguna de las partes de esta publicación puede ser reproducida, almacenada en un sistema de recuperación de datos, o transmitida, bajo ninguna forma o ningún medio, electrónico, mecánico, de fotocopiado, grabación u otro, sin previo consentimiento por escrito del editor.

El autor y editor del libro no garantizan o hacen declaración alguna sobre ningún resultado físico, mental, emocional, espiritual o financiero. Todos los productos, servicios e información proporcionada por el autor son con fines de educación y entretenimiento en general. La información proporcionada aquí no es en ningún caso un sustituto de ayuda médica o profesional. En caso de que emplee cualquiera de esta información para uso personal, el autor y editor no asumen ninguna responsabilidad de sus acciones.

Editado por
Access Consciousness Publishing, LLC
www.accessconsciousnesspublishing.com

Impreso en los Estados Unidos de América

Facilidad, Gozo y Gloria

Había tres hombres en la clase del Club de los Caballeros que originalmente estaban casados. Poco después de que las clases terminaron, recibí algunas llamadas telefónicas de las mujeres que se casaron con estos chicos. Ellas me dijeron "Gracias por impartir estas clases. Tengo nuevamente al hombre del que me enamoré"

Índice

Prólogo 7

Capítulo 1: Avanzando hacia algo diferente 9

Capítulo 2: Creando sexo y relaciones desde la consciencia de lo que es 51

Capítulo 3: Tú eres el producto valioso 83

Capítulo 4: Conviértete en el rey de las posibilidades 119

Capítulo 5: El sexo, copulación y relaciones fenomenales que podrías estar eligiendo 163

Capítulo 6: ¿Qué es lo que realmente deseas? 203

Capítulo 7: Siendo bueno en la cama 227

Capítulo 8: ¿Qué es un caballero? 253

Capítulo 9: ¿Qué es lo que realmente quieres en una relación? 301

Capítulo 10: La presencia agresiva de la *sexualness* 339

Capítulo 11: Eligiendo el compromiso 363

Capítulo 12: Descifrando los subtextos de las mujeres 391

El Enunciado Aclarador de Access Consciousness® 419

Glosario 423

¿Qué es Access Consciousness? 431

Prólogo

El Club de los Caballeros se basa en una serie de doce teleclases que facilité a un grupo de hombres increíbles y valientes. Mi intención con las clases del Club de los Caballeros era crear un entorno sólo para varones, donde los participantes pudieran hablar libremente acerca de ser un hombre en esta realidad. Hay mucha energía en estas conversaciones. Las lectoras femeninas pueden crisparse con parte del lenguaje de nuestro "club de hombres", pero espero que terminen el libro con una apreciación más profunda hacia los hombres en sus vidas y un mayor reconocimiento de lo que se requiere para crear una relación desde una realidad totalmente diferente.

En los siguientes diálogos, habrá algunas palabras, conceptos y herramientas con las que nunca antes te has topado. También puede haber algunas palabras comunes como "ser", "humano" o "recibir" que usamos de manera poco familiar. Las hemos tratado de definir en un glosario al final del libro.

También encontrarás El Enunciado Aclarador que utilizamos en Access Consciousness™. Es una frase breve que se ocupa de las energías que están creando las limitaciones y contracciones en tu vida. Cuando lo lees por primera vez, puede hacer girar tu cabeza un poco. Esa es nuestra intención. Se ha diseñado para sacar a tu mente de la jugada y puedas acceder a la energía de la situación.

Con El Enunciado Aclarador, estamos abordando la energía de las limitaciones y barreras que nos impiden avanzar y expandirnos hacia todos los espacios a los que nos gustaría ir.

El Enunciado Aclarador de Access Consciousness es "Acertado - Equivocado, Bueno - Malo, POC y POD, Todos los 9, Cortos, Chicos y Más Allás"™. Hay una breve explicación de lo que significan las palabras al final del libro. Puedes elegir utilizar o no El Enunciado Aclarador; no tengo ningún punto de vista al respecto, pero sí quiero invitarte a que lo pruebes y veas qué pasa.

1
Avanzando hacia algo diferente

*¿Deseas funcionar desde el tratar de cambiar
las cosas para que se vean diferentes?
¿O quieres hacer algo diferente que funcione para ti?*

Gary:
Bienvenidos a El Club de los Caballeros. Vamos a comenzar con una pregunta.

CONFIANDO EN TI MISMO COMO HOMBRE / CONFIANDO EN OTROS HOMBRES

Participante:
Estoy iniciando un grupo de empoderamiento para hombres, pero la participación de los hombres es muy lenta.
¿Tienen alguna sugerencia?

Gary:

No lo llames "empoderamiento para hombres". Los hombres supuestamente tienen todo el poder. En verdad, están totalmente desempoderados (pero no lo saben). Si se llama "empoderamiento", nadie va a venir porque aún no saben que necesitan o quieren empoderamiento. Llámalo "Cómo hacer más fácil tu vida con las mujeres".

Dain:

Los hombres quieren que su vida con las mujeres sea más fácil, mucho más de lo que quieren estar empoderados y conectarse con otros hombres. Lo que la mayoría de los hombres hace más es intentar conseguir una mujer o acostarse con ella. Para la mayoría de los hombres, la idea de reunirse con otros hombres es un lugar de demasiada potencia. Los asusta.

Hace algunos años, hicimos una clase de Nivel Dos y Tres de Access Consciousness en Santa Bárbara. Algunas de las mujeres de Access Consciousness salieron esa noche y vieron cómo dos chicos se peleaban. Las damas dijeron: "¿Saben qué? Es obvio que lo que esos chicos querían era tener sexo entre sí, pero como no podían tener eso en este mundo, se pelearon. La pelea era una forma de expresarlo".

Cuando hablas con los hombres acerca de juntarse con otros hombres como hombres, surgen todas estas cosas que se supone no deben ser, no deben hacer, y particularmente, que se supone no deben ser y hacer juntos. Es muy interesante escuchar la retroalimentación de las mujeres en las llamadas del Salón de Féminas. Después de dos llamadas, estaban diciendo cosas como: "Yo pensé que escuchar a un montón de mujeres sin tener hombres con quienes jugar o coquetear iba a ser desagradable, pero ahora siento que tengo estas nuevas hermanas, y es sorprendente cuánto más de mí tengo y cuán más conectada me siento con las mujeres y conmigo misma".

Me di cuenta, al escuchar esa retroalimentación, que nosotros como hombres tenemos lo mismo. Creamos separación entre nosotros en lugar de acercarnos. Si pudiéramos cambiar eso, podríamos verdaderamente cambiar el mundo. Y también tendríamos mucho mejor sexo, seríamos la potencia de nosotros y nos divertiríamos mucho más.

Gary:

Tengo un proceso:

¿Qué estupidez estás usando para crear la separación de hombres y mujeres, mujeres y mujeres, hombres y hombres, estás eligiendo? Todo lo que esto sea, multiplicado por un dioszillón, ¿lo destruyes y lo descreas? Acertado - Equivocado, Bueno - Malo, POC y POD, Todos los 9, Cortos, Chicos y Más Allá.

Participante:

En este proceso, preguntaste: "¿estás eligiendo?" Yo tiendo a decir: "que estás eligiendo". Me doy cuenta de que no dices esto, ¿me puedes decir por qué?

Gary:

"Que estás eligiendo"[1] justifica la razón por la que estás eligiendo. Es un punto de vista fijo. Está diciendo: "estoy eligien-

---

1   N.del T.: Traducción de "That you are choosing". Sin embargo, más adelante, el autor usará "you are choosing" (sin "that" en la versión original) en algunos procesos, en cuyos casos se usará la traducción "que estás eligiendo". Ejemplo: "What stupidity are you using to create the woman you are choosing?" La traducción: "¿Qué estupidez estás usando para crear la mujer que estás eligiendo?" En contraste, se utilizará "..., estás eligiendo?" sin "que", cuando los procesos en la versión original en inglés finalizan con: "are you choosing?".

do esto porque _____". Prefieres creer que estás eligiendo algo por una *razón* en lugar de *sólo elegir*. Estoy tratando de que veas que no hay ninguna razón para lo que eliges: simplemente eliges. Por eso pregunto: "¿estás eligiendo?"

Participante:
Gracias.

CREANDO ALIANZAS CON LOS HOMBRES

Participante:
¿Puedes hablar sobre la separación que creo con otros hombres?

Gary:
Una de las cosas que se supone que *no* debes hacer con otros hombres es tener energía sexual. Ese es un gran no. Así que tú haces lo que sea que tengas que hacer con el fin de no tener energía sexual con otros hombres. Sin embargo, casi todo al respecto de la energía sexual tiene que ver con recibir. Sin energía sexual, no se recibe. Así que cuando nos desconectamos de recibir energía sexual con otros hombres, también cortamos nuestro recibir de las mujeres, de las relaciones y del sexo. Nos desconectamos de recibir con el dinero, los negocios y todo lo demás.

Si tú puedes estar hombre con hombre, entonces tienes un lugar donde puedes crear una alianza, la cual puede crear dinero; o puedes crear una alianza que crea diversión o todo tipo de cosas. Por ejemplo, Dain y yo pasamos la mayoría del tiempo juntos. Estamos dispuestos a estar ahí como hombres para nuestros amigos. Yo animo a Dain a que salga y tenga sexo con otras mujeres; lo impulso a que haga lo que quiera hacer, pero él es mi amigo y cuida mi espalda. Si creas separación entre hombres, jamás podrás asumir que otro hombre cuidará tu espalda.

Dain:
Asumes que los hombres te van a dar una puñalada en la espalda. Pero la mayoría de las veces, no va a ser el hombre en tu vida quien te apuñale por la espalda.

Participantes:
(Risas)

Gary:
Las mujeres no te dan una puñalada en la espalda. ¡Te arrancan los testículos!

Dain:
Cuando los hombres compran la idea de que la energía sexual no debe estar entre ellos, se desconectan a sí mismos de la energía nutritiva, afectuosa, expansiva, generativa, creativa y sanadora que tienen con otros hombres.

Gary:
La energía de "te cuido la espalda".

Dain:
También te desconectas de tener esta energía para ti y contigo mismo.

Gary:

Tú eres un hombre y te tienes que separar de ti, así que no puedes cuidar de tu propia espalda. Y esta es la razón por la que muchos de ustedes se entregan, especialmente a las mujeres.

Dain:

Muchos de ustedes están pensando: "Mm, tal vez pueda encontrar a la mujer que finalmente me complete, y llenará el vacío que no estoy llenando por mí mismo". Tú, separándote de ti mismo, es parte de la separación de hombres con hombres. Tendemos a verlo como que los hombres de los que nos separamos están fuera de nosotros, pero tienes que separarte de ti con el fin de hacer real la separación con otros hombres.

Gary:

La pregunta que tengo aquí es: ¿confías en ti como hombre?

Dain:

Y la respuesta es "¡seguro que no!"

Participante:

La respuesta es "no".

Gary:

Si no puedes cuidar tu propia espalda, ¿dónde vas a encontrar a alguien que cuide tu espalda? Tú no puedes permitir que un hombre cuide tu espalda, así que, ¿quién puede cuidar tu espalda?

Dain:

Piensas que si un hombre te cuida la espalda, no sabrás lo que pueda hacer cuando esté detrás de ti; no le permitirás cuidar tus espaldas porque te podría agarrar de los huevos.

Gary:

Eso es una locura.

Dain:

Es una locura total. Cuando te permites esos escasos momentos de cercanía con un hombre sin tener un punto de vista al respecto, ello abre tu mundo dinámicamente.

Gary:

Es un regalo sorprendente y una posibilidad asombrosa.

Dain:

¿Qué estupidez estás usando para crear la separación de hombres y mujeres, mujeres y mujeres, hombres y hombres que estás eligiendo? Todo lo que esto sea, multiplicado por un dioszillón, ¿lo destruyes y descreas todo? Acertado - Equivocado, Bueno - Malo, POC y POD, Todos los 9, Cortos, Chicos y Más Allás.

Gary:

¿Qué estupidez estás usando para crear la separación de hombres y mujeres, mujeres y mujeres, hombres y hombres que estás eligiendo? Todo lo que esto sea, multiplicado por un dioszillón, ¿lo destruyes y descreas todo? Acertado - Equivocado, Bueno - Malo, POC y POD, Todos los 9, Cortos, Chicos y Más Allás.

Oye Dain, ¿sabes cómo separaban a los hombres de los niños en Grecia?

Dain:
¡Con una palanca!

Gary:
Simplemente pensé que debíamos interponer una broma de mal gusto para mantenerlos despiertos. Bueno, ejecutemos una vez más el proceso.

¿Qué estupidez estás usando para crear la separación de hombres y mujeres, mujeres y mujeres, hombres y hombres que estás eligiendo? Todo lo que esto sea, multiplicado por un dioszillón, ¿lo destruyes y lo descreas todo? Acertado - Equivocado, Bueno - Malo, POC y POD, Todos los 9, Cortos, Chicos y Más Allás.

Alto. Tenemos que agregar "hombres y niños" al proceso. Una energía rara surgió después de que hicimos esa broma, y me di cuenta de que tratamos de crear separación entre hombres y niños. Los hombres están siendo mentores de los niños sin nunca cuidar de sus espaldas.

Dain:
Crecemos con la idea de que estamos solos. Creemos no sólo que somos malos y estamos equivocados; sino también que ni siquiera merecemos que alguien cuide de nuestras espaldas.

Gary:
Ni siquiera pensamos que merecemos cuidar nuestra propia espalda, y es por ello que pienso que los hombres no confían en sí mismos.

Dain:

¿Qué estupidez estás usando para crear la separación de hombres y mujeres, mujeres y mujeres, hombres y hombres, y hombres y niños que estás eligiendo? Todo lo que esto sea, multiplicado por un dioszillón, ¿lo destruyes y descreas todo? Acertado - Equivocado, Bueno- Malo, POC y POD, Todos los 9, Cortos, Chicos y Más Allá.

DESCONECTÁNDOTE DE TU SENTIDO DE LA BELLEZA

Gary:

¿Saben?, también agregaremos "hombres y niñas" al proceso. He notado que, si un adulto masculino ve a una niña joven y tiene un gramo de energía sexual, tiene que entrar en juicio de sí mismo por ser algún tipo de pervertido o persona terrible, o alguien que quiere tener sexo con infantes, nada de lo cual es necesariamente verdad.

Si yo veo un hermoso caballo, para mí es un caballo.

¡Yo veo un hermoso caballo y me excita! Ver a un hermoso caballo moverse es todo lo que me importa. No tengo que hacer nada con él. No tengo que tenerlo. No tengo que tener un lugar donde tenga que controlarlo. Sólo reconozco que el caballo es hermoso.

Los hombres se desconectan de su sentido de la belleza porque tienen miedo, ya que es una energía sexual y eso "significa" algo.

Dain:

Cuando tú, como hombre "hetero", tienes este sentido de la belleza, piensas que significa que de alguna manera eres gay o delicado.

Gary:

Se llama "metrosexual".

Dain:

Exactamente. Metrosexual es donde puedes tener todas las cosas buenas de los hombres *gays* y todas las cosas buenas de los hombres heterosexuales combinadas: metrosexual.

Gary:

Sí.

Participantes:

(Risas)

Dain:

¿Qué fue eso?

Gary:

Alguien se rio porque somos graciosos.

Dain:

Ah, no había escuchado ese sonido por un tiempo. Por eso no sabía lo que era.

Participantes:

(Risas)

Gary:

¡Han estado hablando mucho con las mujeres!

Dain:

¿Qué estupidez estás usando para crear la separación de hombres y mujeres, mujeres y mujeres, hombres y hombres, hombres con niños, y hombres con niñas que estás eligiendo? Todo lo que esto sea, multiplicado por un dioszillón, ¿lo destruyes y descreas todo? Acertado - Equivocado, Bueno - Malo, POC y POD, Todos los 9, Cortos, Chicos y Más Allá.

Gary:

Dios mío. ¡La cantidad de carga es simplemente increíble!

"NOS CUIDAMOS MUTUAMENTE LA ESPALDA"

Dain:

La otra noche, estaba cenando con nuestro amigo Ricky. Era la primera vez que pasábamos tiempo juntos, sólo él y yo. Le estaba contando sobre la amistad que tengo con Gary. Le dije: "Nos cuidamos mutuamente la espalda, pero no fue evidente desde el primer día. Nuestra amistad se ha desarrollado con el tiempo. Hemos creado un nivel de confianza siendo nosotros mismos, eligiendo lo que apoyaría al otro y cuidando su espalda".

Le dije: "Inicialmente cuando conocí a Gary, le di todo tipo de información que él pudo haber utilizado para joderme y apuñalarme por la espalda, pero él no lo tomó de esa manera. Y él me dio todo tipo de información que también podría utilizar contra él, pero yo no hice eso. Fue más como: "¿Cómo podemos contribuir el uno al otro y apoyarnos mutuamente?" Habíamos estado pasando tiempo juntos, teniendo una amistad sorprendente casi durante un año, y un día él vino y me dijo: "Nuestra amistad ha terminado".

Le pregunté: "¿De qué estás hablando?" Gary me respondió: "Me has estado juzgando. Realmente me has estado juzgando duramente. El resto del mundo puede juzgarme. Eso está bien, pero yo no le doy permiso a mis amigos de que me juzguen, por lo tanto, se acabó nuestra amistad. Puedes seguir trabajando en Access Consciousness, pero desde este momento se acabó nuestra amistad.. Ya no quiero ser tu amigo. No funciona para mí".

Yo me quedé como: "¡Quéee!" Cuando él dijo: "Me estás juzgando", literalmente en mi mente pensé: "¡Bueno, sí, por supuesto! ¿No es eso lo que los amigos hacen?" Ese era mi punto de vista.

Gary:
Es lo que hacen los amantes, no los amigos.

Dain:
Él se fue y yo sentí un vacío en mi vida y en mi mundo. Yo dije: "Espera un minuto. No ha habido un solo momento donde Gary no me haya cuidado la espalda, y, ¿yo lo he estado juzgando? Es una estupidez. Aun cuando él se vaya, yo necesito cambiar esto en mí".

Le llamé y le dije: "Gary, tienes toda la razón, y realmente lo siento mucho. Quiero cambiar esto, pero no sé cómo. No sé qué hacer al respecto, así que te estoy pidiendo ayuda. Estoy dispuesto a pagarte una sesión, si es necesario, pero ¿me harías el favor de ayudarme a superar esto?"

Gary respondió: "Ok, te daré una hora, y veremos a dónde podemos llegar". Me tomó cuarenta y cinco minutos darme cuenta de que estaba *eligiendo* juzgarlo. Sentí ganas de darme duro contra la pared al darme cuenta de que estaba eligiendo esto, porque se sentía tan automático. Cuando finalmente lo entendí, cambió todo mi mundo y toda mi realidad. Me di cuenta de que mi juicio era que si él me quería tanto como me quería, era porque él estaba interesado en tener sexo conmigo. Él era gay y sólo quería sexo. Él sólo quería llevarme a la cama. Eso era lo que estaba por debajo manteniendo las montañas de juicios que había levantado en contra de mi amigo.

¿Será posible que tú no te permitas tener una amistad con un hombre, porque en alguna parte de tu universo, has concluido y juzgado que sólo hombres que quieren tener sexo contigo serán amables, cariñosos y cuidarán de ti? Todo lo que eso saca a relucir, multiplicado por un dioszillón, ¿lo destruyes y descreas todo? Acertado - Equivocado, Bueno - Malo, POC y POD, Todos los 9, Cortos, Chicos y Más Allás.

Gary:

El otro día estaba trabajando con alguien. Siempre tuve la sensación de que él había sido abusado, pero nunca lo diría. En la sesión, le pregunté algo, y surgió que hubo un entrenador de futbol soccer que él sintió que lo había abusado.

Yo le pregunté: "¿A qué te refieres? ¿Qué fue lo que hizo el entrenador?"

Él me dijo: "Bueno, él solía darme masaje en los hombros. Él decía que estaba tratando de quitar los nudos".

Le pregunté: "¿Tenía tu entrenador energía sexual cuando hacía eso?

Él contestó: "¡Sí!"

Le pregunté: "¿Tenía él energía sexual hacia ti?" Él contestó: "Sí"

Este chico nunca tuvo una experiencia sexual con su entrenador. El entrenador lo estaba tratando de ayudar. Él tenía un sentido de amor y cariño por este muchacho, y el muchacho lo interpretó como deseo sexual, así que desconectó su consciencia de un hombre que emanaba ese tipo de energía. Concluyó que se trataba de sexo, y como resultado, se sintió violado.

Todos los lugares donde te has sentido violado cuando algún hombre te vio como un niño realmente tierno o como alguien tan adorable que era difícil de resistir, o que no sintió que tenía que cortar su energía sexual en torno tuyo, y tú lo rechazaste y te rechazaste a ti mismo y te enfocaste en lo malo de ello, y esto creó algún tipo de separación de ti hacia ti, o de ti hacia él, o de ti hacia los hombres, o de ti hacia hombres y niños, ¿lo destruyes y descreas todo? Acertado - Equivocado, Bueno - Malo, POC y POD, Todos los 9, Cortos, Chicos y Más Allás.

Aparentemente algunos han tenido experiencias similares. ¿Alguno de ustedes tuvo una experiencia así, donde sentiste sexual a alguien que era un "varón", y sentiste como si estuvieras siendo violado o que quería algo de ti que no querías o no estabas dispuesto a dar?

Todo lo que esto saca a relucir, multiplicado por un dioszillón, ¿lo destruyes y descreas, por favor? Acertado - Equivocado, Bueno - Malo, POC y POD, Todos los 9, Cortos, Chicos y Más Allás.

LA BONDAD QUE LOS HOMBRES TIENEN

Participante:

Cuando estaba creciendo, yo no podía hallar la bondad que los hombres tienen. Cuando conocí a Dain, a ti y a otros hombres en Access Consciousness, fue como: "¡Oh, esto es! ¡Esto es lo que yo estaba buscando!" No me permitía verlo cuando era más joven.

Gary:

¿Qué sucedió cuando eras joven de lo cual no querías enterarte, que creó un lugar donde te tuviste que separar de ti y otros hombres, para tener el sentido de que podrías encontrar la bondad que sabías que debía existir?

Participante:

Vi cómo actuaban los hombres que me rodeaban. Vi lo que mi abuelo les hizo a mis hermanas y lo que mi papá le hizo a mi mamá, entonces decidí: "Si eso es ser hombre, no quiero serlo".

Gary:

Todo lo que decidiste que no querías ser, porque no viste la bondad ahí y porque lo que viste fue dolor, sufrimiento, daño, injusticia y maldad, ¿destruyes y descreas todo eso y te reclamas a ti? Acertado - Equivocado, Bueno - Malo, POC y POD, Todos los 9, Cortos, Chicos y Más Allás.

Dain:

Otra parte surgió mientras hablabas. ¿Cuánto estabas consciente del disgusto y odio de tu madre hacia los hombres, el disgusto y el odio de tus hermanas hacia los hombres, y el disgusto y odio de tu abuela hacia los hombres?

Gary:

Bueno, ni siquiera sería odio. Sería total desconfianza.

Dain:

Ok, grandioso. Desconfianza total, que es exactamente lo que hacemos con nosotros mismos.

Gary:

Sí, es lo que terminas haciendo. No puedes confiar en que las mujeres van a confiar en los hombres. No ves ningún tipo de confianza de las mujeres hacia los hombres, no ves ninguna clase de confianza de los hombres hacia los hombres, y el resultado final es: no puedes confiar en ti, porque eres un hombre.

Dain:

Lo que es totalmente retorcido aquí es que estás comprándolo del mundo de una mujer y no te habías dado cuenta. Está ahí por debajo de todo lo demás, carcomiéndote todo el tiempo. No vino de un hombre y no vino de ti. Es algo que se supone que tú tienes que sostener como un punto de vista. Tú no deberías de ser como los hombres de los que las mujeres desconfían. ¿Tiene esto sentido?

Participante:

Sí.

Gary:

Las mujeres tampoco confían en sí mismas. Muy rara vez son buenas para odiar, pero son muy buenas desconfiando, y harán cosas odiosas y terribles en nombre del empoderamiento y en nombre de obtener poder, porque ellas se sienten desempoderadas de cara a la total falta de honra y la total falta de confianza.

Todo lo que eso sacó a la superficie o alejó de ella, ¿podemos destruirlo y descrearlo, por favor? Acertado - Equivocado, Bueno - Malo, POC y POD, Todos los 9, Cortos, Chicos y Más Allás.

Dain:
Hay muchas cosas al respecto de no confiar en ti como hombre, y tampoco confiar en otros hombres. Obtienes la proyección de la falta de confianza de madres, hermanas, tías y todas las mujeres, porque ellas ven lo que ellas han definido como verdad: no pueden confiar en los hombres. Esta realidad es que no confían en sí mismas y no confían en los hombres. Tú no confías en ti y tampoco confías en los hombres, así que, ¿cuánto cariño realmente puedes tener por ti?

Nada. Y cualquier pequeño cariño que pueda existir es erosionado por la desconfianza, así que no puedes tener cariño para ti mismo. No puedes cuidar de tu propia espalda. Tienes que separarte todo el tiempo de ti mismo. Y no ves a otros hombres que sean cariñosos.

Conforme creces y deseas realmente tener sexo, ves que las mujeres se sienten atraídas por los imbéciles del mundo y dices: "Espera un minuto. Esto es muy confuso". No tienes manera de percibir la energía del cariño y potencia que eres. Ni siquiera tienes la menor idea de que esto es algo bueno para dirigirte hacia lo que es verdad para ti.

Gary:

Muchísimas mujeres desconfían de sí mismas y de su elección de hombres. Todo lo que pueden hacer es elegir hombres que igualmente son desconfiados. Algunos de ustedes han elegido compañeras que tienen el mismo tipo de desconfianza porque encaja con sus propias vibraciones y sus propios encarrilamientos a la falta de confianza que sienten por ustedes mismos.

Dain:

Eliges mujeres que te ven de cierta manera y piensas que así eres. Piensas que no eres digno de confianza, y compras la mentira de que eso es lo que eres. Pero no es así. Ninguno de ustedes es así.

¿Qué estupidez estás usando para crear la separación de hombres y mujeres, mujeres y mujeres, hombres y hombres, hombres y niños, y hombres y niñas que estás eligiendo? Todo lo que esto sea, multiplicado por un dioszillón, ¿lo destruyes y descreas todo? Acertado - Equivocado, Bueno - Malo, POC y POD, Todos los 9, Cortos, Chicos y Más Allás.

CREANDO SEPARACIÓN

Participante:

No siento que tenga un problema recibiendo energía sexual de los hombres, pero sí siento que estoy creando separación en general. Estoy creando separación como si tuviera un problema con la energía sexual de los hombres.

Gary:

¿Realmente recibes la energía sexual de un hombre? O, ¿lo que recibes es el punto de vista sobre ti, que eres de mente abierta?

Participante:

Sí, eso.

Gary:

Todo lo que has hecho para crear un punto de vista abierto que te elimina, ¿lo destruyes y descreas todo? Acertado - Equivocado, Bueno - Malo, POC y POD, Todos los 9, Cortos, Chicos y Más Allá.

Participante:

¿Está eso creando separación?

Gary:

Tu razón y justificación para crear separación es: "Sí, pero soy de mente abierta". Mucha gente dice: "Sí, pero soy de mente abierta".

"Pero soy de mente abierta" es la mentira que nos decimos para mantenernos funcionando en la separación que hemos creado. Compras la idea de que una mente abierta es todo lo que se requiere para superar la separación, en vez de la consciencia de lo que verdaderamente podría ser diferente.

Participante:

Sí. Wow.

Gary:

¿Cuánto has usado tu mente abierta como la justificación para crear la separación mientras pretendes que no estás haciendo eso? ¿Mucho? ¿Poco? ¿O megatoneladas? Todo lo que esto sea, multiplicado por un dioszillón, ¿lo destruyes y descreas todo? Acertado - Equivocado, Bueno - Malo, POC y POD, Todos los 9, Cortos, Chicos y Más Allá.

Dain:

¿Qué estupidez estás usando para crear la separación de hombres y mujeres, mujeres y mujeres, hombres y hombres, hombres y niños, y hombres y niñas, estás eligiendo? Todo lo que esto sea, multiplicado por un dioszillón, ¿lo destruyes y descreas todo? Acertado - Equivocado, Bueno - Malo, POC y POD, Todos los 9, Cortos, Chicos y Más Allá.

Participante:

Me gustaría cambiar eso. Me gustaría crear algo más, ser algo más y hacer algo más —y estoy totalmente perdido en cómo hacerlo.

Gary:

Bueno, no has visto un ejemplo de cómo estar presente como tú y disfrutar de ti, ¿o sí?

Participante:

No.

Gary:

¿Has pensado que juzgarte es disfrutarte?

Participante:
Sí, quizá sea la única forma en que me puedo disfrutar.

Gary:
La única forma en que te disfrutas es juzgándote para salir de lo equivocado de ti y así poder disfrutar que estás en lo cierto. Eso de ninguna forma expande tu universo, así que hay algo equivocado con ese punto de vista.

Dain:
¿Qué estupidez estás usando para crear la separación de hombres y mujeres, mujeres y mujeres, hombres y hombres, hombres y niños, y hombres y niñas que estás eligiendo? Todo lo que esto sea, multiplicado por un dioszillón, ¿lo destruyes y descreas todo? Acertado - Equivocado, Bueno - Malo, POC y POD, Todos los 9, Cortos, Chicos y Más Allá.

ENERGÍA SEXUAL Y RECIBIR

Gary:
Agreguemos algo más: "Y tú de ti"
¿Qué crea la sensación de *sexualness*? Es la sensación de recibir. Si hay un hombre como Dain que puede recibirte totalmente y que no tiene juicio de ti, estás siendo recibido. Esta es la misma energía sexual que deseas obtener de una mujer, pero yo estaría dispuesto a apostar dinero a que rechazarás la energía sexual de Dain de la misma manera en que rechazas la energía sexual de las mujeres. Esto trata acerca de cómo no estás dispuesto a recibir todo lo que eres capaz de recibir para, de, con y por ti.

Todo lo que esto sacó a relucir, y todo lo que esto sea, multiplicado por un dioszillón, ¿lo destruyes y descreas todo? Acertado - Equivocado, Bueno - Malo, POC y POD, Todos los 9, Cortos, Chicos y Más Allás.

¿Tienes alguna idea de lo que dije?

Participante:

Estoy un poco perdido aquí.

Gary:

Ese es el problema. ¿Te das cuenta de qué tan seguido has estado perdido con respecto a las relaciones con los hombres?

Participante:

Sí, y las mujeres.

Gary:

Sí. Te pierdes con las mujeres, pero está bien perderse con las mujeres porque de todos modos te excitan sexualmente.

Participante:

Sí, absolutamente.

Gary:

Pero si te pierdes con un hombre, es porque este hombre es x, y, o z, que es no nada más que un juicio.

Participante:

Sí, puedo sentir que mantengo una cómoda distancia, así que supongo que estoy cortando el recibir. No sé por qué, pero lo hago.

Gary:

Estás cortando cualquier cosa que no encaje con el patrón estipulado de la disposición a recibir.

Participante:

Podría con facilidad decir que nunca he tenido un modelo a seguir en mi vida que haya hecho algo diferente, así que puedo argumentar: "Oh, yo no sabía bla, bla, bla," pero no quiero que sea así. Quiero elegir algo más. Básicamente, me siento perdido.

Gary:

Esa es la razón por la que estamos haciendo esta llamada. Es la razón por la que estamos haciendo este proceso. Hagámoslo otra vez, Dr. Dain.

Dain:

¿Qué estupidez estás usando para crear la separación de hombres y mujeres, mujeres y mujeres, hombres y hombres, hombres y niños, hombres y niñas, y de tú de ti, estás eligiendo? Todo lo que esto sea, multiplicado por un dioszillón, ¿lo destruyes y descreas todo? Acertado - Equivocado, Bueno - Malo, POC y POD, Todos los 9, Cortos, Chicos y Más Allás.

ELIGIENDO ALGO DIFERENTE

Participante:

Cuando me vea creando separación, ¿será apropiado preguntarme qué hacer, cómo ser y cómo crear algo diferente?

Cuando termino en la energía de la separación, yo me hago a un lado y retraigo mi energía. De hecho, me retraigo.

Gary:

Tienes que preguntar: ¿Por qué razón un ser infinito elegiría esto? Tienes que captar que tú *eliges* retraerte. Siempre es una elección, y si tú vas a cambiarlo, tienes que decir: "Bien, estoy eligiendo esto, ¿y por qué razón elegiría esto?" Luego te dices: "Voy a elegir diferente sin importar cómo luzca".

Participante:

He estado tratando de hacer algo diferente, pero termino siempre sin cambio, y entonces me siento aún más estúpido…

Gary:

¿Cómo sería si estuvieras dispuesto a reconocer que hacer algo diferente sólo requiere que tú veas qué es lo que puedes elegir? Ni siquiera lo tienes que elegir.

Participante:

¿Ver lo que puedes elegir y no elegirlo?

Gary:

Sí. Digamos que te enojaste con tu novia, y dices: "¿Sabes qué? Quiero hacer algo diferente. ¿Qué sería diferente de enojarse?" Podrías decir: "Desquitarme sería una elección, gritarle podría ser una elección, amarla sería una elección"; y conforme hicieras eso, empezarías a ver que tienes múltiples elecciones, no sólo una.

Participante:

Sí.

Gary:

Estás buscando lo que resolvería el problema que has definido como el hecho de que te retraes. Eso es muy complicado. El hecho simple es que te retraes. Esa es la suma total de ello. No hay nada más. Así que dices: "Me gustaría hacer algo diferente. ¿Cómo luciría no retraerme? Wow, eso sería quedarme aquí, estar aquí y hacer lo que se requiera".

Participante:

Sí.

Gary:

¿Entiendes de qué estoy hablando?

Participante:

Sí, esto ayuda mucho.

Gary:

Grandioso. Elegir no retraerse abre la puerta a otras elecciones. Pregunta: ¿Qué otras elecciones tengo aquí? Si no voy a elegir esto, ¿qué otras elecciones tengo? Si empiezas a funcionar desde qué otras elecciones tengo, otras posibilidades pueden ocurrir.

Participante:

Sí, absolutamente.

Gary:

Todo mundo está siempre tratando de que les muestre cómo pueden crear soluciones y yo continúo respondiendo: "Todo lo que tienes que hacer es elegir".

Ellos responden: "Sí, pero no puedo".

¿Por qué no? Porque siguen viendo lo que está mal o cómo tienen que arreglar lo que está mal, con el fin de elegir algo diferente. No, sólo reconoce: "Esto no está funcionando". Y luego pregunta: "¿Qué puedo hacer diferente?"

Participante:

Entiendo. Veo que estaba pidiendo algún tipo de solución. Esto es muy útil.

Gary:

Si no elijo eso, ¿qué otras elecciones tengo?

Participante:

Sí, es increíble.

Gary:

Así es como te sustraes de hacer lo mismo una y otra vez, pensando que vas a tener un resultado diferente.

CAMBIO VS. DIFERENTE

Participante:

He estado totalmente perdido aquí y no tenía ni la menor idea de cómo cambiarlo.

Gary:

"No tenía ni la menor idea de cómo cambiarlo" es uno de esos lugares para los que has sido encarrilado y entrenado. Es un punto de vista femenino: "Yo tengo que tener un problema. Ahora tengo que cambiarlo"; y no: "Yo tengo que hacer algo diferente".

Participante:
Eso es exactamente lo que he estado haciendo.

Gary:
La pregunta no es: "¿Cómo cambio esto?" o "¿Qué puedo hacer diferente para cambiar esto?" Eso es preguntar por un *cambio*. Es: ¿Qué puedo hacer *diferente* aquí?

Tienes que estar dispuesto a hacer y ser *diferente*, no *de manera diferente*. Hacer algo *de manera diferente* o *diferentemente* sigue siendo tratar de cambiarlo. Tienes que estar dispuesto a ser o hacer lo que se requiera para ser suficientemente diferente para obtener lo que estás pidiendo.

Participante:
Muchas gracias.

Participante:
No estoy captando la diferencia entre cambio y diferente.

Gary:
En este momento, cambia tu posición en la silla.

Participante:
Está bien.

Gary:
Ahora haz algo diferente. ¿Todavía te quedarás en la silla o harás algo diferente?

Participante:
¡Ah, entiendo!

Gary:

Cambio es quedarte con lo que tienes y sumarle algo o sustraerle algo o moverlo de una manera diferente —pero permaneciendo donde estás.

Participante:

Eso no es realmente hacer algo diferente, ¿verdad? Simplemente tienes más de lo mismo.

Gary:

Exactamente. Esa es la razón: cuando vas a cambiar algo, pierdes elección. Pero si haces algo diferente, tienes más elecciones. Las mujeres continuamente les están diciendo a los hombres con los que tienen una relación: "Necesitamos cambiar esto". No se refieren a: "Tú necesitas hacer algo diferente", sino a: "Tú te tienes que ajustar para encajar donde yo quiero que estés".

Participante:

Eso es lo que he estado haciendo con mi relación. Le he estado pidiendo que cambie en lugar de tener una relación diferente. Y no está cambiando y no es diferente.

Gary:

Bueno, está cambiando; simplemente no está funcionando mejor.

Participante:

Sí.

Gary:

Si estás tratando de cambiar la relación, estás tratando de sentarte en la silla en una dirección diferente. No estás tratando de hacer algo diferente que permitiría una elección diferente. ¿Es esto útil?

Participante:

Sí, inmensamente. Ayer estaba hablando con un amigo de la forma en que las mujeres son más complicadas que los hombres. Al parecer, he comprado el punto de vista de las mujeres de que tengo que cambiar las cosas y eso se siente realmente complicado.

Gary:

Sí, eso es lo que todo hombre aprende de las mujeres a su alrededor. El punto de vista de las mujeres siempre va a ser: "¿Qué es lo que *necesitas* cambiar? ¿Cómo *te* puedo cambiar?" Es complicado, porque tú no puedes ver qué es lo que quieren que cambies —y no te lo dirán.

Participante:

Sí.

Gary:

Cuando estás dispuesto a *cambiar* la relación, no estás dispuesto a abandonarla.

Diferente significa: "Bien, ¿Qué me gustaría hacer diferente aquí?" *Diferente* puede significar dejar la relación. Tienes más elecciones.

Participante:

Gracias.

Dain:

Has estado captando esto desde que tenías una madre. Diferente abre todas las posibilidades porque ya no estás amarrado a lo que era una parte integral de lo que tiene que ir hacia adelante en el futuro, que es de lo que se trata el cambio. Tienes que funcionar desde: ¿Qué puedo ser o hacer diferente hoy que hará que esto sea lo que me gustaría que fuera? Si solamente estás cambiando cosas, estarás cambiando la forma en cómo se ven, no haciendo algo diferente que cree un resultado diferente. ¿Entiendes esto?

Participante:

¡Sí, entendido!

Gary:

¿Qué estupidez estás usando para crear la necesidad del cambio como más real que la posibilidad de la diferencia, estás eligiendo? Todo lo que esto sea, multiplicado por un dioszillón, ¿lo destruyes y descreas todo? Acertado - Equivocado, Bueno - Malo, POC y POD, Todos los 9, Cortos, Chicos y Más Allás.

Cuando tienes la necesidad del cambio, estás operando desde la conclusión. No estás preguntando: "¿Qué otras posibilidades están disponibles aquí?" Hay una diferencia entre elegir ser un hombre y tratar de funcionar como una mujer.

Una mujer se pondrá un vestido y usará diferentes accesorios para cambiar su apariencia. A la mayoría de las mujeres se les ha enseñado a cambiar su apariencia, no a hacer algo diferente. ¿Eso significa algo? No. Es la manera en que funcionan. Tienes que estar dispuesto a ver cómo funcionan ellas y a ver cómo quieres funcionar. ¿Quieres funcionar desde tratar de cambiar cosas para que se vean diferentes? ¿O quieres hacer algo diferente que funcionará para ti?

¿QUÉ PUEDO HACER DIFERENTE?

Participante:
Estoy seguro de que ustedes han hablado sobre esto antes pero nunca he oído nada al respecto. He estado viendo todas las cosas que no han estado funcionando para mí últimamente y todas las formas en que he estado tratando de cambiarlas sin preguntar: "¿Qué puedo hacer diferente aquí?" Siempre es: "¿Cómo puedo hacer que esto sea un poquito mejor?" o "¿Cómo puedo hacer que esto funcione un poquito mejor?" en lugar de "¿Qué puedo hacer diferente?"

Gary:
Cuando te metes en una relación, tiendes a hacer *cambio* no *diferente*, porque el fundamento subyacente desde el que estás creando es "tengo esta relación".

Dain:
La relación se vuelve un punto central alrededor del cual gira todo. Es como tomar un hilo y clavar un extremo en el suelo y decirte que tú sólo irás tan lejos como llegue la cuerda. Esa es una de las razones por la que muchos hombres se cansan una vez que ya están en la relación. Vas a casa con tu novia o tu pareja y es como, "Sólo quiero sentarme aquí y beber cerveza" o "Sólo quiero ver la televisión" o "Sólo quiero ir a fumar" o "Sólo quiero hacer algo". Estás en cambio; no estás

continuamente siendo *diferente*; y no hay suficiente dinamismo en el cambio. No es suficiente vivir; no hay suficiente diferencia para ti.

Gary:

Si empezaras a funcionar desde *diferente*, crearías la vitalidad que inicialmente creó tu relación.

Dain:

¡Y tendrías a la mujer suplicándote más! Tendrías su respeto, estaría deseándote, la tendrías excitada por ti todo el tiempo. Pero tratas de jugar su juego, por decir algo. Vas hacia el cambio, lo cual hace que ellas no quieran respetarte. Ellas piensan que pueden pasar por encima de ti, que pueden adueñarse de ti y pueden controlarte, y piensan que no tienes ningún valor.

Gary:

Que no es lo que ellas verdaderamente quieren tener.

Dain:

Correcto, y desafortunadamente ¿quién está imponiéndote esto?

Gary:

Tú mismo.

Dain:

Hemos visto hombres que parecen ser los más grandes imbéciles de este planeta, y las mujeres están con ellos. Lo que te hará más atractivo que esos hombres imbéciles, crueles e insensibles es la disposición a crear algo diferente.

Gary:

La parte importante de esto es crear. Cuando estás tratando de cambiar, no están tratando de crear. Estás tratando de tomar lo que ha sido instituido y alterarlo lo suficiente para que ya no sea incómodo. ¿Es esto suficiente para ti?

Dain:

Ustedes piensan que se supone que tienen que vivir del *cambio* en lugar de la *diferencia*. Esa idea está jodida e intensamente por debajo de todo.

Gary:

Es a lo que hemos sido encarrilados.

Dain:

Cuando empiezas a pensar elegir algo diferente, tu estructura celular empieza a vibrar. Piensas que *diferente* te asusta, piensas que *diferente* no te gusta, piensas que sólo quieres ser capaz de cambiar lo suficiente para que sea mejor, pero es eso lo que te mata. Tienes que descarrilarte, y la forma en que haces eso es preguntando: ¿Qué puedo ser o hacer diferente aquí que permita que una posibilidad totalmente diferente se muestre ahora?

Todo lo que no lo permita, multiplicado por un dioszillón, ¿lo destruyes y descreas, por favor? Acertado - Equivocado, Bueno - Malo, POC y POD, Todos los 9, Cortos, Chicos y Más Allás.

¿Qué estupidez estás usando para crear la necesidad del cambio como más real y necesario que la posibilidad de la diferencia, estás eligiendo?

Gary:

Las mujeres dicen: "Es necesario que cambies", y cuando cualquier cosa se vuelve una necesidad, tienes que resistirte.

¿Qué tal si eliges hacer algo diferente con los hombres en tu vida? ¿Eso significaría que tienes que tener sexo con ellos? No, porque ahora mismo estás conservando tu relación con ellos: estás tratando de cambiar tu relación con los hombres, aunque no estás haciendo algo diferente de lo que hacías en el pasado. Todo esto es cambio.

Desde muy niñas las mujeres aprenden que tienen una muñeca de papel y le ponen encima un nuevo vestido de papel para cambiar su apariencia y luzca diferente. Sin embargo, no es en verdad diferente; es su apariencia lo que ha cambiado con lo que le pusieron encima. ¿Es suficiente?

Mi exesposa una vez me dijo: "Gary y yo tenemos una relación tan diferente ahora que hasta le he cambiado su forma de vestir".

Dain:

Wow. "Mira, lo he convertido en un muñeco".

Gary:

Era su muñeco.

Dain:

¿Cuántos de ustedes en la mayoría de las relaciones en las que han estado se han convertido en un muñeco? Todo lo que esto sea, multiplicado por un dioszillón, ¿lo destruyes y descreas, por favor? Acertado - Equivocado, Bueno - Malo, POC y POD, Todos los 9, Cortos, Chicos y Más Allá.

Lo que te lleva ahí es la separación de ti contigo.

¿Qué estupidez estás usando para crear la necesidad del cambio como más real y más necesario que las posibilidades, elecciones y preguntas de la diferencia, estás eligiendo? Todo lo que esto sea, multiplicado por un dioszillón, ¿lo destruyes y descreas, por favor? Acertado - Equivocado, Bueno - Malo, POC y POD, Todos los 9, Cortos, Chicos y Más Allás.

Gary:

Has estado preguntando "¿Cómo puedo cambiar esto?" en lugar de "¿Qué otras elecciones, qué otras posibilidades y qué otras preguntas puedo tener aquí?", lo que significa que no puedes recibir contribuciones. Sólo le puedes tratar de dar a alguien más. ¿Tiene sentido?

Participante:

Totalmente.

Participante:

¡Buenísimo! Esto se aplica a toda mi vida. Veo cómo he estado deteniendo las elecciones para hacer algo diferente.

Gary:

Desafortunadamente, no nos han dado una conciencia de la diferencia. Parte de esta información surgió en Costa Rica cuando estaba hablando con Dain sobre una situación en su vida. Él preguntó: "¿Cómo puedo arreglar esto?". Yo pregunté: "¿Por qué lo arreglarías? Puedes hacer algo diferente".

Dain:

Yo dije: "Eso no es lo que la gente hace. Nadie en el mundo hace algo diferente. Tú lo arreglas para que funcione mejor". Gary casi se cae al piso.

Gary:

Me tuve que recostar. Me sobrecogió tanto, porque he pasado toda mi vida creando Access Consciousness desde el punto de vista de que, si ustedes supieran que podían elegir algo diferente, lo harían.

Me sorprendió y me impresionó que mi realidad fuera tan diferente a la del resto de la gente.

Dain:

¿Qué estupidez estás usando para crear la necesidad del cambio como más real y más necesario que las posibilidades, elecciones, y preguntas de la diferencia, estás eligiendo? Todo lo que esto sea, multiplicado por un dioszillón, ¿lo destruyes y descreas, por favor? Acertado - Equivocado, Bueno - Malo, POC y POD, Todos los 9, Cortos, Chicos y Más Allás.

Cuando funcionas desde la posibilidad, la elección, y la pregunta, esto es una contribución que va en ambas direcciones. Es la contribución que eres para los demás y la contribución que eres para ti. Si dejas de tratar de cambiarte para encajar en la relación y empiezas a ver "¿Qué tiene que ocurrir aquí diferente para mí?" obtendrás un diferente conjunto de preguntas, un grupo diferente de posibilidades y un racimo de diferentes elecciones desde donde puedes empezar a funcionar. Casi les puedo garantizar que la mayoría de los hombres nunca ve qué es lo que tiene que ocurrir diferente para que sus relaciones funcionen para ellos.

Piensas "¿Cómo puedo cambiar?" en lugar de "¿Cómo podemos hacer algo totalmente diferente, sea lo que sea?" o "¿Qué podemos ser o hacer diferente?" o "¿Qué puedo ser o hacer diferente que permita que se muestre una diferente posibilidad, elección, y pregunta, para ser una contribución diferente y se me contribuya diferente?"

POSIBILIDAD, ELECCIÓN, PREGUNTA Y CONTRIBUCIÓN

Gary:
¿Te das cuenta de que realmente te gustaría ser una contribución?"

Participante:
Sí.

Gary:
La única manera en que vas a funcionar desde la contribución es a través de la elección, la posibilidad, y la pregunta. Ya tienes el objetivo de la contribución. Ahora se trata de cómo la contribución tiene que ser sumada a esto; es lo que ustedes y todos los demás desean como seres: ser una contribución.

Si empiezas a funcionar desde "diferente", diferentes cosas se mostrarán en tu vida. Debes crear una realidad diferente en lugar de tratar de cambiar esta realidad. No traten de ser los hombres arréglalo-todo.

Participante:

Cuando yo trato de cambiarme para que las cosas funcionen mejor o para encajar mejor, ¿es ahí donde me pierdo a mí mismo?

Gary:

Sí, ahí es donde te pierdes a ti mismo, porque no estás haciendo o siendo algo diferente; estás cambiando para encajar mejor. Es como si hubieras cambiado tu vestimenta. Te vestiste para el papel. Pero no estás vestido para el éxito.

Participante:

Esto me da mucha más conciencia de lo que he estado eligiendo, de lo cual nunca antes había estado consciente. Estoy realmente agradecido por esto.

Dain:

Esto explica muchas de las áreas en las que nosotros, como hombres, no habíamos podido ser hombres, y explica mucho de la no-masculinidad desde la que estábamos tratando de funcionar.

Gary:

Porque estabas tratando de ajustarte y cambiarte para encajar en el universo de papel para recortar del cambio.

Participante:

Exactamente. Me he estado preguntando: "¿Cómo puedo cambiar para que funcione mejor para alguien más?" en lugar de preguntar: "¿Qué es lo que va a funcionar para mí?" y "¿Qué puedo hacer diferente que funcione para mí y tal vez también para la otra persona?"

¿ALGUNA VEZ HAS SIDO MOTIVADO PARA SER HOMBRE?

Participante:
Lo siento, pero he estado teniendo algunos problemas entendiendo esto y siendo lo que puedo ser como hombre. Estoy tan agradecido por El Club de los Caballeros.

Gary:
Así que, ¿te puedo hacer una pregunta?

Participante:
Sí.

Gary:
¿Alguna vez fuiste motivado para ser hombre?

Participante:
No, en absoluto.

Gary:
¿Alguien en esta llamada ha sido motivado a ser hombre?

Participante:
Ahora me estás haciendo llorar.

Gary:
Yo nunca fui motivado para ser hombre. Yo fui alentado a ser el hombre con el que las mujeres se casarían.

Participante:

Nunca he visto a un hombre que haya elegido ser hombre. Sólo han estado tratando de ser lo que funcione para sus mujeres o para sus esposas.

Participante:

Gracias, chicos, por estar dispuestos a lidiar con nosotros.

Gary:

Los queremos. Los queremos más de lo que ustedes se quieren.

Dain:

¡Sí, exactamente! Los queremos más de lo que ustedes se quieren.

Gary:

Nos gustaría que den un paso adelante para ser algo diferente.

Participante:

Diferente es mi nueva palabra.

Gary:

Muy bien, chicos, cuídense. Los amo muchísimo.

Participante:

Gracias, chicos.

Gary:

Adiós.

Dain:

Adiós.

2
Creando sexo y relaciones desde la conciencia de lo que es

Tienes la tendencia a ver lo correcto de tus limitados puntos de vista, no la verdad de lo que puedes percibir, saber, ser y recibir, y terminas en relaciones que no funcionan.

Gary:
Hola, caballeros. ¿Alguien tiene alguna pregunta?

CREACIÓN VS. INVENCIÓN

Participante:
Actualmente, no tengo tiempo para lidiar con las cosas de los hombres. Toda mi energía se está yendo a hacer dinero y hacer negocios. No hay tiempo para estos asuntos de caballeros. Esas otras cosas son mucho más importantes. ¿Qué estoy creando con eso? ¿Qué puedo ser o hacer que creará algo diferente para mí y así pueda tenerlo todo?

Gary:

Tienes que estar claro en que hay una diferencia entre creación e invención. Invención es cuando ves la televisión y ves a la gente haciendo cosas, y estás tratando de inventar que lo que están haciendo es de hecho real, así que dices las mismas palabras y generas las mismas acciones, pensando en que vas a crear lo que ellos tienen. Pero tú no estás creando nada. Es una invención total de lo que la realidad es. No es una consciencia de qué es la realidad.

Queremos llevarte al lugar en que tengas un diferente tipo de elección para que puedas comenzar a ver lo que *es* y preguntar: "¿Cómo me gustaría usar esto?" y "¿Cómo podría crear esto?"

Una de las veces en que estábamos en Costa Rica, estaba viendo una película en la televisión. Todo estaba en español, y no la entendía completamente, pero le agarré el hilo a lo que estaba sucediendo. Querían retratar la "pasión", así que mostraron unos calzones cayendo al piso. La persona estaba usando calzado deportivo y calcetines cortos. Yo pudiera haber pensado en "pasión" si fuera una tanga cayendo en unos tacones altos. Tal vez habría pensado en pasión si hubiera sabido si era hombre o mujer quien usaba ese calzado deportivo, pero como estaba para mí no funcionó como pasión. Viéndolo, me di cuenta de que nosotros inventamos esos pensamientos, sentimientos, emociones, sexo y no sexo desde los que funcionamos. No *generamos* y *creamos* los verdaderos elementos de lo que nos va a dar todo lo que queremos. Por ejemplo, ¿qué porcentaje de tu vida sexual está inventada de acuerdo con el córtex visual de esta realidad?

Dain:
El córtex visual es la parte del cerebro que procesa la información visual. Ves a alguien que empata con la invención de tu córtex visual de lo que la persona se supone tiene que ser e inventas que significa esto, eso y aquello. Lo que ves no significa nada de eso, pero cortas tu consciencia en pro de ir con la limitación de la invención.

LA FORMA COMO SE VE vs. LA FORMA COMO ES

Gary:
Tú, como ser infinito, percibes, sabes, eres y recibes, ¿correcto? La baja armónica de percibir, saber, ser y recibir es funcionar desde los pensamientos, sentimientos, emociones, sexo y no sexo. Cuando estás haciendo eso, todo está delineado según lo que tú, el ser limitado, visualmente percibes en el mundo. Tienes un punto de vista totalmente limitado de lo que realmente es. Por ejemplo, cuando tratas de hacer algo desde el aspecto visual, sólo puedes ver la forma en que se *ve*—no la forma en que es.

Tienes una tendencia a ver lo correcto de tus limitados puntos de vista, no a la verdad de lo que puedes percibir, saber, ser y recibir, así que terminas en una relación que no funciona.

¿Qué estupidez estás usando para crear la invención de los signos, sellos, símbolos, emblemas y significancias de sexo, copulación y relaciones, como lo errado, el rechazo del éxito, la eliminación de recibir y el perder que estás eligiendo? Todo lo que esto sea, multiplicado por un dioszillón, ¿lo destruyes y

descreas todo? Acertado - Equivocado, Bueno - Malo, POC y POD, Todos los 9, Cortos, Chicos y Más Allás.

Los signos, sellos, símbolos, emblemas y significancias son las insignias que usas, que nada tienen que ver con quien eres. Buscas los signos, sellos, símbolos, emblemas y significancias del sexo, copulación y relaciones.

Los signos, sellos, símbolos, emblemas y significancias de la copulación son: "Parece ser mi tipo", "No es mi tipo", "Parece divertido", "Puede que no sea divertido", "Puedo ver cómo hacen eso, pero no tengo que estar involucrado en ello". Son todos esos extraños lugares a los que vas, en los que, en vez de tener elección, tienes la eliminación de la posibilidad.

Los signos, sellos, símbolos, emblemas, y significancias de la relación son: "Oh, les gusto", "Oh, no les gusto", "Oh, quieren estar conmigo", "No quieren estar conmigo", "Oh, quiero a alguien en mi vida", "No quiero a nadie en mi vida".

¿Cuántas veces ves a alguien y dices: "Esta es la persona con la que quiero estar"?, sin embargo no tienes ni idea de quién diablos es esa persona. No tienes una consciencia de qué es lo que realmente quiere, y cortas toda tu consciencia de lo que ellos van a pedir de ti porque no quieres que te pida nada que no estás dispuesto a dar. ¿Cómo te está funcionando?

Participante:
En lo absoluto. Es como un piloto automático de cavernícola. Parece fundamental para ser hombre (hablando con voz de cavernícola): "Uh, eso se ve bueno, vamos".

EL GOBIERNO DEL PENE

Gary:
La cosa fundamental de ser hombre es que se supone tienes que ser gobernado por tu pene. Seas gay o hetero, el pene gobierna. ¿Es eso verdad o una invención?

Participante:
Invención.

Gary:
¿Cuántos de ustedes han inventado el gobierno del pene? Todos los lugares donde hayas inventado el gobierno del pene, ¿lo destruyes y descreas todo? Acertado - Equivocado, Bueno - Malo, POC y POD, Todos los 9, Cortos, Chicos y Más Allás.

Dain:
Es increíble. El gobierno del pene.

Gary:
¿Cuántos de ustedes tienen ese lugar donde se han inventado que son el tipo de persona que se pone "babosa"?

Dain:
¡Cada vez que alguna persona atractiva pasa!

Gary:
En cualquier momento en que te sientes atraído por alguien, te pones "baboso".
Todo lo que has hecho para inventarte como el tipo de chico "que se pone baboso", ¿lo destruyes y descreas todo? Acer-

tado - Equivocado, Bueno - Malo, POC y POD, Todos los 9, Cortos, Chicos y Más Allá.

Dain:

"Me escurre la baba, ¿puedo tener eso, por favor? ¿Puedo tener uno de esos? Ok, gracias. ¿Me das otro por favor? Ok, gracias". Es como si nada más importara. Te pones "baboso".

Gary:

Te vuelves un CI de un solo dígito.

Todo lo que has hecho para inventarte como un CI de un solo dígito, lo que significa que tu pene gobierna, ¿lo destruyes y descreas todo? Acertado - Equivocado, Bueno - Malo, POC y POD, Todos los 9, Cortos, Chicos y Más Allás.

Dain:

Wow. Ya me está gustando esta llamada.

Gary:

A mí también.

Dain:

¿Qué estupidez estás usando para crear la invención de los signos, sellos, símbolos, emblemas y significancias de sexo, copulación y relaciones, como lo errado, el rechazo del éxito, la eliminación de recibir y el perder que estás eligiendo? Todo lo que esto sea, multiplicado por un dioszillón, ¿lo destruyes y descreas todo? Acertado - Equivocado, Bueno - Malo, POC y POD, Todos los 9, Cortos, Chicos y Más Allás.

SI ERES HOMBRE, ESTÁS MAL

Gary:
¿Alguna vez has tenido la idea de que estabas equivocado cuando estabas con una persona que pensabas que era linda, de buen ver, y que era la persona adecuada para ti?

Participante:
Sí, pero también estamos equivocados cuando no estamos con esa persona.

Gary:
¡Claro, por supuesto! Si tu víbora no apunta hacia la dirección correcta, estás equivocado. Y si apunta en cualquier dirección, estás equivocado. Si tan sólo apunta, también estás mal.

Dain:
Y si no apunta, estás aún peor.

Gary:
Todo lo que has hecho para inventar esto como tu realidad, ¿lo destruyes y descreas todo? Acertado - Equivocado, Bueno - Malo, POC y POD, Todos los 9, Cortos, Chicos y Más Allás.

Dain:
He notado que cuando me estoy arreglando para salir con diferentes chicas a cenar, sexo o lo que sea, estoy pensando: "¿Esto se ve bien? ¡Oh diablos! ¿Me afeité correctamente? Me voy a cepillar los dientes una vez más. Uh, necesito estar seguro de que me puse desodorante. Necesito estar seguro de que

lavé esto". Había una intensidad de juicio de que iba a estar mal, que ya algo estaba mal, y que no me podría ver lo suficientemente perfecto o sonar de manera perfecta, o decir algo suficientemente perfecto, que de alguna manera desharía lo errado. Me tomó mucho tiempo darme cuenta de que estaba percibiendo lo que había en su mundo.

Todo lo que sea que hayas hecho para inventarte como la necesidad de ser la perfección de pareja sexual, ¿lo destruyes y descreas todo? Acertado - Equivocado, Bueno - Malo, POC y POD, Todos los 9, Cortos, Chicos y Más Allá.

Aparentemente todos ustedes, chicos, han estado tratando de ser "la perfecta pareja sexual".

Gary:

Si eres hombre, estás equivocado. Si eres hombre con un hombre, sigues estando equivocado. Si piensas en tener sexo con un hombre, estás equivocado. Si piensas tener sexo con una mujer, estás equivocado. La buena noticia es que simplemente estás sumamente equivocado.

Todo lo que has hecho para inventar esto como tu realidad, ¿lo destruyes y descreas todo? Acertado - Equivocado, Bueno - Malo, POC y POD, Todos los 9, Cortos, Chicos y Más Allá.

Dain:

¿Qué estupidez estás usando para crear la invención de los signos, sellos, símbolos, emblemas y significancias de sexo, copulación y relaciones, como lo errado, el rechazo del éxito, la eliminación de recibir y el perder que estás eligiendo? Todo lo que esto sea, multiplicado por un dioszillón, ¿lo destruyes y

descreas todo? Acertado - Equivocado, Bueno - Malo, POC y POD, Todos los 9, Cortos, Chicos y Más Allá.

Gary:
Dios mío. La buena noticia es que ustedes chicos están equivocados hasta la médula.

Dain:
Es bueno acertar en algo.

Gary:
Sí, siempre es bueno acertar en estar equivocado. Es como automático: porque eres hombres, estás equivocado.

Dain:
Tienes razón.

Gary:
Lo sé, pero si estoy en lo cierto, tú estás equivocado, y si estoy equivocado, tú estás en lo correcto, y si soy un hombre, estoy equivocado, sin importar nada.

Todo lo que has inventado con respecto a este punto de vista, ¿lo destruyes y descreas todo? Acertado - Equivocado, Bueno - Malo, POC y POD, Todos los 9, Cortos, Chicos y Más Allá.

Participante:
¿Pensamos que vamos a estar en lo correcto si obtenemos la mujer, por así decirlo?

Gary:

Bueno, piensas que si la obtienes, finalmente vas a probar que tienes los signos, sellos, símbolos y significancias correctas. La mayoría de ustedes sólo están dispuestos a obtener la insignia roja de la valentía o la letra "A escarlata", lo cual significa que eres un adúltero y un asno. ¿Qué tal si tú fueras la persona que pudiera activar y actualizar una realidad diferente? ¿Estás eligiendo o evitando eso? ¿Cuántas veces has inventado que eres un perdedor aun antes de haber empezado? ¿Más de un dioszillón o menos?

Participante:

Más.

Gary:

Todo lo que esto sea, multiplicado por un dioszillón, ¿lo destruyes y descreas todo? Acertado - Equivocado, Bueno - Malo, POC y POD, Todos los 9, Cortos, Chicos y Más Allás. ¿No es grandioso? Ya perdiste inclusive antes de abrir la boca. ¿No haría esto un poquito más difícil el crear una relación o copulación? ¡Sí! Esto no es lo que más te conviene.

LA INVENCIÓN DE LA ANTICONCEPCIÓN

Dain:

¿Qué estupidez estás usando para crear la invención de los signos, sellos, símbolos, emblemas y significancias de sexo, copulación y relaciones, como lo errado, el rechazo del éxito, la eliminación de recibir y el perder que estás eligiendo? Todo lo que esto sea, multiplicado por un dioszillón, ¿lo destruyes y

descreas todo? Acertado - Equivocado, Bueno - Malo, POC y POD, Todos los 9, Cortos, Chicos y Más Allás.

Los signos, sellos, símbolos y significancias son invenciones que evitan que des a luz tu consciencia. Es como la máxima anticoncepción. Tienes sexo, copulación y relaciones como cosas que crean lo errado, el rechazo del éxito, la eliminación del recibir y el asegurarte de perder. Tratas de obtener el sexo correcto, la correcta copulación y la relación correcta para que así puedas dejar de sentirte como perdedor o no ganador, o alguien que pueda recibir sin estar equivocado.

Participante:

Cuando Dain dijo: "Los signos, sellos, símbolos, emblemas y significancias son invenciones que evitan que des a luz tu consciencia", me percutió. ¿Qué es eso?

Gary:

¿Cuántas de las invenciones del sexo, la copulación y las relaciones son una forma para eliminar y no dar a luz la consciencia, sino para abortar la consciencia?

Participante:
Todas.

Gary:

¿Cuánto del sexo que has tenido ha estado basado en abortar toda tu consciencia? ¿Mucho? ¿Poco? ¿O megatoneladas? Acertado - Equivocado, Bueno - Malo, POC y POD, Todos los 9, Cortos, Chicos y Más Allás.

Dain:

¿Qué estupidez estás usando para crear la invención de los signos, sellos, símbolos, emblemas y significancias de sexo, copulación y relaciones, como lo errado, el rechazo del éxito, la eliminación de recibir y el perder que estás eligiendo? Todo lo que esto sea, multiplicado por un dioszillón, ¿lo destruyes y descreas todo? Acertado - Equivocado, Bueno - Malo, POC y POD, Todos los 9, Cortos, Chicos y Más Allás.

Gary:

¿Realmente crees que es posible para ti perder? Todo lo que has hecho para crear esta creencia, ¿lo destruyes y descreas todo? Acertado - Equivocado, Bueno - Malo, POC y POD, Todos los 9, Cortos, Chicos y Más Allás.

No hay perdedores. La diferencia entre perdedores y ganadores es la diferencia entre alguien que lo intenta, sin importar nada, y alguien que ni siquiera se toma la molestia de intentarlo con tal de no perder.

¿Cuánto de lo que has creado de ti mismo ha sido una invención para realmente no tener que triunfar, recibir o perder, pero de tal modo que siempre puedas probar que estabas equivocado por no elegir diferente? Todo lo que esto sea, multiplicado por un dioszillón, ¿lo destruyes y descreas todo? Acertado - Equivocado, Bueno - Malo, POC y POD, Todos los 9, Cortos, Chicos y Más Allás.

Aquí hay un proceso que ustedes, chicos, necesitan empezar a ejecutar:

¿Qué actualización física de crear sexo, copulación y éxito soy ahora capaz de generar, crear e instituir? Todo lo que no permita que esto se muestre, multiplicado por un dioszillón,

¿lo destruyes y descreas todo? Acertado - Equivocado, Bueno - Malo, POC y POD, Todos los 9, Cortos, Chicos y Más Allá.

¿QUÉ TAL SI EL ÉXITO ES SÓLO UNA ELECCIÓN?

Participante:
Dijiste: "sexo, copulación y éxito". ¿Cómo es que el éxito es parte de la ecuación? Parece como fuera de contexto.

Gary:
Bueno, si logras tener sexo con alguien, ¿te sientes más exitoso?

Participante:
Sí.

Gary:
Si logras tener la sensación de tener más dinero, ¿te sientes más exitoso?

Participante:
Sí.

Gary:
¿Son realmente diferentes?

Participante:
Son diferentes energías, pero la satisfacción o el éxito están ahí.

Gary:
El éxito está ahí, a pesar de todo. Por eso les estoy dando este proceso para que lo ejecuten.

¿Qué actualización física de crear sexo, copulación, y éxito soy ahora capaz de generar, crear, e instituir? Todo lo que no permita que esto se muestre, multiplicado por un dioszillón, ¿lo destruyes y descreas todo?

Participante:
Sigo regresando al éxito. Es una palabra muy cargada para mí. Es sobre la validación de mí, y es sólo juicio.

Gary:
El éxito siempre es un juicio. ¿Qué tal si no tuvieras que preocuparte sobre el juicio? ¿Qué tal si el éxito es sólo una elección?

Participante:
¿Podrías elegir éxito sin juicio?

Gary:
Sí.

Participante:
¿Puedes explicar eso?

Gary:
Sí. El éxito con juicio es la idea de que vas a tener sexo con alguien. Éxito con juicio es la idea de que vas a crear algo como resultado de ello. ¿Realmente necesitas eso? ¿Qué tal si estuvieras dispuesto a ver algo sin la idea de éxito? ¿Cómo sería si estuvieras dispuesto a tener todo lo que eres capaz de tener?

Las cosas que vemos como éxito, sexo, copulación y romance son artificiales. Son realidades inventadas.

PUEDES CREAR (O PUEDES INVENTAR)

Dain:

Porque puedes ya sea *crear* o puedes *inventar*, lo cual vuelve al principio de esta conversación.

Gary:

¿Cuánto de tu éxito con el romance, el sexo y la copulación es una invención hasta el punto en que te ahoga y te destruye? ¿Mucho? ¿Poco? O ¿Megatoneladas? Todo lo que esto sea, multiplicado por un dioszillón, ¿lo destruyes y descreas todo? Acertado - Equivocado, Bueno - Malo, POC y POD, Todos los 9, Cortos, Chicos y Más Allás.

Invención es cuando ves a alguien y tratas de crear una conexión emocional. Tratas de crear tu sexo y copulación desde ahí, pero no funciona porque no tiene ninguna substancia en ello. Tú, como el ser infinito que eres, tienes mucho más substancia en la vida y, desafortunadamente, si tienes mucha substancia, tienes la tendencia de asustar a la gente en la que estás interesados.

Dain:

Los asustas dinámicamente. Así que aprendes desde muy joven a bajarle el tono a todo lo que es intenso en ti; todo lo que es grandioso en ti; todo lo que es raro en ti; todo lo que es diferente en ti, que, por cierto, es lo que te hace ser *tú*. Es todo lo que te hace atractivo a alguien con quien sería divertido estar.

Le bajas el tono a todas esas cosas y tratas de inventarte como algo que sería atractivo a esa persona que has inventado que te tiene que atraer.

Gary:
¿Cómo te está funcionando esto?

Participante:
Para nada.

Gary:
Tienes que volverte realista sobre lo que quieres crear. Si tomas el punto de vista de "Quiero que alguien esté en mi vida", ¿Qué significa eso? ¿Algo? ¿Nada? ¿Cualquier cosa? O, ¿es tan amorfo que no tienes que ver lo que realmente va a funcionar para ti?

¿Cuánto de lo que has decidido que "estar con alguien" es, es una invención de la realidad amorfa de la nada?

Dain:
¿Qué estupidez estás usando para crear la invención de los signos, sellos, símbolos, emblemas y significancias de sexo, copulación y relaciones, como lo errado, el rechazo del éxito, la eliminación de recibir y el perder que estás eligiendo? Todo lo que esto sea, multiplicado por un dioszillón, ¿lo destruyes y descreas todo? Acertado - Equivocado, Bueno - Malo, POC y POD, Todos los 9, Cortos, Chicos y Más Allá.

¿Qué actualización física de crear sexo, copulación y éxito ahora soy capaz de generar, crear, e instituir? Todo lo que no permita que esto se muestre, multiplicado por un dioszillón, ¿lo destruyes y descreas todo? Acertado - Equivocado, Bueno - Malo, POC y POD, Todos los 9, Cortos, Chicos y Más Allás.

CREANDO ALGO QUE SEA DIFERENTE

Gary:
Chicos, ¿entienden que estamos hablando sobre crear algo que sea diferente? Tienes que captar cómo te gustaría que fuera. Pregunta:

- ¿Será fácil?
- ¿Será divertido?
- ¿Será expansivo para mí?
- ¿Será nutritivo para mí?
- ¿Voy a aprender algo?

Si no, todo lo que estás haciendo es preguntar por alguien con quien fornicar. Y si pides por alguien con quien fornicar, muchas personas te joderán —pero no siempre de buena manera.

Dain:
Esto es verdad.

Gary:
¿Tiene esto sentido?

Participante:
Sí.

Gary:

¿A cuántos de ustedes se los ha jodido —y no de una buena manera— alguien con quien decidieron estar? Todos los lugares donde tomaste esa decisión, porque cada vez que decides, juzgas, calculas o concluyes algo sobre alguien con quien vas a tener sexo o copulación, sellas tu féretro y vas a morir en la situación. Todo lo que esto sea, multiplicado por un dioszillón, ¿lo destruyes y descreas todo? Acertado - Equivocado, Bueno - Malo, POC y POD, Todos los 9, Cortos, Chicos y Más Allás.

Dain:

¿Qué estupidez estás usando para crear la invención de los signos, sellos, símbolos, emblemas y significancias del sexo, copulación, relaciones, como lo errado, el rechazo del éxito, la eliminación del recibir y el perder, estás eligiendo? Todo lo que esto sea, multiplicado por un dioszillón, ¿lo destruyes y descreas todo? Acertado - Equivocado, Bueno - Malo, POC y POD, Todos los 9, Cortos, Chicos y Más Allás.

¿Qué actualización física de crear sexo, copulación, y éxito ahora soy capaz de generar, crear e instituir? Todo lo que no permita que esto se muestre, multiplicado por un dioszillón, ¿lo destruyes y descreas todo? Acertado - Equivocado, Bueno - Malo, POC y POD, Todos los 9, Cortos, Chicos y Más Allás.

¿Qué estupidez estás usando para crear la invención del gobierno del pene, estás eligiendo? Todo lo que no permita que esto se muestre, multiplicado por un dioszillón, ¿lo destruyes y descreas todo? Acertado - Equivocado, Bueno - Malo, POC y POD, Todos los 9, Cortos, Chicos y Más Allás.

Gary:

¿Cuántos de ustedes piensan que su pene gobierna todo, incluyéndote a ti? Todo lo que has hecho para darle a tu pene el mando sobre ti, ¿lo destruyes y descreas todo? Acertado - Equivocado, Bueno -Malo, POC y POD, Todos los 9, Cortos, Chicos y Más Allá.

¿TE ESTÁS HACIENDO MENOS SEXUAL?

Dain:

¿Cuántos de ustedes, en su esfuerzo para que su pene no mande en sus vidas, se han hecho totalmente asexuales? Todo lo que esto sea, multiplicado por un dioszillón, ¿lo destruyes y descreas todo? Acertado - Equivocado, Bueno - Malo, POC y POD, Todos los 9, Cortos, Chicos y Más Allá.

Gary:
Wow. No es que se hayan hecho a sí mismos asexuales. Se han hecho menos sexuales para así poder ser recibidos por aquellos a quienes no les gusta el sexo.

Dain:
Ah sí, yo hice eso por mucho, mucho tiempo.

Participante:
Dios mío.

Gary:
Todo lo que has hecho para hacerte menos sexual para poder ser recibido por aquellos a quienes no les gusta el sexo, ¿lo destruyes y descreas todo, multiplicado por un dioszillón?

Acertado - Equivocado, Bueno - Malo, POC y POD, Todos los 9, Cortos, Chicos y Más Allá.

Participante:
Aprendimos a hacer eso cuando éramos niños. Ayer llevé a mi hijo con su madre, y fue interesante observar cómo apagó totalmente su *sexualness* para que ella lo pudiera recibir.

Gary:
Sí, te das cuenta de que vas a ser vilificado y te harán picadillo si tienes ese tipo de *sexualness*[2].

¿Qué estupidez estás usando para crear la invención de lo errado de tu *sexualness* como la perfección del juicio de tu *sexualness* y la necesidad de proveer energía sexual a aquellos que están muertos y agonizantes, estás eligiendo? Todo lo que esto sea, multiplicado por un dioszillón, ¿lo destruyes y descreas todo? Acertado - Equivocado, Bueno - Malo, POC y POD, Todos los 9, Cortos, Chicos y Más Allá.

Dain:
Wow. Wow. ¿Ya dije "wow"?

---

[2] N. del T.: *Sexualness*: es la energía de la vida, lo que se siente en la naturaleza sin juicio, el cuidado, el cariño, la sanación, la creatividad, el entusiasmo, la expansión, la alegría y la calidad orgásmica de la vida.

¿ESTÁS TRATANDO DE SANAR A AQUELLOS QUE ESTÁN MURIENDO POR UNA FALTA DE ENERGÍA SEXUAL?

Gary:
Ese es un buen proceso, tiene toneladas de carga. Aparentemente la mayoría de ustedes han estado cortando su energía sexual para poder sanar a aquellos que están muriendo por falta de energía sexual.

Participante:
Dios mío.

Dain:
¿Qué estupidez estás usando para crear la invención de lo errado de tu *sexualness* como la perfección del juicio de tu *sexualness* y la necesidad de proveer energía sexual a aquellos que están muertos y agonizantes, estás eligiendo? Todo lo que esto sea, multiplicado por un dioszillón, ¿lo destruyes y descreas todo? Acertado - Equivocado, Bueno - Malo, POC y POD, Todos los 9, Cortos, Chicos y Más Allá.

Hey, tengo una pregunta. ¿Esa es la razón por la que, cuando estamos cerca de alguien que tiene energía sexual, especialmente otro hombre, te descontrolas y empiezas a hacer esa mierda rara competitiva? ¿Prefieres levantar una mujer o a un compañero que está muerto y agonizante y tratas de resucitarlos, y te enojas si otro hombre está interesado en resucitarlos en vez de ti?

¿Qué estupidez estás usando para crear la invención de lo errado de tu *sexualness* como la perfección del juicio de tu *sexualness* —tú, chico malo, malo— y tu necesidad de proveer energía a aquellos que están muertos o muriendo, estás eligiendo? Todo lo que esto sea, multiplicado por un dioszillón, ¿lo destruyes y descreas todo? Acertado - Equivocado, Bueno - Malo, POC y POD, Todos los 9, Cortos, Chicos y Más Allás.

Gary:
¿Puedo sólo decir que inyectar tu esperma dentro de alguien no crea ni vida ni vivir?

Todos los lugares donde has tratado de crear eso y todo lo que has inventado que realmente creará vida y vivir, ¿lo destruyes y descreas todo, multiplicado por un dioszillón, por favor? Acertado - Equivocado, Bueno - Malo, POC y POD, Todos los 9, Cortos, Chicos y Más Allás.

Participante:
¿Qué tal si se lo inyectas *encima* de ellos? (Risas)

Dain:
Te amo. Te amo.

¿Qué estupidez estás usando para crear la invención de lo errado de tu *sexualness* como la perfección del juicio de tu *sexualness*, porque qué más vas a hacer con todo tu tiempo y energía y la necesidad de proveer energía sexual a aquellos que están muertos y agonizantes, estás eligiendo? Todo lo que esto sea, multiplicado por un dioszillón, ¿lo destruyes y descreas todo? Acertado - Equivocado, Bueno - Malo, POC y POD, Todos los 9, Cortos, Chicos y Más Allás.

Gary:

¿Cuántos de ustedes han realmente inventado que la gente con la que tienen sexo, que están muertos y agonizantes, son las personas que necesitan el sexo que ustedes pueden proveer? Todo lo que han hecho para crear eso en lugar de realmente disfrutar al máximo de ustedes mismos, ¿lo destruyen y descrean todo? Acertado - Equivocado, Bueno - Malo, POC y POD, Todos los 9, Cortos, Chicos y Más Allá.

Dain:

¿Qué estupidez estás usando para crear la invención de lo errado de tu *sexualness* como la perfección del juicio de tu *sexualness*, y la necesidad de proveer energía sexual a aquellos que están muertos y agonizantes, estás eligiendo? Todo lo que esto sea, multiplicado por un dioszillón, ¿lo destruyes y descreas todo? Acertado - Equivocado, Bueno - Malo, POC y POD, Todos los 9, Cortos, Chicos y Más Allá.

Gary:
¿Has decidido que tú eres el muerto y agonizante a quien tienes que proveer energía sexual?

Dain:
¿Y que realmente puedes obtener energía sexual de otras personas que están muertas y agonizantes?

Gary:

Todo lo que hiciste para crear esa invención como real, ¿lo destruyes y descreas todo? Acertado - Equivocado, Bueno - Malo, POC y POD, Todos los 9, Cortos, Chicos y Más Allá.

Participante:

Parece como una medida de éxito el ser capaz de poder apoyar a alguien que está muerto y agonizante.

Dain:

No hay nada ahí, y tú dices: "¡Te resucitaré! Por lo tanto, soy fuerte. Soy exitoso porque te resucité".

¿Qué estupidez estás usando para crear la invención de lo errado de tu *sexualness* como la perfección del juicio de tu *sexualness* y la necesidad de proveer energía sexual a quienes están muertos y agonizantes, estás eligiendo? Todo lo que esto sea, multiplicado por un dioszillón, ¿lo destruyes y descreas todo? Acertado - Equivocado, Bueno - Malo, POC y POD, Todos los 9, Cortos, Chicos y Más Allás.

Gary:

Todo lo que no te permita ver dónde has elegido tener sexo con muertos y agonizantes, en lugar de elegir gente con la que realmente sería divertido, ¿lo destruyes y descreas todo? Acertado - Equivocado, Bueno - Malo, POC y POD, Todos los 9, Cortos, Chicos y Más Allás.

Dain:

Todo lo que vuelve esto acerca de dónde tienes que convertirte en muerto y agonizante para que alguien venga y te dé energía, ¿lo destruyes y descreas todo? Acertado - Equivocado, Bueno - Malo, POC y POD, Todos los 9, Cortos, Chicos y Más Allás.

ATRACCIÓN SEXUAL

Gary:
¿Es eso a lo que llamas atracción sexual?

Dain:
Wow.

Gary:
Eso es lo que has inventado como atracción sexual. Si consigues a alguien que está muerto y agonizante, ellos se sienten atraídos hacia ti. Si estás muerto y agonizante, serás atractivo a alguien más.

Todo lo que esto sea, multiplicado por un dioszillón, ¿lo destruyes y descreas todo? Acertado - Equivocado, Bueno - Malo, POC y POD, Todos los 9, Cortos, Chicos y Más Allá.

¿Qué porcentaje de tu atracción sexual es una invención para hacerte ver o ser lo errado de ti? ¿Mucho? ¿Poco? ¿O megatoneladas? Todo lo que esto sea, multiplicado por un dioszillón, ¿lo destruyes y descreas todo? Acertado - Equivocado, Bueno - Malo, POC y POD, Todos los 9, Cortos, Chicos y Más Allás.

Dain:
¿Qué estupidez estás usando para crear la invención de lo errado de tu *sexualness* como la perfección del juicio de tu *sexualness*, y la necesidad de proveer energía sexual a aquellos que están muertos y agonizantes, estás eligiendo? Todo lo que esto sea, multiplicado por un dioszillón, ¿lo destruyes y descreas todo? Acertado - Equivocado, Bueno - Malo, POC y POD, Todos los 9, Cortos, Chicos y Más Allás.

Gary:
Wow, esto es incluso más intenso de lo que estaba esperando.

Participante:
Estoy realmente agradecido.

Dain:
Hombre, esto es realmente sorprendente. Y pensé que el otro era un proceso interminable.

¿Qué estupidez estás usando para crear la invención de lo errado de tu *sexualness* como la perfección del juicio de tu *sexualness*, y la necesidad de proveer energía sexual a aquellos que están muertos y agonizantes, estás eligiendo? Todo lo que esto sea, multiplicado por un dioszillón, ¿lo destruyes y descreas todo? Acertado - Equivocado, Bueno - Malo, POC y POD, Todos los 9, Cortos, Chicos y Más Allá.

Gary:
¿Qué tal si tuvieras más energía sexual que las otras personas alrededor tuyo?

¿Cuántos de ustedes son sanadores sexuales y quieren que otros sean sanadores sexuales para ustedes? Esto es lo que te está matando. Tú quieres que otros sean sanadores sexuales para ti. Toda invención que hayas creado en ese mundo, ¿lo destruyes y descreas todo? Acertado - Equivocado, Bueno - Malo, POC y POD, Todos los 9, Cortos, Chicos y Más Allá.

ENFÓCATE EN LA CREACIÓN

Tratas de *inventar* que algo va a ocurrir en lugar de *crearlo* para que efectivamente suceda.

Si quieres ser exitoso, tienes que ver qué es lo que eres capaz de crear. Tienes que enfocarte en la creación de juntarte con alguien sexualmente.

Dain:

Cuando inventas que algo va a suceder y no sucede, te quedas con lo errado de ti por no ser capaz de crear lo que inventaste que deberías ser capaz de crear. Estás dispuesto a gastar muchísimo tiempo y energía en quién o qué podría tener sexo o acostarse contigo, o como lo quieras poner, excepto que ¿cuánta energía sexual estás dispuesto a invertir en crear éxito en todas las áreas de tu vida?

Gary:

Tiendes a usar el sexo como identificación de éxito. Eres exitoso si tienes energía sexual que es atractiva a un gran número de personas. ¿Qué tal si esa es la mentira que te mantiene atrapado?

Todo lo que has hecho para comprar la mentira de que la energía sexual será la marca del éxito y que la energía sexual te llevará a la cama, ¿lo destruyes y descreas todo? Acertado - Equivocado, Bueno - Malo, POC y POD, Todos los 9, Cortos, Chicos y Más Allá.

Participante:

Oye, Gary, tú dices que es una mentira, pero se siente tan verdadera. He mordido el anzuelo, el sedal y el plomo de la idea de que, si tienes energía sexual, serás exitoso.

Gary:

¿Es eso verdad, o es lo que estás haciendo en contra tuyo?

Dain:

¿O es lo que estás inventando en tu contra?

Gary:

Todo lo que has hecho para usar esa energía en contra tuya en lugar de a tu favor, ¿lo destruyes y descreas todo? Acertado - Equivocado, Bueno - Malo, POC y POD, Todos los 9, Cortos, Chicos y Más Allá.

YENDO DE VACACIONES

Dain:

Todas esas invenciones son una inmensa parte de lo que se interpone en tu camino para que el sexo sea divertido, porque está basado en todas esas invenciones. También es ese lugar donde te impides tener el éxito que está disponible. Piensa en la cantidad de energía que pones en el sexo y en irte a la cama —o evitar ir a la cama— y pregunta: "Si pusiera esa cantidad de energía en mi negocio, ¿cuánto habría creado en el último año?" Tal vez podrías considerar la posibilidad de cambiar eso para empezar a invertir esa energía en tu negocio.

Hubo un momento en mi vida en que las mujeres eran lo más importante. Hasta el punto en que iba a una cita en la mañana, y luego había otra chica con la que tenía sexo más tarde ese mismo día; pasaba la noche con ella y luego venía en la tarde otra chica y teníamos sexo. Tenía vacaciones dos días y medio, si lo quieren ver así.

Gary:
Así es como lo llamamos ahora: "Dain se va de vacaciones".

Dain:
Sí, "¡me voy de vacaciones!" Ahí es donde apagaba mi mente. Eran mis vacaciones de la consciencia, la concienciación y de crear mi negocio.

Gary:
¿Qué actualización física de sexo y copulación como "de vacaciones" eres ahora capaz de crear, generar e instituir? Todo lo que no permita que eso se muestre, multiplicado por un dioszillón, ¿lo destruyes y descreas todo? Acertado - Equivocado, Bueno - Malo, POC y POD, Todos los 9, Cortos, Chicos y Más Allás.

Dain:
Estaba realmente agradecido de tener esa experiencia, porque me di cuenta de que estaba poniendo inmensas cantidades de energía en los universos de la gente para traerlos a mi vida y hacer del sexo el lugar donde podía deshacer sus juicios, excitar sus cuerpos y tener el nivel de intensidad que me gusta. Lo examiné y dije: "Hombre, si yo hubiera invertido esa cantidad de energía en mi negocio, mi negocio habría despegado este fin

de semana, en lugar de sólo avanzar un poco". Le había quitado tanta energía. No es que tengas una cantidad finita de energía, pero cuando tienes la idea: "Esto es lo que es creativo, esto es lo que es generativo y muy pocas cosas lo son", entonces te sustraes a ti mismo del éxito que podrías crear.

Gary:

¿Sabes cómo solía yo evitarme eso? En los viejos tiempos cuando hacía drogas, sexo, y *rock and roll*, me fumaba dos porros antes de tener sexo con alguien para que pudiera eludir todos sus juicios. Me funcionaba bastante bien.

Dain:

Si ustedes tienen esa consciencia, pregunten: "¿Estoy realmente destruyendo mi éxito aquí con las elecciones que estoy haciendo?" Tal vez encuentren que pueden hacer una elección diferente. Puede que digan: "Bien, ¿qué tomaría para que esto sea creativo y generativo? Todas las invenciones que tengo y que están creando el que yo vaya ahí ahora mismo, las destruyo y las descreo".

¿CÓMO SERÍA CREAR EL SEXO Y LAS RELACIONES DESDE UNA REALIDAD TOTALMENTE DIFERENTE?

Gary:

La semana que viene, me gustaría que vieran cómo sería si ustedes estuvieran dispuestos a generar y crear sexo y relaciones desde una realidad totalmente diferente. Pongan esta pregunta en un *loop* y escúchenlo sin parar.

¿Qué actualización física de sexo, copulación, relaciones, y éxito de una realidad más allá de esta realidad soy ahora capaz de generar, crear, e instituir? Todo lo que esto sea, multiplicado por un dioszillón, ¿lo destruyes y descreas todo? Acertado - Equivocado, Bueno - Malo, POC y POD, Todos los 9, Cortos, Chicos y Más Allá.

Dain:
Bueno, hermosos hombres.

Participante:
Yo sólo quiero decir que estoy agradecido por estas llamadas. Son increíbles. Muchísimas gracias.

Participante:
Muchísimas gracias.

Dain:
Gracias. ¿Cómo puede mejorar esto?

Gary:
Gracias, chicos. Los amo mucho.

3
Tú eres el producto valioso

*Ya no estoy haciendo a otros el producto valioso.
Me he vuelto el producto valioso y hay mucho más
disponible para mí de lo que nunca antes había habido.*

Gary:
Hola, caballeros. Empecemos con algunas preguntas.

LOS DEMONIOS DE LA NECESIDAD

Participante:
Estoy tan agradecido con El Club de los Caballeros. Es la primera vez en mi vida, que estoy feliz de ser hombre y de estar en el cuerpo de un hombre. He estado haciendo preguntas: "¿Cómo puede mejorar eso?" Y aproximadamente el noventa por ciento del tiempo escucho: "No se puede". Yo no sé si estos son mis pensamientos o es el pensamiento de alguien más o es el pensamiento de una entidad.

También he estado preguntando: "¿Qué estupidez estoy usando para crear la total erradicación y eliminación de

¿Cómo puede mejorar esto?', estoy eligiendo?" ¿Me puedes dar algo de claridad al respecto, por favor?

Gary:

Tienes que preguntar: "¿Demonios de separación?" Y entonces les dices que es momento de irse. Les dices: "Demonios, regresen desde donde vinieron para nunca más volver, a mí o a esta realidad.".

Cualquiera o cualquier cosa que te diga que no puedes hacer algo es un demonio. Una entidad es un ser que gustosamente tomaría un cuerpo nuevo. Un demonio es una entidad a la cual se le ha dado el trabajo de tener el poder sobre alguien o sobre algo. Te atorará y te mantendrá disminuido. Queremos llevarte al lugar en donde esto no sea posible. Los demonios entran cuando se vuelven seguidores de alguien, porque ustedes están tratando de obtener poder de la persona a la que están siguiendo. ¿Alguno de ustedes le ha dado alguna vez poder a una mujer?

Participantes:

(Risas)

Gary:

Eso sería un *sí*. Empecemos con este proceso:

¿Qué estupidez estás usando para crear las invenciones, las intensidades artificiales y los demonios de la necesidad de seguir al sexo opuesto, estás eligiendo? Todo lo que esto sea, multiplicado por un dioszillón, ¿lo destruyes y descreas? Acertado - Equivocado, Bueno - Malo, POC y POD, Todos los 9, Cortos, Chicos y Más Allás.

Participante:
¿Puedes hablar de qué es la intensidad artificial?

Gary:
Cuando realmente quieres tener algo, tomas el punto de vista: "¡Esta es una muy buena idea!" Lo haces intenso. Dices: "¡Necesito tanto esto!" Ese es un punto de vista inventado. Es artificial. Usas la intensidad para crear la creencia de que vas a crear algo bueno.

Cada vez que quieres seguir a una mujer, o la vagina de oro, estás creando ese lugar donde te vuelves el efecto de los demonios. Y si fuiste mujer en otra vida, tratarás de seguir a los hombres. Cuando te haces seguidor de alguien, invitas a entrar a los demonios para controlarte.

Participante:
Cuando sigues a un gurú, ¿tratas de obtener poder sobre él?

Gary:
Sigues a un gurú porque quieres que te vea como la persona brillante que eres. Invitas a los demonios para que te vean y reconozcan lo brillante que eres. Los demonios se activan en el momento en que tratas de seguir a alguien.

Participante:
Esto es muy interesante.

Gary:
¿Qué estupidez estás usando para crear las invenciones, las intensidades artificiales y los demonios de la necesidad de seguir al sexo opuesto, estás eligiendo? Todo lo que esto sea, multiplicado por un dioszillón, ¿lo destruyes y descreas?

Acertado - Equivocado, Bueno - Malo, POC y POD, Todos los 9, Cortos, Chicos y Más Allá.

Inventas que los demonios son una fuente de poder y que la intensidad artificial es una fuente de poder. Por supuesto, ninguno de ustedes ha sido intensamente artificial. ¿O sí?

¿Qué estupidez estás usando para crear las invenciones, las intensidades artificiales y los demonios de la necesidad de seguir al sexo opuesto, estás eligiendo? Todo lo que esto sea, multiplicado por un dioszillón, ¿lo destruyes y descreas? Acertado - Equivocado, Bueno - Malo, POC y POD, Todos los 9, Cortos, Chicos y Más Allá.

Cuando tratas de seguir a alguien o algo, invitas lo que creará el peor resultado en tu vida. La idea de seguir es la idea de que alguien necesita tener control sobre ti o que ellos pueden tener control sobre ti, y que es más importante que alguien tenga control sobre ti que para ti ser tú mismo.

¿Qué estupidez estás usando para crear las invenciones, las intensidades artificiales y los demonios de la necesidad de seguir al sexo opuesto, estás eligiendo? Todo lo que esto sea, multiplicado por un dioszillón, ¿lo destruyes y descreas? Acertado - Equivocado, Bueno - Malo, POC y POD, Todos los 9, Cortos, Chicos y Más Allá.

Participante:
Estoy teniendo una gran dificultad para mantenerme presente en esta llamada. Simplemente no quiero estar aquí. Me quiero arrancar los audífonos. ¿Son los demonios o es otra cosa?

Gary:

Los demonios siempre tratan de alejarte de cualquier cosa que te dará libertad de ellos. Así que ahora mismo, todos ustedes, díganle a todos los demonios que han elegido con el fin de tener al sexo opuesto o ser el sexo opuesto: "Regresen desde donde vinieron, para nunca regresar a mí o a esta realidad.

Participante:

Wow, eso fue maravilloso.

Participante:

Gracias.

Gary:

¿Se siente mejor?

Participante:

¡Sí!

Gary:

¿Qué estupidez estás usando para crear las invenciones, las intensidades artificiales y los demonios de la necesidad de seguir al sexo opuesto, estás eligiendo? Todo lo que esto sea, multiplicado por un dioszillón, ¿lo destruyes y descreas? Acertado - Equivocado, Bueno - Malo, POC y POD, Todos los 9, Cortos, Chicos y Más Allás.
¿Eres ahora más capaz de mantenerte presente?

Participante:

Ahora estoy más presente. Mi cuerpo está casi temblando.

Gary:

Bien. ¿Es eso temblar o es ser la energía que tu cuerpo realmente es? Invitas a entidades y demonios a entrar en tu cuerpo y tu realidad, para ser el demonio en la cama que se supone tienes que ser. Aquí es donde se supone debes demandar sexo de una mujer y se espera que ella lo dé porque se supone que ellas deben seguirte a ti: pero ya la estás siguiendo a ella, así que, ¿quién está a cargo y cómo está funcionando?

Participante:

No funciona.

Participante:

Gary, te escuché otro día decir en una llamada, y fue la primera vez que te escuché decirlo, que cuanto más conscientes nos volvemos, más despertamos a estos demonios.

Gary:

Entre más consciente te vuelves, más de estos demonios y entidades se despiertan porque ya no estás dispuesto a ser el efecto de las cosas; se vuelve más difícil para ellos mantener su trabajo.

Participante:

He notado que, conforme ejecuto este proceso de los demonios, algunos días las voces se van y otros días están ahí multiplicadas por diez.

PERMEANDO LA CONSCIENCIA EN EL MUNDO DE LOS DEMONIOS

Gary:
Sí, porque entra un nuevo grupo de ellos. Puedes ejecutar:

¿Qué estupidez estoy usando para evitar la consciencia permeable que podría estar eligiendo? Todo lo que no permita que eso se muestre, multiplicado por un dioszillón, ¿lo destruyes y descreas? Acertado - Equivocado, Bueno - Malo, POC y POD, Todos los 9, Cortos, Chicos y Más Allás.

Si permeas la consciencia en el mundo de los demonios, no puede mantenerse aquí. Los demonios han estado haciendo su trabajo de crear seguidores y crear a las personas como el efecto por trillones de años, y ellos realmente no quieren seguirlo haciendo. No les gusta el lugar donde están; y no les gusta el lugar donde están atorados, tanto como a ti no te gusta tenerlos atorados. Entre más consciencia salga a la luz en el planeta Tierra, más de su trabajo deja de tener valor. Por ejemplo, en India y en la mayoría de los países del Medio Oriente, han adorado a los dioses demoniacos por centurias. Y en otras partes del mundo, la gente practica la magia negra.

La idea de que tú, como ser, necesitas algo fuera de ti, es una realidad inventada. La gente dice cosas como: "Oh, fueron los demonios" o "Los demonios me hicieron hacerlo" o "El diablo me hizo hacerlo". Esas son las formas en que invitamos a los demonios a la existencia, pero no pueden mantener su trabajo de cara a la consciencia. Así que sigan ejecutando:

¿Qué estupidez estoy usando para evitar la consciencia permeable que podría estar eligiendo? Todo lo que no permita que eso se muestre, multiplicado por un dioszillón, ¿lo destruyes y descreas? Acertado - Equivocado, Bueno - Malo, POC y POD, Todos los 9, Cortos, Chicos y Más Allá.

Participante:
¿Hay un demonio del dinero?

Gary:
Sí. El dinero es considerado como un demonio. La gente considera el dinero como el demonio que les impide tener una vida. "El dinero es la raíz de todos los males" o "El amor al dinero es la raíz de todos los males". No importa cómo lo pongan, el dinero se recalca como diabólico, no como algo que sea fácil, gozoso o valioso tener. ¿Ves cómo funciona?

¿Qué estupidez estás usando para evitar ser las leyes permeables de la consciencia que podrías estar eligiendo? Todo lo que no permita que eso se muestre, multiplicado por un dioszillón, ¿lo destruyes y descreas? Acertado - Equivocado, Bueno - Malo, POC y POD, Todos los 9, Cortos, Chicos y Más Allá.

Aquí hay otro proceso que tal vez desees ejecutar:

¿Qué actualización física de ser las leyes permeables de la consciencia eres ahora capaz de generar, crear, e instituir? Todo lo que no permita que eso se muestre, multiplicado por un dioszillón, ¿lo destruyes y descreas? Acertado - Equivocado, Bueno - Malo, POC y POD, Todos los 9, Cortos, Chicos y Más Allá.

Si pones estos dos procesos en un ciclo, empezarán a cambiar las cosas en todos los aspectos de tu vida, no sólo con las relaciones o las mujeres.

¿ESTÁS HACIENDO A ALGUIEN RECTO?

Participante:
Estoy luchando con lo que quiero de mi vida. Constantemente estoy dudando de mí mismo.

Gary:
Probemos este proceso:

¿Qué estupidez estás usando para crear las invenciones, las intensidades artificiales y los demonios que guardan y protegen lo recto que estoy siguiendo, estoy eligiendo? Todo lo que esto sea, multiplicado por un dioszillón, ¿lo destruyes y descreas? Acertado - Equivocado, Bueno - Malo, POC y POD, Todos los 9, Cortos, Chicos y Más Allás.

Participante:
¿Dijiste "lo recto"? ¿Qué es eso?

Gary:
¿Lo recto que estoy siguiendo, estoy eligiendo? Digamos que tú decides que alguien es una persona recta. Ellos no son fáciles; no son putas. No se van a entregar fácilmente. Así que decides que son rectos, y *rectos* significa que son mejores que tú. Cuando decides que alguien es mejor que tú, te tienes que juzgar por todo lo que eliges. Luego tienes que ver qué tan jodido estás porque la otra persona no te eligió. No es que los hombres hagan esto con las mujeres. ¡Oh, sí, sí lo hacen! Ejecutemos este una vez más:

¿Qué estupidez estás usando para crear las invenciones, las intensidades artificiales y los demonios que guardan y protegen lo recto que estoy siguiendo, estoy eligiendo? Todo lo que esto sea, multiplicado por un dioszillón, ¿lo destruyes y descreas? Acertado - Equivocado, Bueno - Malo, POC y POD, Todos los 9, Cortos, Chicos y Más Allás.

¿Has notado alguna vez cómo dices: "Ella es la chica perfecta"? Eso es hacerla recta. "Esta chica es perfecta. Es tan hermosa". Recta. Esta es la forma en que vuelves a alguien recto en lugar de tenerte a ti como valioso.

Todo lo que eso sea, multiplicado por un dioszillón, ¿lo destruyes y descreas? Acertado - Equivocado, Bueno - Malo, POC y POD, Todos los 9, Cortos, Chicos y Más Allás.

¿Qué estupidez estás usando para crear las invenciones, las intensidades artificiales y los demonios que guardan y protegen lo recto que estoy siguiendo, estoy eligiendo? Todo lo que esto sea, multiplicado por un dioszillón, ¿lo destruyes y descreas? Acertado - Equivocado, Bueno - Malo, POC y POD, Todos los 9, Cortos, Chicos y Más Allás.

Participante:

La semana pasada que te llamé, me diste un proceso sobre elegir para mí en lugar de elegir para los demás. Empecé a hacerlo más, especialmente con mi pareja, y ha creado un montón de situaciones muy intensas, porque ella estaba acostumbrada a que yo eligiera para ella o para *nosotros* primero y nunca para *mí*.

Gary:

Bueno, ella sí tiene una vagina de oro.

Participante:

(Risas.) Absolutamente. Todo lo que ha sucedido en las últimas dos semanas es equivalente a la energía de todo lo que has dicho hoy. ¿Me puedes ayudar a aclarar lo que no estoy viendo aquí?

Gary:

¿Qué estupidez estás usando para crear la vagina de oro que estás eligiendo? Todo lo que esto sea, multiplicado por un dioszillón, ¿lo destruyes y descreas? Acertado - Equivocado, Bueno - Malo, POC y POD, Todos los 9, Cortos, Chicos y Más Allás.

TRATO Y ENTREGA

Participante:

Ella reacciona fuertemente cuando yo elijo hacer o ser algo diferente a lo anterior.

Gary:

Estás cambiando cosas. Ustedes nunca hicieron Trato y Entrega entre ustedes, ¿no es así?

Participante:

No, para nada.

Gary:

Una relación es un trato de negocios, así que tienes que hacer Trato y Entrega, como lo harías en cualquier trato de negocios. La dificultad en las interacciones de negocios y las relaciones surge porque la mayoría de la gente no tiene ni idea de lo que quiere. Ellos piensan que, si son amables y gentiles, las personas les entregarán cosas amables y gentiles a ellos.

No estás dispuesto a ver lo que la gente quiere entregar, lo que van a entregar y lo que el trato es para ellos. Tienes un dioszillón de fantasías sobre lo que se supone tiene que ocurrir, lo que significa que no estás viendo lo que realmente va a ocurrir. Tienes que hacer trato y entrega o no habrá un lugar desde donde incrementar tu realidad. Tienes que ser claro sobre exactamente lo que necesitas y deseas y lo que la otra persona necesita y desea. Pregunta:

- ¿Cuál es el trato?
- ¿Qué es lo que vas a entregar?
- ¿Qué esperas que yo entregue?
- ¿Exactamente cómo se va a mostrar y cómo va a funcionar?
- ¿Qué es lo que tengo que ser para ti?

Tienes que decir: "Hey, corazón. ¿Podemos hacer un Trato y Entrega aquí? ¿Qué es lo que esperas de mí?" Si la llamas "corazón" en lugar de "pequeña" o "cariño", ella tendrá que ser más amable, para estar a la altura del título que le has dado.

Participante:
Maravilloso. ¿He creado demonios con mis elecciones al respecto de ella?

Gary:
Sí. ¿Cuántos demonios tienes, que crearon el que la siguieras a ella todo el tiempo? ¿Muchos, pocos, o megatoneladas?

Participante:
Megatoneladas.

Gary:

¿Las han convertido en el gurú de sus vidas? ¿Cuántos de ustedes, hombres, han hecho a las mujeres las gurús que se supone que tienen que seguir? Todo lo que has hecho para crear los demonios que te mantienen siguiéndola a ella y a sus órdenes y haciendo lo que ella dice, todo lo que esto sea, multiplicado por un dioszillón, ¿lo destruyes y descreas? Acertado - Equivocado, Bueno - Malo, POC y POD, Todos los 9, Cortos, Chicos y Más Allás.

Participante:
Esto equivale a la pregunta que te hice sobre si seguir a alguien era tratar de obtener poder sobre ellos.

¿EXPANDIRÁ ESTO MI AGENDA?

Gary:
Por muchos años, cuando Dain y yo estábamos considerando hacer algo, hacíamos la pregunta: "¿Esto expandirá mi agenda?" La idea era que, si hacer algo expandiría nuestra agenda, era algo que debíamos perseguir.

Fue muy impactante descubrir que todos los penes de los hombres se llaman Agenda, y si hay una mujer involucrada, todos ustedes piensan que su agenda se va a expandir. De hecho, ustedes saben que sí.

Participante:
(Risas)

Gary:
Tu agenda es eso que cuelga entre tus piernas. Cada vez que piensas en sexo, estás expandiendo tu agenda. Dain y yo encontramos la forma de darle la vuelta para preguntar sobre nuestra agenda:

- Si elijo esto, ¿cómo será mi vida en cinco años?
- Si no elijo esto, ¿cómo será mi vida en cinco años?

Esta es la única manera para averiguar qué te gustaría crear que va a expandir tu agenda.

Participante:
¿Por qué en cinco años? Eso es muy lejano. ¿Por qué no sólo en un año?

Gary:
Cinco años es tan lejano en el futuro que no puedes inventar cómo algo se va a mostrar. Ponerlo a cinco años hace posible que puedas percibir algo energéticamente en lugar de los pensamientos, sentimientos y emociones.

Participante:
Gracias.

CUANDO TÚ ERES EL LÍDER, TE CONVIERTES EN EL PRODUCTO VALIOSO

Participante:
El asunto de seguir lo recto describe la forma en la que yo siempre he tenido mis relaciones sexuales con hombres. Veo a un chico y digo: "Sí, él es el indicado". El CI de un solo dígito se enciende y sálvese quien pueda. Le doy a él todo mi poder, como tú dices, y lo hago recto; y si él no me elige, entonces hay algo malo en mí. ¿Me puedes mostrar una forma diferente de hacer esto?

Gary:
Sí. Tienes que preguntar: "¿A quién estoy siguiendo en lugar de ser su líder?"

¿Qué estupidez estás eligiendo para evitar el guiar que podrías estar eligiendo? Todo lo que esto sea, multiplicado por un dioszillón, ¿lo destruyes y descreas? Acertado - Equivocado, Bueno - Malo, POC y POD, Todos los 9, Cortos, Chicos y Más Allás.

Participante:
¿Cómo se ve eso?

Gary:
Bueno, cuando tú eres el líder, tú te vuelves el producto valioso. En Access Consciousness, las mujeres van con Dain y le dicen: "Oh, me encantaría tener sexo contigo". ¿Realmente quieren decir eso?

Participante:
No.

Gary:
No. ¿Qué es lo que ellas quieren?

Participante:
Quieren poder sobre él. Ellas quieren ser significativas.

Gary:
Sí. Ellas quieren ser significativas y quieren tener una relación. Este fin de semana recibí una nota de una dama que decía: "Me gustaría salir a cenar contigo y pasar buenos momentos y mucho más". Ella se ve bien, pero es una perra endemoniada del infierno.

Participante:
¿Y no te conviene eso, Gary? ¿No es eso lo que te gusta?

Gary:
Eso es lo que solía gustarme. Descubrí que seguir a la vagina de oro usualmente funciona muy mal para mí. Ya no estoy haciendo a otros el producto valioso. Me he vuelto el producto valioso y hay mucho más disponible para mí de lo que nunca ha habido antes.

¿Qué estupidez estás usando para evitar ser el producto valioso y el líder que podrías estar eligiendo? Todo lo que esto sea, multiplicado por un dioszillón, ¿lo destruyes y descreas? Acertado - Equivocado, Bueno - Malo, POC y POD, Todos los 9, Cortos, Chicos y Más Allás.

La mayoría de ustedes piensa que si alguien está *dispuesto* a tenerte, o a tener sexo contigo, no puede ser valioso. Y si no están dispuestas a tener sexo contigo, tú no eres valioso.

¿Por qué te devalúas a ti mismo? Todo lo que esto sea, multiplicado por un dioszillón, ¿lo destruyes y descreas? Acertado - Equivocado, Bueno - Malo, POC y POD, Todos los 9, Cortos, Chicos y Más Allá.

Participante:
Recientemente conocí a una mujer y era como si me estuviera diciendo: "Tenemos que tener sexo ahora, antes de que nos vayamos".

Gary:
Tiene que ser sobre lo que ella desea, su realidad, lo que ella elige y lo que ella quiere crear. ¿Qué tiene que ver eso con lo que tú deseas?

Participante:
Nada.

Gary:
La mayoría de la gente funciona desde lo que otra persona desea y requiere, en lugar de elegir lo que funciona para ellos.

Participante:
¿Cómo es que ella tiene el mismo tema de carencia en su universo?

Gary:
Ella también está tratando de encontrar una persona a quien seguir. Noten que en el primer proceso que les di no habla sobre hombres y mujeres, sino del sexo opuesto:

¿Qué estupidez estás usando para crear las invenciones, las intensidades artificiales y los demonios de la necesidad de seguir al sexo opuesto, estás eligiendo? Todo lo que esto sea, multiplicado por un dioszillón, ¿lo destruyes y descreas? Acertado - Equivocado, Bueno - Malo, POC y POD, Todos los 9, Cortos, Chicos y Más Allás.

Aplica para ambos lados del juego. Eso es de lo que tienen que estar conscientes. ¿Cómo juegan ambos lados del juego? Cuando encuentras a alguien que tiene una locura que es equivalente a la tuya, te sentirás muy atraído hacia él o ella.

¿No es eso tierno? Su locura equivalente los atrae el uno al otro.

Participantes:
(Risas)

Participante:
¿Y qué es eso que te hace querer matar a gente que conociste en otras vidas? ¿Eso es otra cosa?

Gary:
Cuando tienes esas atracciones realmente intensas en donde no te puedes separar de la otra persona, es usualmente esto. Es cuando dices: "Realmente me gustaría hacer bla, bla, bla" o "Es realmente importante para mí el que nos juntemos" o "Yo sé que hemos estado juntos en muchas otras vidas".

Participante:
Recientemente he empezado a hacer cosas diferentes. Ya no he estado yendo hacia esos viejos patrones tanto como antes. Algo realmente se ha modificado.

Gary:
Genial, vamos por buen camino. Y eso es lo que queremos buscar: en el camino.

LO ERRADO EN TORNO A DESEAR SEXO

Participante:
¿Puedes hablar acerca de los demonios con respecto a lo errado alrededor de desear tener sexo?

Gary:
En primer lugar, sexo y copulación siempre han sido algo errado.
¿Cuántas vidas has elegido demonios y le has pedido ayuda al Señor o a alguien que pudiera evitarte desear tener sexo? ¿Cuántos demonios tienes cortando tu energía sexual?

Participante:
Muchos.

Gary:
Todo lo que esto sea, multiplicado por un dioszillón, ¿estarías dispuesto a demandar que regresen al lugar de donde vinieron, para nunca regresar a ti o a esta realidad por toda la eternidad?

Participante:
Sí.

Gary:
Todo lo que no permita que eso se muestre, multiplicado por un dioszillón, a la cuenta de tres: ¡Uno… dos… tres…! Gracias.

Alguna vez han dicho: "Por favor, Dios, no me hagas querer tener sexo todo el tiempo, porque estoy tan equivocado por querer tener sexo todo el tiempo" o "Necesito tener sexo. ¿Alguien puede ayudarme para poder tener sexo?" Cualquiera de las dos invita a los demonios a entrar. Ambas te quitan tu poder. Necesitas tener elección y la disposición a recibir.

PRESENCIA TOTAL EN SEXO Y COPULACIÓN

Participante:
¿Qué está sucediendo cuando abandonas tu cuerpo durante el sexo? ¿Está relacionado con los demonios?

Gary:
Bueno, usualmente el abandonar tu cuerpo durante el sexo es una forma de estar presente sin estar presente. Estás tratando de mantener en su lugar la expansión de tu agenda sin mostrarte como tú. Así que no funciona, ¿o sí?

Participante:
No.

Gary:
¿Cómo sería si estuvieras totalmente presente?

¿Qué estupidez estás usando para evitar la presencia total durante sexo y copulación, estás eligiendo? Todo lo que esto sea, multiplicado por un dioszillón, ¿lo destruyes y descreas? Acertado - Equivocado, Bueno - Malo, POC y POD, Todos los 9, Cortos, Chicos y Más Allá.

ENCARRILAMIENTO CULTURAL

Participante:
Soy asiático, y me parece que los asiáticos somos más conservadores con respecto al sexo.

Gary:
No, están más reprimidos al respecto.

Participante:
¿Es esto programación cultural?

Gary:
Sí.

Participante:
Estoy soltero y tengo problemas para abordar chicas. No sé cuál es el verdadero problema. A veces es como un sentimiento de miedo o ansiedad.

Gary:
Chicos, tienen que captar que son conscientes. Hay tanto miedo y ansiedad en el mundo de las mujeres como en el suyo, si no es que más. Tal vez quieras preguntar: "¿Es esto mío?",

porque muchas veces las chicas tienen tantos problemas como ustedes.

Cuando estaba en la preparatoria, había una chica que era considerada la mujer más hermosa de la escuela. Nadie le hablaba o la invitaba a salir. Tenían miedo de hacerlo porque estaban seguros de que ella los rechazaría. Finalmente me armé de valor y la invité a salir. Ella resultó ser la persona más aburrida con la que he estado. Después de eso, elegí gente fea para salir porque por lo menos eran interesantes. Tuve la claridad de que alguien que es realmente hermosa tiene tanta ansiedad de ser invitada a salir como una que es fea. Tienes que preguntar: "Este miedo o ansiedad o lo que sea, ¿es mío? ¿O es de ella?" para que así sepan lo que está sucediendo.

Participante:

Independientemente del juicio de todos los demás acerca de abordar chicas, ¿cómo puedo superar esto?

Gary:

Puedes reconocer que tú eres el producto valioso.

Participante:

Participé en la Clase de Tres Días de Cuerpos y quería intercambiar procesos corporales con las chicas, pero he sido enseñado por la sociedad y por mi madre que está mal tocar el cuerpo de las mujeres.

Gary:

A ustedes se les ha enseñado que tocar los cuerpos de las mujeres está mal. Está mal si las tocan y están mal si no las tocan. Eso es encarrilamiento cultural. Un encarrilamiento cultural es todo lo que te compras de todos los demás. Es todo lo que tu sociedad y tu cultura dice. Todo eso es un montón de mierda errónea. Trata de ejecutar esto:

¿Qué estupidez estoy usando para crear el encarrilamiento cultural que estoy eligiendo? Todo lo que esto sea, multiplicado por un dioszillón, ¿lo destruyes y descreas? Acertado- Equivocado, Bueno - Malo, POC y POD, Todos los 9, Cortos, Chicos y Más Allás.

Participante:
¿Esto también cubre lo religioso?

Gary:
Sí, la religión siempre es un encarrilamiento cultural. ¿En cuántas vidas han sido sacerdotes y han roto sus votos y han tenido sexo con alguien, usualmente un niño? Pero no vamos a hablar de eso. No es normal ser casto.

Todo lo que esto sea, multiplicado por un dioszillón, y todas esas otras vidas en las cuales te juzgaste por romper tus votos de castidad, ¿lo destruyes y descreas? Acertado - Equivocado, Bueno - Malo, POC y POD, Todos los 9, Cortos, Chicos y Más Allás.

¿Qué estupidez estás usando para crear el desexuar (*unsexing*) que estás eligiendo? Todo lo que esto sea, multiplicado por un dioszillón, ¿lo destruyes y descreas? Acertado - Equivocado, Bueno - Malo, POC y POD, Todos los 9, Cortos, Chicos y Más Allás.

SIENDO LA ENERGÍA SEXUAL QUE ERES

Participante:
Gary, ¿qué es desexuar?

Gary:
Desexuar es donde, en lugar de ser el ser sexual que eres, estás tratando de negarte, suprimirte, no serlo, y encuentras maneras de eliminarlo.

Participante:
Ah. Correcto.

Gary:
¿Qué estupidez estás usando para crear el desexuar y descopular (*uncopulating*) que estás eligiendo? Todo lo que esto sea, multiplicado por un dioszillón, ¿lo destruyes y descreas? Acertado - Equivocado, Bueno - Malo, POC y POD, Todos los 9, Cortos, Chicos y Más Allás.

¡Chicos, están poniendo tanta energía en desexuar y descopular! Es incluso sorprendente que tengan sexo.

¿Qué estupidez estás usando para crear el desexuar y descopular que estás eligiendo? Todo lo que esto sea, multiplicado por un dioszillón, ¿lo destruyes y descreas? Acertado - Equivocado, Bueno - Malo, POC y POD, Todos los 9, Cortos, Chicos y Más Allás.

¡Ustedes han tratado de desexuarse y descopularse por siempre! Yo no salgo a tener sexo, pero tengo muchas oportunidades, y siempre hago preguntas:

+ ¿Será fácil?

- ¿Será divertido?
- ¿Voy a aprender algo?

Usualmente cuando pregunto: "¿Voy a aprender algo?" Obtengo un "¡Sí, aprenderé qué tan malo va a resultar!", así que no voy ahí. Yo solía deducir que, mientras mi agenda se expandiera, debía ser correcto hacerlo. Ninguno de ustedes tiene ese punto de vista, ¿cierto?

¿Qué estupidez estás usando para crear las invenciones, las intensidades artificiales, y los demonios de tu pene siempre siendo la fuente de la expansión de tu agenda, estás eligiendo? Todo lo que esto sea, multiplicado por un dioszillón, ¿lo destruyes y descreas? Acertado - Equivocado, Bueno - Malo, POC y POD, Todos los 9, Cortos, Chicos y Más Allás.
¿Cuánto de lo que es energía sexual estás suprimiendo?

Participante:
Otra vez aparece el seguir, ¿no? Cambiarás o suprimirás tu energía sexual con base en lo que piensas que les gusta a las mujeres.

Gary:
Sí, en lugar de realmente ser tú. Si tú estás siendo realmente la energía sexual, estás siendo todo lo que eres. Si estás siendo todo lo que eres, te volverás más intensamente excitante, más valioso y más deseable.

Todo lo que esto sea, multiplicado por un dioszillón, ¿lo destruyes y descreas? Acertado - Equivocado, Bueno - Malo, POC y POD, Todos los 9, Cortos, Chicos y Más Allás.

Participante:

Yo me confundí ahí porque me he estado preguntando: "¿Qué es lo que esta persona requiere de mí?" y "¿Qué es lo que ella está dispuesta a recibir?" Obtuve lo que ella estaba dispuesta a recibir y decidí ser eso —pero ella no estaba dispuesta a recibir mucho.

¿QUÉ ME GUSTARÍA CREAR PARA MÍ?

Gary:

Eso es lo que la mayoría de nosotros hacemos. Tratamos de dar sólo lo que las otras personas están dispuestas a recibir y las hacemos correctas. Qué tal si, en lugar de asumir lo correcto de otras personas, o la rectitud de ellos o la bondad de ellos, estuvieras dispuestos a ver esto y decir: "Realmente me gustaría crear algo diferente aquí. ¿Qué es lo que me gustaría crear para mí?"

Si empezaras a ver lo que podrías crear para ti, ¿crearías o generarías más (o menos)? ¿Crearías personas en tu vida que estarían más dispuestas a recibir si estuvieras haciendo lo que funciona para ti?

Recientemente estaba hablando con Dain y le dije: "Tienes que dejar de ver lo que las mujeres desean y empezar a preguntar por lo que tú deseas. Tu agenda expandida no tiene consciencia".

¿Será que tu agenda expandida desea más de lo que aparece al principio? Todo lo que esto saque a relucir, multiplicado por un dioszillón, ¿lo destruyes y descreas? Acertado - Equivocado, Bueno - Malo, POC y POD, Todos los 9, Cortos, Chicos y Más Allá.

¿Qué estupidez estás usando para crear lo errado de ser hombre, estás eligiendo? Todo lo que esto sea, multiplicado por un dioszillón, ¿lo destruyes y descreas? Acertado - Equivocado, Bueno - Malo, POC y POD, Todos los 9, Cortos, Chicos y Más Allá.

Un hombre es suave cuando la tiene dura y duro cuando la tiene suave. ¿Saben lo que esto significa?

Participante:
No.

ORGASMO POR CONTRACCIÓN / ORGASMO POR EXPANSIÓN

Gary:
Si tú tienes una erección por alguien, les darás todo lo que quiera. Cuando no les das lo que quieren, cuando obtienes lo que quieres, de pronto, ya no tienes más interés. Esta es la forma en que el cuerpo funciona, no es errado o correcto. Si vas por sexo, por la idea del orgasmo, y haces orgasmo por contracción, que es lo que la mayoría de la gente hace, tener sexo no te estimula para continuar viviendo. Si vas a la contracción para crear el orgasmo, no estás creando la energía generativa de vivir, que es lo que obtienes cuando haces expansión para crear el orgasmo.

Todo lo que hizo que simplemente no entendieras una sola palabra de lo que acabo de decir, ¿lo destruyes y descreas?

Acertado - Equivocado, Bueno - Malo, POC y POD, Todos los 9, Cortos, Chicos y Más Allás.

Cuando eras niño, probablemente fuiste al baño a masturbarte. Tratabas de terminar lo más pronto posible porque no querías que nadie supiera lo que estabas haciendo. Seguramente tus papás no te alentaron a que te disfrutaras. Muy pocas madres o padres te dicen: "Tómate tu tiempo querido. Disfrútate y disfruta tu pene". Normalmente te preguntan: "¿Qué estás haciendo ahí?"

Si realmente quieres incrementar tu energía sexual, te recomiendo ampliamente que empieces a masturbarte de manera diferente. Lo pueden hacer con una chica o sin ella. Tal vez ella lo disfrute si realmente te tomas el tiempo masturbándote. Decide que no te vas a venir en los primeros tres y medio minutos; vas a tratar de tardarte un poco más que eso. Estate dispuesto a dedicar una hora jugando con tu pene de manera suave y gentil, y cada vez que sientas que estás a punto de llegar, en lugar de ir más rápido para venirte, baja la velocidad. Hazlo más suave y gentilmente. Agrega un poco de lubricante si así lo quieres, pero hazlo suave y gentil. Sé suave, dulce y generoso. Cada vez que sientas que te contraes, di "no" y expándete.

Tal vez pierdas tu erección durante el proceso, pero vuelve a jugar con tu pene gentilmente hasta que la erección regrese. Continúa estimulándote suave y fácilmente. Si haces esto, llegarás al punto donde: a) te volverás mejor amante; b) estarás dispuesto a permitirte tener amantes que se tomarán ese tipo de tiempo contigo y para ti; y c) en lugar de explotar con un estallido de energía que se vuelve una limitación, empezarán a crear un orgasmo que genera energía. Después de tener orgasmos como esos —expandidos y no contraídos— querrás ir a trabajar, querrás pasarla bien y querrás hacer más cosas en lugar de quedarte dormido.

Si alguna vez tienes la experiencia de quererte quedar dormido después de que terminaste, has estado haciendo contracción para crear el orgasmo. Usar la contracción para crear el orgasmo siempre disminuye las energías generativas y creativas en tu cuerpo en favor del orgasmo.

Participante:
¿Es la intensidad artificial que estamos creando desde la excitación a través del porno?

Gary:
Cuando estás creando el estimular tu pene tan rápido como puedas para terminar, estás creando intensidad artificial para venirte.

Participante:
Genial.

Gary:
Estás inventando que esa es la única forma de terminar: entonces, cuando tienes sexo con una mujer, tienes que ir rápido y darle duro todo el tiempo, como si rápido y duro fuese la única manera en que ella va a estar satisfecha. Primero que nada, ¿por qué se trata de cómo ella se va a satisfacer, no de cómo tú te vas a satisfacer? Cuando estás dispuesto a funcionar desde la expansión en lugar de empujar el orgasmo, invitas al orgasmo. Invitas a la persona con quien estás teniendo sexo a una posibilidad diferente y a una elección diferente.

Participante:

La mujer con la que me estoy viendo hizo eso conmigo el otro día. Ella estaba acariciando mi pene y chupándolo y lamiéndolo, y yo me estaba quedando dormido. Inclusive ronqué varias veces. ¿Qué es eso? ¿Era que mi cuerpo se estaba relajando?

Gary:

Sí, porque tu cuerpo debe estar relajado. ¿Alguna vez te has despertado con una erección?

Participante:

Cuando estoy relajado, tengo erecciones realmente duras.

Gary:

¡Exactamente! La relajación es la fuente que crea las erecciones. La relajación es la fuente de la excitación. Esta es la razón por la que quiero que practiques esto. Deshazte de la idea de que estás tratando de crear orgasmo. En su lugar, busca la habilidad para crear una erección más sostenida, una erección que se disfrute más. Que disfrutes de tu erección sólo por ser una erección. Esto empezará a hacerte mejor cuando estés en la cama con alguien.

Y también te llevará al lugar donde tendrás elección de lo que quieres crear y la forma en cómo lo quieres crear, lo cual te hace el producto valioso. Ahora mismo la mayoría de ustedes estarían felices sólo de tener un lugar húmedo y cálido donde meter su pene. Eso es suficiente para la mayoría de los hombres. Y como es suficiente para la mayoría de los hombres, las mujeres empiezan a pensar que los hombres son egoístas. Ellas piensan que los hombres son demasiado rápidos; que no van lo suficientemente lento. La mayoría de las mujeres tienen el punto de vista de que el sexo solamente es mete y saca. Ellas piensan: "¿Puedes sólo terminar y venirte para que podamos parar?" Y no se trata de invitar a las mujeres a que expandan su vida y su vivir a través de la calidad orgásmica del sexo. Es sobre venirte o hacer que se vengan. Ninguno de esos debería ser el objetivo.

Participante:
¿Tienes algún proceso relacionado con ir de la contracción en el orgasmo a la expansión?

Gary:
Desafortunadamente no puedo crear eso. Tienes que practicar, porque aprendiste a hacerlo de otra manera. Y no es que no esté funcionando. Es simplemente que no los está llevando a crear lo que yo pienso que a la mayoría de ustedes les gustaría tener. ¿O me equivoco?

Participante:
No.

Gary:
Te gustaría que el sexo sea algo que te dé vigor y expanda tu vida —no sólo tu agenda. Me parece que hay una posibilidad diferente aquí.

¿Qué posibilidad es la que más te gustaría tener? ¿La versión más expansiva del sexo y copulación o la versión más contraída?

Participante:
La versión más expansiva.

Participante:

Gary, me diste una pregunta que ha sido de mucha ayuda: ¿Hacia dónde me puedo relajar que crearía una posibilidad más grandiosa en el sexo y la copulación que nunca antes supe que existía?

Gary:

Gracias por eso. Me olvidé de esa pregunta. Eso ayudará, pero realmente no es acerca de hacer preguntas, tienen que estar dispuestos a practicarlo. Cuando te di esa pregunta, fue porque no me habían dejado tener una plática lo suficientemente larga como para explicarles lo que necesitan hacer. Así que practiquen —y usen la pregunta. ¿Cuál era otra vez?

Participante:

¿Hacia dónde me puedo relajar que crearía una posibilidad más grandiosa en el sexo y la copulación que nunca antes supe que existía?

Gary:

¿Qué actualización física de la total relajación en el sexo y la copulación soy ahora capaz de generar, crear e instituir? Todo lo que no permita que eso se muestre, multiplicado por un dioszillón, ¿Lo destruyes y descreas? Acertado - Equivocado, Bueno - Malo, POC y POD, Todos los 9, Cortos, Chicos y Más Allá.

Participante:

Cuando estoy trabajando y se está poniendo muy intenso, a veces voy y me masturbo de esa manera contractiva. ¿Qué es eso?

Gary:

Tú piensas que terminar te va a relajar. Pero ¿quieres terminar o quieres expandir tu vida?

Participante:

Lo segundo.

Gary:

Cuando estás sintiendo ese tipo de tensión, ve al baño y estimúlate por quince minutos en lugar de tres y medio, y hazlo sin terminar: entonces regresa al trabajo y ve cómo te va. La cuestión es que, para estar erecto, te tienes que relajar.

Participante:

Muchas veces me doy cuenta de que la intensidad no es mía.

Gary:

La intensidad no es tuya, pero quieres relajarte hacia un juego no-orgásmico con tu pene, y cuando salgas, la gente verá la erección en tus pantalones y empezarán a desearte. Eso hará más por expandir tu agenda que cualquier otra cosa.

INTEGRIDAD CON UNO MISMO

Participante:

Cuando camino por la calle, frecuentemente evito a la gente y contraigo mi energía sexual. De hecho, siento como que desaparezco. ¿Es sólo cuestión de expandir la *sexualness* o estar presente?

Gary:
¿Es que contraes tu energía sexual y te haces desaparecer? ¿O es que las otras personas no pueden ser nada sexuales?

Participante:
Sí, lo segundo.

Gary:
¿Estás tratando de encarrilarte con la gente alrededor tuyo?

Participante:
Sí.

Gary:
¿Qué estupidez estás usando para encarrilarte a la desintegridad vibratoria alrededor tuyo, estás eligiendo? Todo lo que esto sea, multiplicado por un dioszillón, ¿lo destruyes y descreas? Acertado - Equivocado, Bueno - Malo, POC y POD, Todos los 9, Cortos, Chicos y Más Allás.

Participante:
¿Qué significa *desintegridad*? ¿Cómo funciona?

Gary:
¿La gente funciona desde la integridad —o es que funcionan desde la conclusión y el juicio?

Participante:
Conclusión y juicio.

Gary:
Bueno, ¿es ahí desde donde quieren funcionar?

Participante:
No. Entonces, ¿debo funcionar desde la integridad?

Gary:
Sí. Integridad contigo mismo. Te encarrilas con las vibraciones alrededor tuyo como si las vibraciones a tu alrededor fueran lo que tú debes ser. Pero lo que realmente deberías ser es *tú* sin importar nada más. Integridad es dar el paso hacia la grandeza de ti sin juicio. Integridad es ser fiel a ti.

¿Qué estupidez estás usando para crear el encarrilamiento vibratorio con las realidades desíntegras que las otras personas están usando, estás eligiendo? Todo lo que esto sea, multiplicado por un dioszillón, ¿lo destruyes y descreas? Acertado - Equivocado, Bueno - Malo, POC y POD, Todos los 9, Cortos, Chicos y Más Allás.

Participante:
¿Esto regresa a lo que estabas diciendo sobre los demonios? ¿Estás diciendo que cuando estoy con la gente, y los hago más grandiosos que yo, estoy invitando demonios?

Gary:
Si estás haciendo a alguien más grandioso que tú, en lugar de solamente diferente de ti, tienes que determinar si estás siendo un seguidor. Verdad, ¿eres un buen seguidor? Yo digo "verdad" antes de hacer esa pregunta, para que así tengas que admitir lo que es verdad.

Participante:
Realmente no.

Gary:

No, eres un mal seguidor; por lo cual, cuando estás en una relación, llegas a ese punto en donde estás fuera de quicio. O sacas de quicio a las otras personas para que puedas estar en lo correcto de ti.

Participante:

¿Podemos cambiar eso ahora?

Gary:

Todo lo que has hecho para tener eso como tu realidad, ¿lo destruyes y descreas? Acertado - Equivocado, Bueno - Malo, POC y POD, Todos los 9, Cortos, Chicos y Más Allás.

¿Cómo sería si estuvieras en integridad contigo y estuvieras siendo lo que eres sin pedir disculpas? ¿Serías más atractivo o menos atractivo?

Participante:

¿A quién le importa?

Gary:

¡Exactamente! No te importaría un carajo, y como no le darías ninguna importancia, todo el mundo te encontraría deseable. Mientras le estés dando importancia, estarán viendo cómo usarte, cómo te pueden hablar para que te vuelvas lo que ellos quieren que seas, y cómo te pueden convencer de que tú deberías hacer lo que ellos quieren que hagas.

Participante:

Gracias por todo eso, ya obtuve la energía y es: "¡Wow!"

Gary:
　Bueno, chicos. Creo que hemos terminado aquí.

Participantes:
　Gracias, Gary.

Gary:
　Muy bien, amigos, cuídense. Los amo mucho. Hablamos pronto.

4
Conviértete en el rey de las posibilidades

¿Qué tal si realmente eres lo que has estado pretendiendo que no eres?
¿Qué tal si realmente eres el rey de las posibilidades?

Gary:
Hola, caballeros. El Dr. Dain está hoy con nosotros.

LA TEMPORADA ETERNA DEL DESCONTENTO

Dain:
Hola a todos. Estoy feliz de estar en esta llamada. Tengo que decirles que antes de empezar estas llamadas, me resistía a conectar con otros hombres tanto como ustedes, así que pienso que algo está cambiando en nuestro mundo. Algo definitivamente está cambiando en el mío. Espero que también esté cambiando en el suyo. Por otro lado, ustedes saben que están aquí para cambiar cosas en el mundo; hay un descontento familiar que surge en la presencia de otros hombres. Ustedes

piensan que no estará ahí con las mujeres, pero se magnifica aún más con las mujeres. No lo quieren ver porque las mujeres tienen otros atributos que a ustedes les resultan… interesantes, por decirlo así.

Gary:

¿Qué estupidez estás usando para crear las invenciones, las intensidades artificiales y los demonios de la temporada eterna del descontento que estás eligiendo? Todo lo que esto sea, multiplicado por un dioszillón, ¿lo destruyes y descreas? Acertado - Equivocado, Bueno - Malo, POC y POD, Todos los 9, Cortos, Chicos y Más Allás.

Dain:
Oh, la alegría.

Gary:
Oh, la miseria.

Dain:

Me pregunto qué es lo que realmente podríamos crear juntos si superáramos la idea de que nuestra separación es más valiosa para nosotros que la conexión de las posibilidades que podríamos crear.

¿Qué estupidez estás usando para crear las invenciones, las intensidades artificiales y los demonios de la temporada eterna del descontento que estás eligiendo? Todo lo que esto sea, multiplicado por un dioszillón, ¿lo destruyes y descreas? Acertado - Equivocado, Bueno - Malo, POC y POD, Todos los 9, Cortos, Chicos y Más Allás.

Participante:
¿A qué te refieres con *descontento*?

Gary:
Significa que nunca estás verdaderamente satisfecho con nada. Sabes que se supone que tienes que estarlo, pero realmente no te sientes así, y continúas tratando de encontrar cómo sentirte satisfecho o cómo debería de ser de esa manera, porque esa es la forma en que se supone te tienes que sentir, lo cual verdaderamente no es real para ti.

Participante:
Oh, eso.

Gary:
Es como creer: "Ahora que tenga una mujer, seré feliz". Ustedes, chicos, siempre están tratando de estar conformes con lo que obtienen, pero nunca lo están. ¿Por qué quisieran estar conformes? ¿Cuál sería el valor de eso?

Participante:
Es como que no hay una buena respuesta para eso.

Gary:
¿Por qué están tratando de buscar estar conformes en lugar de la consciencia? Conformismo es la idea de que ustedes deben estar satisfechos con lo que puedan obtener. No hay uno solo de ustedes que no pueda obtener una vagina de oro en sus vidas (y se supone que tienen que estar conformes con tener una vagina disponible cuando lo pidan). Ustedes nunca preguntan: ¿Qué elecciones tengo aquí que ni siquiera he considerado?

Todo lo que esto saque a relucir, multiplicado por un dioszillón, ¿lo destruyes y descreas? Acertado - Equivocado, Bueno - Malo, POC y POD, Todos los 9, Cortos, Chicos y Más Allá.

Dain:

¿Qué estupidez estás usando para crear las invenciones, las intensidades artificiales y los demonios de la temporada eterna del descontento que estás eligiendo? Todo lo que esto sea, multiplicado por un dioszillón, ¿lo destruyes y descreas? Acertado - Equivocado, Bueno Malo, POC y POD, Todos los 9, Cortos, Chicos y Más Allá.

Gary:

¿Alguna vez has notado que piensas que vas a estar conforme cuando tengas a una mujer en tu vida (excepto que rara vez funciona porque la mujer está dedicada a asegurarse de que nunca estés contento)? En cuanto te sientas conforme sobre algo, la mujer te dirá: "Querido, tenemos que hablar", que significa ¿qué? "Estás mal, estás en problemas, estás jodido" (y no de una buena manera).

¿Qué estupidez estás usando para crear las invenciones, las intensidades artificiales y los demonios de la temporada eterna del descontento que estás eligiendo? Todo lo que esto sea, multiplicado por un dioszillón, ¿lo destruyes y descreas? Acertado - Equivocado, Bueno - Malo, POC y POD, Todos los 9, Cortos, Chicos y Más Allá.

Los hombres piensan que las mujeres van a estar conformes con ellos, pero nunca lo están. Los hombres siempre están buscando cómo pueden hacer que las mujeres estén conformes, porque piensan que, si las mujeres están conformes, ellos finalmente estarán conformes. ¡No funciona!

UN DESCONTENTO RETORCIDO QUE CREA SEPARACIÓN ENTRE LOS HOMBRES

Dain:
Noté una energía extraña entre los hombres que se relaciona con esto. Es como un descontento retorcido que crea separación entre ellos y otros hombres. Gary, yo sé que tú no lo tienes con otros chicos, pero he notado que otros chicos lo tienen conmigo. Conozco a un chico y puedo percibir la energía.

La mejor forma en que puedo describir esto es: Gary me contó que una vez estaba trabajando con un chico y le dijo: "Yo tengo un problema con Dain. Estoy compitiendo con él". Lo que Gary finalmente captó con respecto a él es que el chico realmente quería tener sexo conmigo, y estaba creando competencia conmigo desde ese lugar. Él trataba de sobajarme. Me juzgaba y hablaba mal de mí a mis espaldas.

Chicos, ¿pueden imaginar qué más estaría disponible para nosotros si todo esto desapareciera totalmente? Yo no sé ustedes, pero este es uno de los lugares donde destruyo la capacidad y la potencia que tengo disponible. Es la habilidad de caminar con la cabeza en alto y esa sensación de facilidad. No estoy diciendo que tengo el camino para superar esto; sólo lo estoy mencionando aquí porque es algo sobre lo que otros chicos no están dispuestos a estar conscientes o hablar. Lo que estoy diciendo es: "¿Saben qué? Es tiempo de hablar sobre esto, es tiempo de estar conscientes de ello, y es el momento de cambiarlo, porque si te estás separando de otros chicos, siempre estás creando separación de ti contigo".

Si despertaras mañana y ya no fueras hetero, no fueras gay, o de cualquier otra sexualidad con la que te hayas definido, ¿te das cuenta de cuánta libertad crearía para ti? Si no tuvieras que despertarte y estar en búsqueda de la mujer o en la búsqueda del hombre, si no tuvieras que estar en la búsqueda del sexo, ¿en dónde más podrías poner tu energía? ¿Qué podrías crear y generar que crearía una posibilidad diferente?

Gary:

¿Y por qué te separarías de ti contigo? El tema es que, con el fin de tener un punto de vista fijo, tienes que crear separación de ti contigo.

¿Cuánto de lo que has tratado de crear como tu sexualidad es realmente el lugar en el que has creado una necesidad de ser tan inconsciente como sea posible, de lo que es posible? Todo lo que esto sea, multiplicado por un dioszillón, ¿lo destruyes y descreas? Acertado - Equivocado, Bueno - Malo, POC y POD, Todos los 9, Cortos, Chicos y Más Allás.

Dain:

¿Qué estupidez estás usando para crear personalidad y sexualidad como la elección de todas las elecciones para ser, estás eligiendo? Todo lo que esto sea, multiplicado por un dioszillón, ¿lo destruyes y descreas? Acertado - Equivocado, Bueno - Malo, POC y POD, Todos los 9, Cortos, Chicos y Más Allás.

¿QUÉ TAL SI NO HUBIERA UNA SENSACIÓN DE NECESIDAD EN TU VIDA?

Gary:
Ese sería un lugar diferente desde el cual funcionar. Sería el reconocimiento de que no hay necesidad en tu vida. Cuando sales del sentido de necesidad, ya no tienes que crear más un lugar donde hay limitación. La limitación está basada en la necesidad. ¿Por qué? Porque necesidad trata siempre sobre crear el menor común denominador posible. Trata sobre inventar cosas. Cuando inventas algo, lo usas para crear una molestia.

¿Qué invención estás usando para crear la sexualidad que estás eligiendo? Todo lo que esto sea, multiplicado por un dioszillón, ¿lo destruyes y descreas? Acertado - Equivocado, Bueno - Malo, POC y POD, Todos los 9, Cortos, Chicos y Más Allá.

¿Qué invención estás usando para crear la molestia con las mujeres que estás eligiendo? Todo lo que esto sea, multiplicado por un dioszillón, ¿lo destruyes y descreas? Acertado - Equivocado, Bueno - Malo, POC y POD, Todos los 9, Cortos, Chicos y Más Allá.

¿Qué estupidez estás usando para crear las invenciones, las intensidades artificiales y los demonios de la temporada eterna del descontento que estás eligiendo? Todo lo que esto sea, multiplicado por un dioszillón, ¿lo destruyes y descreas? Acertado - Equivocado, Bueno - Malo, POC y POD, Todos los 9, Cortos, Chicos y Más Allá.

Ese sentido de descontento explica por qué los hombres siempre están buscando una nueva mujer. Es por ello que las relaciones no pueden existir. Siempre tienes que estar inconforme con lo que tienes. Asumes que, si tuvieras lo que piensas que deberías tener, tendrías un resultado diferente, y es por ello que nunca vas a estar feliz con sólo una mujer. Y por qué una mujer nunca puede ser feliz sólo contigo.

Todo lo que esto sea, multiplicado por un dioszillón, ¿lo destruyes y descreas? Acertado - Equivocado, Bueno - Malo, POC y POD, Todos los 9, Cortos, Chicos y Más Allás.

Dain:

¿Qué estupidez estás usando para crear las invenciones, las intensidades artificiales y los demonios de la temporada eterna del descontento que estás eligiendo? Todo lo que esto sea, multiplicado por un dioszillón, ¿lo destruyes y descreas? Acertado - Equivocado, Bueno - Malo, POC y POD, Todos los 9, Cortos, Chicos y Más Allás.

Gary:

¿Cuántos de ustedes han tratado de estar contentos con una mujer, sin embargo, siempre están buscando otra mujer al mismo tiempo?

Cuando estaba casado, pensaba todo el tiempo: "Tiene que haber algo más grandioso", entonces me topé con una experiencia de vida pasada donde fui famoso y había una mujer que me buscaba continuamente. Me di cuenta de que tenía el punto de vista de que, eventualmente, habría una mujer que verdaderamente me amaría, que verdaderamente me desearía por quien soy y realmente pensaría que yo era maravilloso. Desafortunadamente, eso realmente no ocurre. Ese es el mundo de fantasía de la locura de las posibilidades, en vez de la verdad de la realidad.

¿Qué estupidez estás usando para crear las invenciones, las intensidades artificiales y los demonios de la temporada eterna del descontento que estás eligiendo? Todo lo que esto sea, multiplicado por un dioszillón, ¿lo destruyes y descreas? Acertado - Equivocado, Bueno - Malo, POC y POD, Todos los 9, Cortos, Chicos y Más Allá.

Por suerte, ninguno de ustedes, chicos, ha tenido ese punto de vista.

Participante:
(Risas) No.

Gary:
Sí lo han tenido. Son tan tiernos. Los amo a todos.

Dain:
¿Qué estupidez estás usando para crear las invenciones, las intensidades artificiales y los demonios de la temporada eterna del descontento que estás eligiendo? Todo lo que esto sea, multiplicado por un dioszillón, ¿lo destruyes y descreas? Acertado - Equivocado, Bueno Malo, POC y POD, Todos los 9, Cortos, Chicos y Más Allá.

Tengo una pregunta. Si ves a otro chico que juzgas que es similar a ti y ves que está eligiendo más que tú, ¿qué es lo que hace esto en tu mundo?

Participante:
Me hace sentir patético.

Dain:
Te hace sentir patético, así que creas separación donde tú eres "menos que".

Participante:
Sí.

Gary:
¿Qué invención estás usando para crearte como menos que las mujeres, estás eligiendo? Todo lo que esto sea, multiplicado por un dioszillón, ¿lo destruyes y descreas? Acertado - Equivocado, Bueno - Malo, POC y POD, Todos los 9, Cortos, Chicos y Más Allás.

Participante:
Wow.

Dain:
¿Qué invención estás usando para crearte como menos que las mujeres, estás eligiendo? Todo lo que esto sea, multiplicado por un dioszillón, ¿lo destruyes y descreas? Acertado - Equivocado, Bueno - Malo, POC y POD, Todos los 9, Cortos, Chicos y Más Allás.

Gary:
Wow, voy a cambiar eso:

¿Qué invención estás usando para crearte como menos valioso que las mujeres, estás eligiendo? Todo lo que esto sea, multiplicado por un dioszillón, ¿lo destruyes y descreas? Acertado - Equivocado, Bueno - Malo, POC y POD, Todos los 9, Cortos, Chicos y Más Allás.

ESTANDO INDEFENSO

Dain:
Wow. Eso como que lo describe…

¿Qué invención estás usando para crearte como menos valioso que las mujeres, estás eligiendo? Todo lo que esto sea, multiplicado por un dioszillón, ¿lo destruyes y descreas? Acertado - Equivocado, Bueno - Malo, POC y POD, Todos los 9, Cortos, Chicos y Más Allás.

Hay otras dos piezas en esto que puedes observar. Una es la invención. Pregunta: ¿Qué invención estoy usando para crear el problema de abordar a las mujeres que estoy eligiendo?

La otra es que nosotros defendemos una posición, y si tienes algo que defender, entonces tendrás problemas para aproximarte a alguien y tener una conversación con ella, a menos que pienses que estás bien defendido en su contra.

Una de las cosas que atrae más que nada a las mujeres es un chico que está dispuesto a estar ahí totalmente indefenso. Dicen: "Oh Dios mío, ¿de dónde saliste?" Todos los demás llegan con ellas con una actitud: "Hey, soy grandioso por esto y soy maravillosos por aquello. Deberías de ver lo maravilloso que soy". Las mujeres están acostumbradas a eso y a una cierta cantidad de engaño en ello que resulta entretenido para ellas, pero le resultas mucho más atractivo cuando estás ahí, totalmente indefenso.

Indefenso no significa ser un pequeño y patético pelele. Significa que tienes disponible tanta consciencia de ti que no te tienes que defender en contra de nada. Simplemente te acercas y dices: "Hola, sé que tal vez me des una patada en los huevos, sé que tal vez no te guste, sé que tal vez te rías de mí, pero todo eso está bien conmigo porque sé que una vez que me vaya de aquí voy a tener tanto de mí como lo tenía antes de hablar contigo". Cuando tienes que defender una posición, no tienes esta como una de tus elecciones.

¿Qué posición defensiva estás eligiendo que realmente podrías estar rechazando, que si te rehusaras a defenderla, te daría la libertad para ser? Todo lo que esto sea, multiplicado por un dioszillón, ¿lo destruyes y descreas? Acertado - Equivocado, Bueno - Malo, POC y POD, Todos los 9, Cortos, Chicos y Más Allás.

¿ME HARÁ ELLA UN PRODUCTO VALIOSO?

Mientras estés haciendo sexualidad, no tienes libertad para ser. No tendrás la facilidad o la libertad, porque la mayoría del tiempo, aun antes de que hayas pensado en acercarte a alguien, ya estás examinando: "¿Se ajusta a todos los criterios que me harán un producto valioso?" Esa es la única razón por la que en primer lugar le hablas. Noventa por ciento del tiempo, noventa por ciento de los chicos no están interesados en ella. Es más como: "Wow déjame ver. ¿Será que ella me hará valioso? ¿Será que aquella me hará valioso? ¿Será que esa que está por allá me hará valioso?" En vez de: "Wow, esto sería divertido para mí"

Recibimos gozo y diversión de la ecuación y elegimos hacer lo que nos hará valiosos. Hace mucho, mucho tiempo, cuando estaba en la universidad, conocí a una chica. Ella era esa chica que yo sabía que definitivamente tendría sexo conmigo, y no había tenido sexo en mucho tiempo, así que coqueteé con ella y la excité. Ella no era una chica que me haría el producto valioso. Ella era alguien con quien sería divertido tener sexo, pero no tenía las cualidades que me harían el producto valioso, así que después de tener sexo, la traté de sacar de la casa sin despertar a nadie para que nadie…

Gary:
¿Se diera cuenta de que estaba muy fea?

Dain:
Sí, para que no se dieran cuenta de qué tan fea estaba y lo mala que resultó ser. Lo que pude advertir en esto fue: "Esto no tiene nada que ver con que yo me divierta. Estoy buscando un resultado predeterminado y estoy tratando de encontrar a alguien que lo cumpla. No tiene nada que ver conmigo y nada que ver con ella". ¿Cuánto de tu sexo y relaciones has creado desde ese lugar?

LA EVASIÓN DEL GOZO DEL SEXO Y LA COPULACIÓN

Gary:
¿Qué estupidez estás usando para crear la absoluta y total evasión del gozo de sexo y copulación, estás eligiendo? Todo lo que esto sea, multiplicado por un dioszillón, ¿lo destruyes y descreas? Acertado - Equivocado, Bueno - Malo, POC y POD, Todos los 9, Cortos, Chicos y Más Allás.

En los años setenta, conocí a una chica en Suecia. Las suecas supuestamente eran sexualmente más libres que nadie en el mundo, por lo que pensé que nos íbamos a divertir mucho juntos —excepto que era sumamente juzgona y rígida con sus puntos de vista. ¿Dónde estaba la libertad en eso?

Participante:

La evasión del gozo del sexo y la copulación. ¿Trata esto sobre los estándares de la moralidad y todo el resto de mierda que se muestra en mi universo?

Gary:

Todos tienen estándares. Todos tienen la moralidad. Por suerte para ti, si eres lo suficientemente lindo, puedes superar todos esos estándares y toda la moralidad. Pero si no eres suficientemente lindo y sexy, no puedes sobreponerte a ellos. Un día quiero enseñarles cómo caminar para que puedan sobreponerse a su propia rigidez.

Participante:

¿A qué te refieres?

Gary:

Ustedes no caminan como si estuvieran disfrutando de su cuerpo o como si realmente quisieran fornicar. Ustedes no caminan como si realmente quisieran tener sexo. Se ven como si fueran la imagen de lo que quisiera tener sexo, no de alguien a quien realmente le gusta el sexo.

Eliminas cierto tipo de flujos de energía en tu cuerpo para que no puedas ser eso que invita al *gozo del sexo*. Sólo puedes ser lo que invita a la *posibilidad del sexo*. Así que invitas la posibilidad y entonces puedes obtener dos o tres mujeres por noche, lo cual está bien. Es grandioso. Es maravilloso, ¿pero dónde estás tú en esa ecuación?

Participante:

Estás en lo correcto. Ni siquiera estoy ahí.

Gary:
Esa es la parte que tiene que cambiar.

¿Qué estupidez estás usando para crearte como el príncipe azul que nunca tiene sexo, estás eligiendo? Todo lo que esto sea, multiplicado por un dioszillón, ¿lo destruyes y descreas? Acertado - Equivocado, Bueno - Malo, POC y POD, Todos los 9, Cortos, Chicos y Más Allá.

¿Qué invención estás usando para evitar ser el rey, estás eligiendo? Todo lo que esto sea, multiplicado por un dioszillón, ¿lo destruyes y descreas? Acertado - Equivocado, Bueno - Malo, POC y POD, Todos los 9, Cortos, Chicos y Más Allá.

LO EXCITANTE QUE ERES

¿Cuántos de ustedes, cuando eran niños, se excitaron inapropiadamente en diferentes momentos sin siquiera tener idea de por qué estaban excitados?

Participante:
Sí, muchas veces.

Gary:
Sí.

Todo lo que hiciste para suprimir y reprimir todo eso, ¿lo destruyes y descreas? Acertado - Equivocado, Bueno - Malo, POC y POD, Todos los 9, Cortos, Chicos y Más Allá.

La razón por la que te excitaste es porque excitabas a otros. Cuando eres la energía sexual de ti, despiertas energía sexual en los cuerpos de otras personas. Enciendes a otras personas, y como los excitas, también te excita, o por lo menos tu cuerpo se excita.

¿Cuánta de la excitación que has recibido en un momento u otro es un lugar donde invalidaste tu consciencia de la excitación que eras y la excitación que otras personas eran hacia ti? Todo lo que esto sea, multiplicado por un dioszillón, ¿lo destruyes y descreas? Acertado - Equivocado, Bueno - Malo, POC y POD, Todos los 9, Cortos, Chicos y Más Allá.

Hay seria inconsciencia conectada a esto. Cuando tenía quince, me solía excitar todos los días en mi clase de álgebra, y el maestro me llamaba. ¿Qué es excitante con respecto al álgebra? Por años, pensé que era sumamente extraño que el álgebra me prendiera. Entonces un día miré aquello y dije: "¡Wow!" No me había dado cuenta de que mi maestro de matemáticas era gay y que yo lo excitaba. Una vez que tenía la erección, siempre trataba de ponerme de pie y que fuera al pizarrón para hacer una ecuación.

Todos los lugares donde no estás dispuesto a reconocer el hecho de que eres tan cachondo como lo eras cuando tenías quince, y todo lo que has hecho para tratar de suprimirlo y reprimirlo, ¿lo destruyes y descreas? Acertado - Equivocado, Bueno - Malo, POC y POD, Todos los 9, Cortos, Chicos y Más Allá.

Participante:
Tengo una pregunta. A veces cuando estoy con una mujer y hay un lindo espacio entre nosotros, tengo una erección. Eso crea un lugar muy raro y extraño en mi universo como: "Aquí no estoy siendo un hombre".

Gary:

Entonces cuando sales con una mujer y hay un lindo espacio entre ustedes, pero no estás encendido, ¿alguna vez reconoces que tal vez no está dispuesta a tener sexo? ¿O que ella sí está dispuesta a tener sexo, pero tú y tu cuerpo no tienen deseo? Tú piensas que, si una mujer te desea, tienes que cumplir.

Participante:

Eso es muy cierto.

Gary:

Eso es porque eres un completo y absoluto promiscuo.

Dain:

Gary lo dijo como si fuera algo malo, pero yo no creo que lo sea.

Gary:

Yo no tengo el punto de vista de que ser promiscuo es algo malo, pero si no reconoces que eres un promiscuo, cuando alguien te desea, irás ahí sin importar cómo luzca. Dain estaba hablando sobre la chica con la que tuvo sexo porque sabía que iba a ser fácil. *Fácil* significa que no te va a costar nada, así que te vas ahí. Ustedes, chicos, siguen tratando de decir: "Sí, pero ella tiene que cumplir con mis estándares". Sus estándares son esas cosas que usan para evitar lo que podrían elegir.

¿Qué invención de los estándares estás usando para evitar lo que podrías estar eligiendo que podría ser fácil y divertido? Todo lo que esto sea, multiplicado por un dioszillón, ¿lo destruyes y descreas? Acertado - Equivocado, Bueno - Malo, POC y POD, Todos los 9, Cortos, Chicos y Más Allá.

Participante:

Este asunto de pensar que tienes que cumplir, ¿también tiene que ver con un estándar?

Gary:

No, eso tiene que ver más con ser el príncipe azul. Si no estás casado, tienes que ser un príncipe. Una vez que estás casado, eres un esclavo. Nunca llegas a ser el rey.

Participante:

Desafortunadamente.

Gary:

¿Qué estupidez estás usando para evitar ser el rey que podrías estar eligiendo? Lo bueno de ser el rey es que los reyes pueden hacer cochinadas, pueden ser apestosos; pueden ser todo tipo de cosas y, aun así, siempre obtienen lo que quieren.

Todo lo que esto sea, multiplicado por un dioszillón, ¿lo destruyes y descreas? Acertado - Equivocado, Bueno - Malo, POC y POD, Todos los 9, Cortos, Chicos y Más Allás.

Participante:

Estamos hablando sobre erecciones y sentirse sexuales. Ayer me activó las barras una mujer mayor y yo tuve una linda erección mientras ella lo hacía. Esto sucede muchas veces. ¿Significa que a ella le gustaría tener sexo conmigo? ¿O que la estoy excitando o que estoy excitado por ella? ¿Qué deduces de eso?

Dain:

Sí.

Gary:
Es correcto, sí. Lo siento. Eres un hombre. Tienes un pene. Estás respirando. Tú quieres tener una erección. Dalo por hecho. ¿Cuándo eres más útil? Cuando estás más duro que una roca. ¿Cuándo eres inútil? Cuando no lo estás. La mayoría de los hombres tratan de evitar ese tipo de energía sexual. La mujer mayor estaba viéndote y pensando: "¿Podría por favor tener esto?" y tu cuerpo respondió: "Oh, gracias. Aquí, te mostraré que tan bueno sería", así que tuviste una erección. No es que tú la desearas. Es el hecho de que ella te deseaba a ti y tú estabas dispuesto a recibirlo de ella porque ella no es tu estándar.

Dain:
También es parte de la energía de vivir. Cuando estás viviendo, estás excitado. Cuando estás muriendo, no lo estás. La mayoría de la gente en el planeta está muriendo, así que no sabes qué es estar excitado como algo natural o un asunto de la vida y vivir. Realmente es la energía de vivir, no importa cuánto alguien o algo ha tratado de sacártela por la fuerza.

Participante:
Regresando a cuando teníamos quince años, yo me ponía erecto todo el tiempo: en el camión, en el tren yendo a casa, donde fuera. Estaba totalmente encendido por la vida y vivir. Ahora parece ser más irregular. No sucede tan seguido. Sería grandioso regresar a ese tiempo donde tenía erecciones regularmente y estaba más excitado por la vida y vivir.

LA MÁXIMA EXCITACIÓN

Gary:

Sí, esa es la máxima excitación: la vida y vivir. La máxima excitación es alguien que está dispuesto a vivir. La mujer mayor estaba dispuesta a vivir y te vio como una posibilidad de vivir aún mejor. Cuando tienes quince, hay muchas personas que tienen lujuria por ti y tú no te das cuenta porque se supone que no te debes de dar cuenta de ese tipo de cosas; piensas que eso significa que tienes que hacer algo al respecto. Pero no significa que tienes que hacer algo al respecto. Sólo significa que la gente te mira con deseo.

¿Cuánta energía estás usando para asegurarte de que la lujuria nunca te persiga y nunca permee en tu vida, tu vivir, tu realidad o tu erección? Todo lo que esto sea, multiplicado por un dioszillón, ¿lo destruyes y descreas? Acertado - Equivocado, Bueno - Malo, POC y POD, Todos los 9, Cortos, Chicos y Más Allás.

Dain:

Sería muy malo que realmente la lujuria permeara otra vez tu realidad. Cuando eras adolescente, estaba fuera de control. Y eras como Gary en la clase de álgebra: "¡Oh Dios Mío!" Pensaba: "¡Oh no! Tengo otra erección", y luego por supuesto, el maestro lo llamaba y él pensaba: "¡No! Yo no entiendo las matemáticas".

Gary:

"Yo no sé cuál es la respuesta. No tengo ni idea. No, no puedo hacer ese problema". Me hacía el inepto en esa área de mi vida. Era un discapacitado algebraico porque no me quería poner de pie y mostrar mi erección.

Dain:

Hubiera sido genial vivir en una realidad donde él se pudiera haber puesto de pie y mostrado su erección. "Hey, algo genial está pasando conmigo ahora. Tengo tal erección que estoy a punto de explotar sobre todos. ¿Qué es lo que quería saber con respecto a las ecuaciones cuadráticas?".

¿Qué tal si vivieras en una realidad donde eso fuera posible? Cuando consideras esa posibilidad, te das cuenta de qué tan lejos estamos de tener y ser lo que sea que esté sucediendo para nosotros y nuestros cuerpos en ese momento. Estamos desconectándonos dinámicamente de nuestros cuerpos. Si no tuviéramos que hacer eso, ¿qué más sería posible?

Gary:

¿Qué invención estoy usando para evitar la erección que podría estar eligiendo? Todo lo que esto sea, multiplicado por un dioszillón, ¿lo destruyes y descreas? Acertado - Equivocado, Bueno - Malo, POC y POD, Todos los 9, Cortos, Chicos y Más Allá.

Participante:

Esta llamada me está haciendo sentir muy encendido.

Gary:

Si tuvieras una erección por la vida y vivir, ¿eso te daría más creación y más generación de la que actualmente tienes?

Participante:
¡Oh, por supuesto que sí!

Gary:
Si no estás dispuesto a tener ese lugar donde la lujuria, el gozo de vivir y el gozo de la copulación son parte de esta realidad, no estás dispuesto a tener una forma de vida con capacidades generativas y creativas. La calidad orgásmica del vivir viene de la voluntad de tener la intensidad de la lujuria y los jugos creativos que vienen con el orgasmo.

¿Qué invención estás usando para evitar la erección que podrías estar eligiendo? Todo lo que esto sea, multiplicado por un dioszillón, ¿lo destruyes y descreas? Acertado - Equivocado, Bueno - Malo, POC y POD, Todos los 9, Cortos, Chicos y Más Allás.

¿Han notado que tal vez se están poniendo un poquito excitados sobre la vida y vivir?

Participante:
Sí.

Gary:
¿Cuántos de ustedes han notado que cuando tienen una erección, eso te hace sentir muy bien?

Dain:
Es como la hora feliz. Es como, "¡Oh, hola!"

Gary:
Es un momento feliz y desprolijo.

Dain:

¿Qué estupidez estás usando para crear las invenciones, las intensidades artificiales y los demonios de la temporada eterna del descontento, estás eligiendo? Todo lo que esto sea, multiplicado por un dioszillón, ¿lo destruyes y descreas? Acertado - Equivocado, Bueno - Malo, POC y POD, Todos los 9, Cortos, Chicos y Más Allás.

¿Qué invención estás usando para evitar la erección que podrías estar eligiendo? Todo lo que esto sea, multiplicado por un dioszillón, ¿lo destruyes y descreas? Acertado - Equivocado, Bueno - Malo, POC y POD, Todos los 9, Cortos, Chicos y Más Allás.

¿Qué invención estás usando para crear la supresión y represión de la energía sexual, estás eligiendo? Todo lo que esto sea, multiplicado por un dioszillón, ¿lo destruyes y descreas? Acertado - Equivocado, Bueno - Malo, POC y POD, Todos los 9, Cortos, Chicos y Más Allás.

¿Qué invención estás usando para crearte como "no el rey", estás eligiendo? Todo lo que esto sea, multiplicado por un dioszillón, ¿lo destruyes y descreas? Acertado - Equivocado, Bueno - Malo, POC y POD, Todos los 9, Cortos, Chicos y Más Allás.

¿Qué estupidez estás usando para crearte como el príncipe azul que nunca tiene sexo, estás eligiendo? Todo lo que esto sea, multiplicado por un dioszillón, ¿lo destruyes y descreas? Acertado - Equivocado, Bueno - Malo, POC y POD, Todos los 9, Cortos, Chicos y Más Allás.

Gary:

¡Bueno, ustedes agregarían esa parte! Sólo se acuestan con princesas, en lugar de cualquiera que sea lo suficientemente inteligente para divertirse con ustedes. Saben, las princesas son todas vírgenes y no saben dar (y ciertamente no saben cómo dar una mamada).

Todo lo que esto sea, multiplicado por un dioszillón, ¿lo destruyes y descreas? Acertado - Equivocado, Bueno - Malo, POC y POD, Todos los 9, Cortos, Chicos y Más Allás.

Dain:

¿Qué invención estás usando para crearte como menos valioso que las mujeres, estás eligiendo? Todo lo que esto sea, multiplicado por un dioszillón, ¿lo destruyes y descreas? Acertado - Equivocado, Bueno - Malo, POC y POD, Todos los 9, Cortos, Chicos y Más Allás.

¿Qué invención estás usando para evitar la erección que podrías estar eligiendo? Todo lo que esto sea, multiplicado por un dioszillón, ¿lo destruyes y descreas? Acertado - Equivocado, Bueno - Malo, POC y POD, Todos los 9, Cortos, Chicos y Más Allás.

Gary:

¿Pueden notar qué tan excitado está su cuerpo cuando ejecutamos este último?

Participante:

Sí.

Gary:

Así que cualquier cosa que hagan, no pongan esto en un *loop* y lo escuchen por los siguientes treinta días. Por favor no lo hagan, o se encontrarán excitándose por la vida y vivir en general.

Dain:

Y eso sería muy malo.

Gary:

Cuando tienes quince, estás excitado por la vida y deprimido al mismo tiempo. Estás agradecido cuando tienes una erección, y el resto parece ser menos importante siempre y cuando tengas una erección. ¿Qué tal si usaras eso como una energía generativa en tu vida en lugar de algo erróneo?

¿Qué invención estás usando para evitar la erección que podrías estar eligiendo? Todo lo que esto sea, multiplicado por un dioszillón, ¿lo destruyes y descreas? Acertado - Equivocado, Bueno - Malo, POC y POD, Todos los 9, Cortos, Chicos y Más Allá.

EL SEXO ES UNA FUERZA VITAL

Participante:

Así es mi vida en este momento. Cuando no estoy teniendo sexo o no me estoy masturbando, o no estoy teniendo erecciones, todo parece pálido e insignificante.

Gary:

Sí, lo sé. ¿Por qué es así? ¿Tienes alguna idea?

Participante:
No, ¿por qué?

Gary:
Cuando tienes una erección, obtienes la fuerza vital que existe dentro de ti y tu cuerpo. El sexo es una fuerza vital. Es algo que te da la consciencia de posibilidades de creación y generación más allá de los límites de esta realidad—pero esa no es la manera como se nos presenta en esta realidad. Se presenta como algo correcto o equivocado, no como la energía que insiste en la vida y vivir. El sexo es tratado como algo que nos requiere limitar la vida y vivir.

Participante:
Esto me está dando dolor de cabeza.

Gary:
Eso es algo bueno. Ahora, si te diera en ambas, tu gran cabeza y tu otra cabecita…

Dain:
Sería maravilloso.

Gary:
Todo lo que esto sea, multiplicado por un dioszillón, ¿lo destruyes y descreas? Acertado - Equivocado, Bueno - Malo, POC y POD, Todos los 9, Cortos, Chicos y Más Allás.
¿Qué invención estás usando para ignorar tu cabecita con tu gran cabeza, estás eligiendo?

Participante:
Yo tengo una gran cabeza. ¿A cuál te estás refiriendo?

Gary:
A ambas. Si tu otra cabecita es tan grande como tu gran cabeza, deberías estar haciendo películas porno.

Dain:
¿Qué invención estás usando para ignorar tu cabecita con tu gran cabeza, estás eligiendo? Todo lo que esto sea, multiplicado por un dioszillón, ¿lo destruyes y descreas? Acertado - Equivocado, Bueno - Malo, POC y POD, Todos los 9, Cortos, Chicos y Más Allás.

¿Qué invención estás usando para evitar la expansión de tu agenda que podrías estar eligiendo? Todo lo que esto sea, multiplicado por un dioszillón, ¿lo destruyes y descreas? Acertado - Equivocado, Bueno - Malo, POC y POD, Todos los 9, Cortos, Chicos y Más Allás.

VIÉNDOTE COMO VALIOSO

Participante:
Últimamente he estado esperando a que las mujeres elijan en lugar de elegir por mí. ¿Este proceso me ayudará con eso?

Gary:
El proceso sobre ser valioso: "¿Qué invención estás usando para crear a las mujeres como más valiosas que tú, estás eligiendo?" creará un cambio mayor. Aquí es donde puedes cambiar esos lugares donde estás viendo cómo las mujeres son valiosas en vez de ti. Tú no te ves a ti mismo como valioso.

Participante:
Lo sé.

Gary:
Cuando tú no te ves como valioso, abordas a las mujeres con una repugnante energía golfa que es perniciosa y poco amable. Les da a las mujeres el punto de vista de que eres algún tipo de pervertido. No es una invitación para que ellas se acerquen a ti. Es como si estuvieras tratando de ir hacia ellas. ¿Tiene eso sentido?

Participante:
Conocí a una mujer y, al principio, yo era el producto valioso. Estaba jalando energía y era sólo yo, pero después de un tiempo se volvió: "Oh, otra vez estoy de regreso a mis viejos patrones". No sé cómo darle la vuelta a eso.

Gary:
Tal vez querrás ejecutar:

¿Qué invención estoy usando para crear el problema con esta dama que estoy eligiendo? Todo lo que esto sea, multiplicado por un dioszillón, ¿lo destruyes y descreas? Acertado - Equivocado, Bueno - Malo, POC y POD, Todos los 9, Cortos, Chicos y Más Allás.

¿QUÉ TOMARÍA PARA QUE ESTA RELACIÓN FUNCIONE?

Participante:

Gracias. Escuché la llamada de El Club De Los Caballeros en Australia, y alguien preguntó: "¿Cómo creo relaciones?" Dijiste algo como: "Las mujeres crean su idea de la relación y el hombre crea su idea de la relación, y si las tratan de juntar, no funcionan".

Gary:

Básicamente se reduce a esto: tratas de ver cómo encajar en el mundo de las mujeres con el fin de crear una relación con ella. Ella trata de ver cómo tú puedes encajar en su mundo (lo cual es una relación para ella), y nada de eso es sobre estar presente con "¿Qué es lo que realmente va a funcionar aquí?" Empiezas a inventar hermosas y románticas imágenes de los dos juntos. Están sonriendo, besándose y todo es perfecto. Tú dices: "Oh, ella es perfecta. Esto va a ser perfecto". ¿Esas son preguntas? ¡No! "Todo va a resultar bien. No puedo esperar a ver cómo va a resultar esto". Nada de eso es una pregunta. La invención de la idea de una relación perfecta no es la consciencia de la relación que realmente tienes. Creas una molestia en ti o una molestia con ella, una de los dos, en lugar de ver lo que realmente es posible.

Tienes que preguntar:

+ ¿Qué tomaría para que esta relación funcione?
+ ¿Qué está sucediendo aquí y qué me gustaría que esto fuera?

LA SUTILEZA DE LA CONSCIENCIA QUE REALMENTE TIENES

Dain:

Se basa en la conclusión en lugar de la sutileza de la consciencia que realmente tienes. Tienes una sutil consciencia. Es la consciencia de todas las energías sutiles que son. Es la concienciación de lo que es posible, lo que no es posible, lo que es posible con alguien y lo que no. Nos han enseñado a llegar a una conclusión, en lugar de a una consciencia, y cuando vas a la conclusión, cortas todas las sutilezas de la consciencia que tienes; cortas todo lo que puedes ver y todo lo que puedes percibir. Todo lo que puedes hacer es funcionar desde la conclusión que tienes. Cuando piensas en una chica, si te permites hacer una pregunta, tendrás una ligereza, tendrás una pesadez, o tendrás una especie de algo retorcido que está sucediendo, y puedes preguntar: "Bien, ¿es esta la sutileza de mi consciencia?" Si lo es, se vuelve un trabajo detectivesco encontrar lo que ese algo es. Si ves que has llegado a muchas conclusiones, puedes preguntar: ¿Qué puedo cambiar ahora que hará esto diferente? O: ¿Esto siquiera tiene la capacidad de ser cambiado?

Gary:

Esa es la pregunta a la que tienen que ir. La mayoría de ustedes, chicos, se van a la conclusión: "Oh, esta mujer es maravillosa. Esta mujer es grandiosa. Ella es todo lo que siempre he querido". Y ¿qué pregunta es esa?

Participante:

Ninguna.

Gary:

No tener preguntas es más real para nosotros. Inventamos la idea de que esta es la forma como algo tiene que ser, en lugar de preguntar: "¿Qué puede ser esto? ¿Qué es lo que realmente me gustaría que fuera que ni siquiera he percibido?"

Participante:

Recientemente estaba escuchando *"El Lugar"* por segunda vez, y simplemente lloré. Era como "Yo sé que esto es posible. ¿Cómo diablos llego ahí?

Gary:

Sí, lo sé. Para mí, también esa es la realidad. Pregunta: ¿Qué es realmente posible que ni siquiera he considerado aquí?

Dain:

¿Y qué tal si fuera posible realmente crearla como una realidad viva que respiramos, en lugar de todas estas cosas que tratamos de hacer reales que verdaderamente sabemos que no son reales?

LA ERECCIÓN QUE PODRÍAS ESTAR ELIGIENDO

Gary:

¿Qué invención estás usando para evitar la erección que podrías estar eligiendo? Todo lo que esto sea, multiplicado por un dioszillón, ¿lo destruyes y descreas? Acertado - Equivocado, Bueno - Malo, POC y POD, Todos los 9, Cortos, Chicos y Más Allás.

¿Por qué es esa pregunta la que crea más gozo en sus cuerpos?

Dain:

Esa es la única que se sigue moviendo, y moviendo y moviendo.

Gary:

Es el regalo que continúa dando. La erección.

Dain:

¿Qué invención estás usando para evitar la erección que podrías estar eligiendo? Todo lo que esto sea, multiplicado por un dioszillón, ¿lo destruyes y descreas? Acertado - Equivocado, Bueno - Malo, POC y POD, Todos los 9, Cortos, Chicos y Más Allás.

Gary:

¿No es eso maravilloso? Ser una erección, en vez de tener una erección, es lo que es la realidad. Cuando tienes una erección, es ese momento en que estás más dispuestos a ir en pos de algo como tener una vida grandiosa. Siempre estás buscando "¿Dónde puedo poner esta cosa?

¿Qué más puedo hacer con esto?" La única vez que vas a la pregunta, es cuando tienes una erección.

Dain:

Pero también es ese momento cuando llegas a absolutamente ninguna pregunta.

Gary:

También es el momento en que se van a esas malditas serias conclusiones.

Participante:

Es una demanda muy fuerte cuando tienes una erección.

Gary:

Sí, es una demanda muy fuerte. ¿Y si estuvieras dispuesto a tener tu deseo y no tu demanda? ¿Cómo sería eso?

Gary:

Si usas la misma energía para crear una posibilidad diferente, ¿cómo sería la vida?

Dain:

¿Qué invención estás usando para evitar la erección que podrías estar eligiendo? Todo lo que esto sea, multiplicado por un dioszillón, ¿lo destruyes y descreas? Acertado - Equivocado, Bueno - Malo, POC y POD, Todos los 9, Cortos, Chicos y Más Allá.
Este podría ser el proceso que ejecuten por siempre.

Gary:

Este es el proceso para siempre. Ponlo en un loop, especialmente si estás durmiendo junto a una mujer. Tal vez ella obtenga una erección y te persiga en la mañana. Si obtiene una erección y su erección está en su clítoris, ella querrá tener sexo contigo.

¿Qué invención estás usando para evitar la erección que podría estar eligiendo? Todo lo que esto sea, multiplicado por un dioszillón, ¿lo destruyes y descreas? Acertado - Equivocado, Bueno - Malo, POC y POD, Todos los 9, Cortos, Chicos y Más Allás.

Puedo sentir cómo todos sus cuerpos dicen: "¡Sí! ¡Sí! ¡Sí!" ¿Te das cuenta de cuánto de tu cuerpo estás tratando de apagar? Así es como creamos el envejecimiento. Por eso es que no eres nunca un niño eterno —estás usando el apagar tu erección para envejecerlo, y para hacer menos valioso y menos real el tener un cuerpo. ¿Quieres rejuvenecer? Ejecuta este proceso:

Dain:

¿Qué invención estás usando para crear la evasión de la erección que podrías estar eligiendo? Todo lo que esto sea, multiplicado por un dioszillón, ¿lo destruyes y descreas? Acertado - Equivocado, Bueno - Malo, POC y POD, Todos los 9, Cortos, Chicos y Más Allás.

Es interesante. Estábamos haciendo "¿Qué estupidez estás usando?" y ahora es "¿Qué invención estás usando?"

Gary:

Te has hecho inconsciente de cosas, pero ahora no es solamente la inconsciencia que elegimos; es el lugar donde inventamos cosas que hemos elegido como algo más real que nuestra capacidad de elegir algo diferente, así que es una parte de ello, pero también es ligeramente diferente.

¿Qué invención estás usando para evitar la erección que podrías estar eligiendo? Todo lo que esto sea, multiplicado por un dioszillón, ¿lo destruyes y descreas? Acertado - Equivocado, Bueno - Malo, POC y POD, Todos los 9, Cortos, Chicos y Más Allás.

¿Alguno de ustedes siente que hay más sangre circulando a través de sus cuerpos?

Participante:
Hay algo sobre suprimir la energía de vida, y todo eso surge porque sería inapropiado tener una erección todo el tiempo.

Gary:
Estás mal. No sería inapropiado tener una erección todo el tiempo. Sería una invitación para que más mujeres los usen.

Dain:
Ajá.

Gary:
Si no tienes una erección, no sirves, ¿no es cierto?

Participante:
No.

Gary:
Si no evitas la erección que eres, te conviertes en una persona más útil en la vida de otras personas; y con el fin de verte a ti mismo como no valioso, tienes que convertirte en inútil, ¿no es así? Así que tal vez captes que evitar la erección que podrías estar eligiendo está afectando todas las áreas de tu vida.

Participante:
Totalmente. Es como si la estuviera guardando hasta que pueda ser desatada en el momento apropiado. No toda la vida. Como la imagen estándar de moralidad en los hombres.

Gary:

Como si tener una erección en la vida fuera diferente de tener una vara sexualmente dura, como si lo fuera. Hay muchas áreas en tu vida que suprimes porque no es aceptable que tengas una erección. No te permites tener ese elemento entusiasta en tu vida y vivir, lo que significa que no te permitirás a ti mismo ser.

Participante:

Exactamente. Wow.

Gary:

¿Qué invención estás usando para evitar la erección que podrías estar eligiendo? Todo lo que esto sea, multiplicado por un dioszillón, ¿lo destruyes y descreas? Acertado - Equivocado, Bueno - Malo, POC y POD, Todos los 9, Cortos, Chicos y Más Allás.

Si estás dispuesto a ser la erección, estás dispuesto a ser la energía que crea la erección. Serás la energía que crea y genera. Si estás siendo menos que eso, estás tratando de instituir lo que sea que las mujeres quieren ser o hacer, lo cual no es elegir ser tú.

Este es el lugar donde los hombres se desconectan a sí mismos de ser la energía que da lo que puede ser recibido, pero que no tiene que dar lo que no puede ser recibido, que es lo que tú eres si estás dispuesto a ser esa erección. Si no estás dispuesto a ser eso, tienes que defender entonces el punto de vista de ella, rehusarte a dar lo que ella puede recibir y rehusarte a ser lo que puede ser recibido. Si estás dispuesto a ser el tipo de energía que es una invitación—porque tener una erección es una invitación. Si la persona puede recibirlo, maravilloso. Si la persona no lo puede recibir, ¿estaría mal que tengas una erección?

Por alguna razón, parecen no captar que ser una erección es una invitación. Eso no significa que las personas tienen que aceptarla. Sólo significa que es una invitación. ¿Qué tal si sólo estuvieras caliente y ese fuera el principio de la posibilidad de la energía del sexo, copulación y un pene duro? Si tuvieras ese tipo de energía de ser "estoy listo cuando tú estés lista", ¿sería una energía diferente y una invitación diferente a: "¿Hay algo mal en mí porque tengo el pene duro"?

Participante:
Sí, ¿puedes hablar más sobre eso?

Gary:
Sí, tienes eso disponible para ti cuando estás dispuesto a tener ese tipo de energía fluyendo. Pero la has convertido en: "Un pene duro para ser capaz de joderme a alguien". Tienes que estar dispuesto a crear lo que creará algo más grandioso.

PARARSE EN EL ROL DEL REY

Dain:
Cuando estás dispuesto a crear algo más grandioso, te sales del rol del príncipe. El príncipe es al que le toca andar jugando y deja que el mundo ocurra alrededor de él, y si le toca tener sexo, está contento y eso es suficiente. Tienes que pararte en el rol del rey. Ahí es donde te das cuenta de que está en ti crear la realidad a tu alrededor. Nadie más lo hará por ti. Nadie más se hará responsable de ti. Tratarán de sobajarte y te juzgarán,

pero es irrelevante. ¡Demonios, tú eres el rey! Así que, en lugar de vivir tu vida pensando que eres restos y desechos, y que mientras tengas sexo, todo está bien, te preguntas: "¿Qué estoy creando aquí?"

Si estás dispuesto a ser el rey y la erección que te has estado rehusando a ser, te darás cuenta de que eres una fuerza creativa y un control creativo en el mundo que te has estado rehusando a ser. Si echas un vistazo a toda la mierda que hacemos con respecto a las mujeres —cuando les gustamos, cuando nos estamos acostando con ellas, cuando alguien más está teniendo más sexo que nosotros, cuando estamos teniendo menos sexo, y bla, bla, bla—, toda esa es la mierda que usamos para evitar ser los seres creativos y generativos que realmente somos.

¿Qué invención estás usando para crearte como la no fuente, fuerza, y control generativos y creativos que podrías estar eligiendo? Todo lo que esto sea, multiplicado por un dioszillón, ¿lo destruyes y descreas? Acertado - Equivocado, Bueno - Malo, POC y POD, Todos los 9, Cortos, Chicos y Más Allá.

Gary:

Hay algo más que tenemos que agregar: "fuente, fuerza, control y energía generativa".

Dain:

¿Qué estupidez estás usando para crear las invenciones, las intensidades artificiales y los demonios de nunca ser la fuente, fuerza, control, contribución creativas y generativas, y la capacidad generativa, estás eligiendo? Todo lo que esto sea, multiplicado por un dioszillón, ¿lo destruyes y descreas?

Acertado - Equivocado, Bueno - Malo, POC y POD, Todos los 9, Cortos, Chicos y Más Allás.

Participante:
Wow. Ese es un cohete.

Participante:
¿Esto también está conectado con el tema de la imagen?

Gary:
Tratas de crearte a ti mismo como alguien que *se ve como* en lugar de alguien *que es*. Quieres verte como un maestro de la fornicación. Quieres verte como lo que piensas que una mujer va a querer. Quieres verte como alguien que es exitoso. Quieres verte como alguien que es valioso, pero *ser* esas cosas y *verse como* ellas son dos mundos diferentes.

¿QUÉ TAL SI ESTUVIERAS DISPUESTO A SER EL REY DE LAS POSIBILIDADES?

Dain:
Tienes que estar consciente de que el mundo te va a ver de muchas diferentes maneras. La gente, te va a ver de todas las maneras posibles. Tienes que saber a qué le estás apuntando, cuál es tu objetivo y qué es lo realmente verdadero para ti.

Yo no sé ustedes, chicos, pero he estado haciendo el papel del príncipe azul por mucho tiempo. Parecía el lugar ideal para estar, y me estoy dando cuenta en este punto de que ya no es suficiente para mí. No sé si sea suficiente para ustedes. No sé si han echado un vistazo al lugar desde donde yo estaba funcionando y dijeron: "Wow, eso sería suficiente para mí. Déjenme tomar su lugar".

¿Qué tal si pudieran darse cuenta de eso en su propio mundo, aun comparándose con quien sea que se comparen (la comparación conmigo, la comparación con Gary, la comparación con cualquier otro)? ¿Son suficientes para ustedes? Tal vez haya algo mucho más grandioso en ser la fuente, fuerza, control y capacidad creativas y generativas que somos, que nos lleva más allá del papel del príncipe que hemos estado haciendo, donde estamos felices de tener cualquier mujer que esté dispuesta a tenernos.

¿Qué tal si estuviéramos siendo el rey de las posibilidades?

Gary:

¡Oh! ¡Muy buena!

¿Qué estupidez estás usando para crear la invención y la intensidad artificial de evitar ser el rey de las posibilidades que podrías estar eligiendo? Todo lo que esto sea, multiplicado por un dioszillón, ¿lo destruyes y descreas? Acertado - Equivocado, Bueno - Malo, POC y POD, Todos los 9, Cortos, Chicos y Más Allás.

¿Te he dicho cuánto amo cuando abres tu boca, Dain?

Participante:

¿Aquí también es donde creamos separación y competencia entre hombres, donde vemos a alguien más y decimos: "¡Oh, wow!" y nos hacemos pequeños?

Dain:

Sí, porque si te dieras cuenta de que eres el rey de las posibilidades, tendrías una visión totalmente diferente de ti. Sería:

"Lo siento. ¿Competir con quién?" Serías capaz de ver dónde otros reyes en su propio derecho podrían ser una contribución, un regalar y un recibir en esta capacidad creativa y generativa, y la fuerza, fuente y control de algo diferente.

Usualmente no usamos palabras como *fuerza, fuente y control* como algo a adoptar, pero este es un lugar donde nosotros, hombres, no hemos estado dispuestos a asumir nuestras capacidades naturales. Si realmente asumieras esas capacidades, ¿qué más sería posible? ¿Qué tal si la manera para salir de la competencia que has estado haciendo conmigo, otros hombres en Access Consciousness, u hombres fuera de Access, es reconociendo que tienes una capacidad más grandiosa de lo que has estado dispuesto a reconocer? ¿Qué tal si realmente eres lo que has estado pretendiendo no ser? ¿Qué tal si realmente eres el rey de las posibilidades? Y si estás dispuesto a serlo, ¿eliminaría la competencia con otros hombres en tu mundo?

Gary:
No hay verdadera competencia. La competencia es una mentira. Competencia es lo que haces en el campo de juego de los deportes. Más que cualquier otra cosa, la competencia entre hombres es una manera en la que nunca tendrás que reclamar la totalidad de ti. Es una manera en que garantizas que no tendrás que elegir la grandeza de ti. Es un lugar donde puedes elegir en contra de otros hombres, como si hacer eso fuera encontrarte a ti mismo, en lugar de ver qué es realmente posible y cómo ustedes podrían trabajar para ustedes. ¿Alguna vez has tenido la experiencia de trabajar con otro hombre, y era tan cohesivo y fácil que hacían todo rápidamente?

Participante:
  Sí.

Gary:
  Eso es porque no hay competencia real. Si la hubiera, nunca habría una situación donde los hombres pudieran cooperar los unos con los otros. Y yo veo muchas instancias donde los hombres cooperan con otros hombres muy fácilmente. ¿Cómo sería si estuvieras dispuesto a tener un mundo totalmente diferente? Yo quiero que todos pongan esto en un ciclo:
    ¿Qué energía, espacio y consciencia puedo ser que me permita ser el rey de las posibilidades que realmente soy por toda la eternidad? Todo lo que no lo permita, multiplicado por un dioszillón, ¿lo destruyes y descreas? Acertado - Equivocado, Bueno - Malo, POC y POD, Todos los 9, Cortos, Chicos y Más Allás.

Dain:
  Juguemos, caballeros. Vamos a crear una realidad diferente.

Gary:
  Sí. Tengamos un montón de reyes de posibilidades en lugar de reinas de la estupidez.

Dain:
  Y príncipes de la inanidad.

Gary:
  Y príncipes de la invisibilidad.

Dain:

Así que, por favor, chicos, ejecuten estos procesos. Muchas gracias por ustedes. ¿Qué más es posible que podamos crear juntos?

Gary:

Muchas, muchas gracias por estar en esta llamada. Son lo máximo.

Participantes:

¡Gracias!

5
El sexo, copulación y relaciones fenomenales que podrías estar eligiendo

Si estuvieras dispuesto a funcionar desde el punto de vista de la posibilidad más grandiosa y la elección más grandiosa, en lugar de lo equivocado de tu punto de vista, ¿qué más podría ser posible?

Gary:
Hola, caballeros.

CREANDO OCURRENCIAS ACRECENTADAS POR LOS DEMONIOS

Recientemente, Dain y yo notamos que cuando las mujeres persiguen a los hombres, los chicos cortan su consciencia con tal de tener sexo. Nunca cuestionan si eso es lo que ellos quieren o si hará sus vidas mejores.

Dicen cosas como: "Bueno, sólo sucedió", "No lo pude evitar", "Se me fue" u "Ocurrió por accidente", pero no es así.

Piensas que, si *puede* ocurrir, *debe* ocurrir; por lo tanto, invitas a entrar a los demonios para asegurarse de que *sí* ocurra.

¿Qué estupidez estás usando para crear las ocurrencias acrecentadas por los demonios que estás eligiendo? Todo lo que esto sea, multiplicado por un dioszillón, ¿lo destruyes y descreas? Acertado - Equivocado, Bueno - Malo, POC y POD, Todos los 9, Cortos, Chicos y Más Allás.

Participante:
¿Qué significa "invitar a los demonios"?

Gary:
Tienes que invitar a entrar a los demonios, con el fin de crear el poder que tienes como desempoderamiento. Ninguno ha estado desempoderado frente a su pene, ¿cierto?

Participante:
Sí.

Gary:
Es como que siempre estás desempoderado. En cuanto tu pene empieza a llenarse de energía es como que el cerebro ya no está disponible. Tienes un CI de un solo dígito. Así funcionan también otras áreas de tu vida. Siempre que digas: "Bueno, esto simplemente ocurrió" o "No lo pude evitar", estás invitando demonios para asegurarte de que no eres responsable de nada de lo que ocurre. En cualquier lugar donde digas: "Uh, no sé cómo pasó esto", es una mentira. Es lo que haces para asegurarte de que no estás en control y no tienes la capacidad para crear nada. Te vuelves el efecto de todo lo que ocurre a tu alrededor.

¿Qué estupidez estás usando para crear las ocurrencias acrecentadas por los demonios que estás eligiendo? Todo lo que esto sea, multiplicado por un dioszillón, ¿lo destruyes y descreas? Acertado - Equivocado, Bueno - Malo, POC y POD, Todos los 9, Cortos, Chicos y Más Allás.

¡Bueno, la buena noticia es que han sido acrecentados por los demonios desde que tienen un pene!

Participante:
¿Qué significa acrecentado?

Gary:
Acrecentado significa que los demonios entran y te ayudan a ser estúpido. Te ayudan para ser menos consciente. Te ayudan a ponerte en situaciones comprometedoras. Te ayudan para asegurarse de que no tengas ni la menor idea de lo que está sucediendo; esa es la razón de que cosas malas te ocurren, con las que no estás nada contento. Puede ser con el dinero, con el sexo —pero usualmente para ustedes chicos, es con el sexo. Los amo a todos, y ustedes son una bola de penes buscando un lugar para ocurrir.

¿Qué estupidez estás usando para crear las ocurrencias acrecentadas por los demonios que estás eligiendo? Todo lo que esto sea, multiplicado por un dioszillón, ¿lo destruyes y descreas? Acertado - Equivocado, Bueno - Malo, POC y POD, Todos los 9, Cortos, Chicos y Más Allás.

Participante:
Mi pareja y yo nos estamos separando. Estamos moviendo cosas y mudándonos de casa. Después de la clase de Dain de la Síntesis Energética del Ser, estaba totalmente claro de lo que

quería crear y generar, así que regresé para mudarme fuera de la casa que mi pareja y yo compartíamos. Pero cuando entré a la casa, me di contra la pared. ¿Son ocurrencias acrecentadas por los demonios?

Gary:
¿Estás dispuesto a ver lo que es verdad para ti? Y recuerda que pensé "verdad" antes de hacer la pregunta.

Participante:
Lo estaba hasta que entré a la casa, y ahora soy infeliz.

Gary:
Sí, porque te has dado cuenta con qué has estado viviendo todo este tiempo.

Participante:
Sí.

Gary:
Una vez que tienes claro que quieres hacer algo más, de repente te vuelves consciente, finalmente, de todas las cosas que no has estado dejando entrar a tu consciencia con el fin de mantener lo que tienes. Tienes la ocurrencia de la relación tal como es, donde cortas tu conciencia para asegurarte de continuar teniendo todo tal como está.

Participante:
Así que ¿solamente estoy más consciente del lugar donde me atoré?

Gary:

Sí. Eres consciente de lo que antes te estabas rehusando a ser consciente. Siempre que tu pene esté involucrado, en cualquier momento en que entras en cualquier tipo de relación, te vas a la relación creíble y verosímil. No eliges la relación irreal e increíble. ¿Por qué será que quieres la relación que es creíble y verosímil?

Participante:

Sí, eso sólo te engancha de regreso a esta realidad.

Gary:

Sí. Te trae de regreso a esta realidad. Te atora con esta realidad en lugar de darte una elección de una realidad diferente. ¿Por qué no querrías una elección diferente?

Participante:

Oh, sí quiero.

Gary:

Si tuvieras elección, si realmente estuvieras eligiendo y tuvieras elección y consciencia, no permitirías que las ocurrencias acrecentadas por los demonios tomaran control de tu vida. Pero permites que las ocurrencias acrecentadas por los demonios controlen tu vida. Dices, "Perdí este dinero. Ese dinero se me fue". Actúas como si no hubiera elección cuando la hay.

¿Qué estupidez estás usando para crear las ocurrencias acrecentadas por los demonios que estás eligiendo? Todo lo que esto sea, multiplicado por un dioszillón, ¿lo destruyes y descreas? Acertado - Equivocado, Bueno - Malo, POC y POD, Todos los 9, Cortos, Chicos y Más Allás.

¿Qué estupidez estás usando para defenderte en contra del sexo, la copulación y las relaciones irreales, increíbles, fantásticas y fenomenales que podrías estar eligiendo? Todo lo que esto sea, multiplicado por un dioszillón, ¿lo destruyes y descreas? Acertado - Equivocado, Bueno - Malo, POC y POD, Todos los 9, Cortos, Chicos y Más Allá.

Wow, chicos, realmente no quieren tener nada que no sea ordinario, ¿cierto?

¿Qué estupidez estás usando para crear la defensa en contra del sexo, la copulación y las relaciones irreales, increíbles, fantásticas y fenomenales que podrías estar eligiendo? Todo lo que esto sea, multiplicado por un dioszillón, ¿lo destruyes y descreas? Acertado - Equivocado, Bueno - Malo, POC y POD, Todos los 9, Cortos, Chicos y Más Allá.

¿Qué estupidez estás usando para crear las ocurrencias acrecentadas por los demonios que estás eligiendo? Todo lo que esto sea, multiplicado por un dioszillón, ¿lo destruyes y descreas? Acertado - Equivocado, Bueno - Malo, POC y POD, Todos los 9, Cortos, Chicos y Más Allá.

NO "SIMPLEMENTE SUCEDIÓ"

Cuando de pronto decides que quieres sexo con alguien, no es un accidente. No es algo que simplemente ocurre. No simplemente sucedió. Esas mujeres van tras de ti. ¿Es esto acaso real para ti? Yo observo a la gente. El otro día en la clase, observé cómo una mujer iba tras de un chico. Era obvio que ella estaba tras de él, y era ridículamente horrible la forma en que se estaban haciendo las cosas. Él para nada lo podía ver porque los demonios acrecentaron la ocurrencia. Él no tenía ni la menor idea de que podría de hecho inducir su propia muerte por la elección que estaba haciendo.

Participante:

¿Elegimos eso desde el momento en que la chica está tras de nosotros?

Gary:

Sí. Lo eliges cuando ella empieza a lubricar por ti. Este chico y esta chica estaban saliendo a comer. Los vi y pensé: "Oh, pobre idiota. Está condenado". La chica era mala y diabólica y yo sabía que ella le iba a hacer cosas malvadas y diabólicas a él. Pero su agenda se le puso tiesa, su cerebro desapareció, y él tenía una ocurrencia acrecentada por los demonios llamada "amor al sexo". Ignoraba a todos los demás por estar con ella. Todo lo que prometió hacer por los demás, se rehusó a hacerlo. Todo lo que dijo que iba a lograr. Todo lo que era parte de su negocio, su vida y sus amistades con todo en el mundo, se perdió en favor de la vagina de oro que estaba escurriendo baba en todo su mundo.

Participante:

Wow.

Gary:

Todo lo que esto sea, multiplicado por un dioszillón, ¿lo destruyes y descreas? Acertado - Equivocado, Bueno - Malo, POC y POD, Todos los 9, Cortos, Chicos y Más Allás.

Participante:

¿He estado usando mi relación para defenderme en contra de las mujeres que hacen eso conmigo?

Gary:

Bueno, te has estado defendiendo en contra de ello. Primero que nada, no es que las *mujeres* lo hagan o no. Los hombres también te lo harían.

Participante:

Sí.

Gary:

Te defiendes de cualquier cosa que te dará elección.

Participante:

Ahora me estoy poniendo bizco. ¿Qué quieres decir con eso?

Gary:

Si te defines como *gay* o hetero, o tienes cualquier sexualidad en particular, creas un conjunto de juicios para garantizar esa definición y hacerla real. Te defiendes en contra de cualquier cosa que la desafíe o te ponga en un lugar donde podrías cuestionarla.

¿Qué tal que la mejor relación que tuvieras, fuera con un gran amigo? Hace algunos años, tenía una amistad realmente muy cercana. Hacíamos todo juntos. Era realmente divertido. Él era muy inteligente, brillante y divertido, y la pasábamos muy bien juntos. Entonces tuvo una novia, me botó como si fuera una especie de traje barato, y yo dije: "¡Uh, espera un minuto! ¿Éramos tan cercanos y ahora ni siquiera me habla?" Ellos se separaron y él me llamó. Quería que nos juntáramos para reanudar la amistad. Me dijo: "Hey, vamos a retomar la amistad".

Yo le respondí: "No, porque la próxima vez que tengas una novia, me vas a botar otra vez. No me interesa". Él estaba dispuesto a destruir su amistad conmigo con el fin de tener una relación exclusiva con su chica. Pensó que esa relación era lo más importante.

¿Estás dispuesto a ignorar a tus amigos por la vagina que en la actualidad está babeando en ti? Eso es lo que haces, ya sea que tengas o no un compromiso de hacer algo.

Participante:

E incluso los compromisos contigo mismo.

Gary:

Más que nada, los compromisos contigo mismo. Ir en contra de aquello con lo que te has comprometido es como decir: "Ella es más importante. Todo lo que ella tiene es más importante que mi propia vida".

Participante:

Y una vez que pierdes el compromiso contigo mismo…

Gary:

Ahí es donde empiezas a atraer a la muerte. Ahí es donde induces la muerte. Aquí hay otro proceso que quiero que ejecutes por cuenta propia:

¿Qué seducción estoy usando para crear la inducción a la muerte que estoy eligiendo? Todo lo que esto sea, multiplicado por un dioszillón, ¿lo destruyes y descreas? Acertado -

Equivocado, Bueno - Malo, POC y POD, Todos los 9, Cortos, Chicos y Más Allás.

Nos permitimos a nosotros mismos ser seducidos para morir. El chico del que acabo de hablar fue seducido para renunciar a todos sus otros amigos, gente que lo había apoyado y amado, en favor de la mujer. Eso es todo lo que a él le importaba. Cuando ella lo dejó, ella se sentía como un millón de dólares; él se sentía como un montón de mierda.

¿Qué seducción estoy usando para crear la inducción a la muerte que estoy eligiendo? Todo lo que esto sea, multiplicado por un dioszillón, ¿lo destruyes y descreas? Acertado - Equivocado, Bueno - Malo, POC y POD, Todos los 9, Cortos, Chicos y Más Allás.

Caballeros, por favor pongan esto en un ciclo y ejecútenlo sin parar. Tienen que llegar al lugar donde no sean seducidos a renunciar a su vida por una mujer, sólo porque ella lo quiere.

"QUIERO QUE ÉL RENUNCIE A SU VIDA POR MÍ"

Hace algunos años estaba haciendo una clase y una pareja estaba ahí. Le pregunté a la mujer: "¿Qué es lo que quieres de él?" Y ella respondió: "Quiero que él renuncie a su vida por mí".

Yo dije: "¡¿Qué?!" Todo mundo en el salón dijo: "Oh, ¿No es eso tierno?"

Yo dije: "¿Tierno? ¿Quieres que este chico renuncie a su vida por ti? Básicamente estás diciendo que debería hacer todo lo que tú quieras, debería hacer cualquier cosa que requieras o desees y no debe tener una vida propia". Ella respondió: "Sí".

Esa es la manera en que la mayoría de las relaciones son creadas. Yo pregunto: "¿Por qué las personas piensan que eso es algo bueno?" Tienen que estar dispuestos a ver lo que realmente quieren tener como su realidad y lo que quieren tener en sus relaciones.

¿A quién o a qué estás dispuesto a entregarte, que si no te entregaras a ello, te daría la totalidad de ti? Todo lo que esto sea, multiplicado por un dioszillón, ¿lo destruyes y descreas? Acertado - Equivocado, Bueno - Malo, POC y POD, Todos los 9, Cortos, Chicos y Más Allás.

Participante:
¿Creamos seducción a la inducción de la muerte al entregarnos?

Gary:
Sí. Te entregas para crearlo.

¿Qué estupidez estás usando para crear la defensa en contra del sexo, la copulación y las relaciones irreales, increíbles, fantásticas y fenomenales que podrías estar eligiendo? Todo lo que esto sea, multiplicado por un dioszillón, ¿lo destruyes y descreas? Acertado - Equivocado, Bueno - Malo, POC y POD, Todos los 9, Cortos, Chicos y Más Allás.

El otro día Dain estaba con una dama. Ella dijo: "Yo creo que debemos pasar algunos días juntos".

Él preguntó: "¿Por qué?"

Ella respondió: "Para que podamos conocernos mejor".

Él respondió: "Pero yo no necesito hacer eso. Te conozco".

Él está dispuesto a saber. Ella no estaba dispuesta a saber. Ella quería pasar tiempos juntos porque su punto de vista era que tienes que pasar tiempo para poder llegar a conocer a alguien. ¿Qué tal si no tuvieras que pasar tiempo para conocer a alguien? ¿Qué tal que simplemente los puedes conocer?

¿A quién o a qué estás dispuesto a entregarte, que si no te entregaras a ello, te daría la totalidad de ti? Todo lo que esto sea, multiplicado por un dioszillón, ¿lo destruyes y descreas? Acertado - Equivocado, Bueno - Malo, POC y POD, Todos los 9, Cortos, Chicos y Más Allás.

Participante:

Cuando "pasamos un par de días para llegar a conocer a alguien", ¿no es eso donde encontramos las maneras de recortarnos para encajar en su realidad?

Gary:

Sí. Ahí es donde induces tu muerte en favor de la vida de los demás.

¿Cuántos de ustedes renuncian a su vida para tener una mujer? Todo lo que esto sea, multiplicado por un dioszillón, ¿lo destruyes y descreas? Acertado - Equivocado, Bueno - Malo, POC y POD, Todos los 9, Cortos, Chicos y Más Allás.

ROMANCE

Participante:

¿Es entregarse lo que llaman romance en esta realidad?
¿Eso es a lo que se le llama romántico?

Gary:

Bueno, a lo que se le llama romance es al tener la diversión y el gozo de hacer lo que estimula tanto a ti como a la mujer con la que estás, que crea alguna ilusión de que van a tener algo más grandioso. Romance es lo que usas como un estimulante para crear la respuesta de la mujer.

A mí personalmente me gusta el romance. Me gustan las cenas y mirarla a los ojos con anhelo, darle flores, tener buen vino y música, hablar con ella, hacerle preguntas sobre ella sin parar y nunca decirle nada de mí. Al final de la noche cuando dicen: "Wow, eres el hombre más interesante que he conocido", sé que tendré sexo. Soy más pragmático que ustedes chicos. Yo sé cuál es mi objetivo. Ustedes piensan que su objetivo es obtener una mujer. ¿Cuántos de ustedes han obtenido una mujer y después han estado felices con ella?

Se hace romance para estimular a la mujer a que baje sus barreras y te dé lo que quieres. No es entregarte a ti mismo para obtener a la mujer. Chicos, ustedes renunciarían a cualquier cosa con tal de obtener una vagina. Si ella te dice: "Quiero que ladres como perro", ladrarás como perro. Harás cualquier cosa que pida porque ella tiene la vagina.

¿Cuántos de ustedes han renunciado a toda su vida por una vagina? Todo lo que esto sea, multiplicado por un dioszillón, ¿lo destruyes y descreas? Acertado - Equivocado, Bueno - Malo, POC y POD, Todos los 9, Cortos, Chicos y Más Allá.

¿Por quién o qué estás dispuesto a renunciar a ti que, si no estuvieras dispuesto a renunciar a ti por ello, te permitiría tener la totalidad de ti? Todo lo que esto sea, multiplicado por un dioszillón, ¿lo destruyes y descreas? Acertado - Equivocado, Bueno - Malo, POC y POD, Todos los 9, Cortos, Chicos y Más Allás.

"TIENDO A ATRAER MUJERES CASADAS"

Participante:
Tiendo a atraer a mujeres casadas que están buscando momentos divertidos conmigo y de ahí me voy al error de darles mi cuerpo. Entro en lo errado de lo que va a crear después con sus esposos y todo lo que sigue. Quisiera saber qué es lo que tú captas de esto y cómo podría lidiar con ello.

Gary:
Las mujeres casadas que no están felices con sus vidas, harán lo que sea para tener a un hombre con el que puedan tener sexo. ¿Realmente dejarán a su esposo por ti? Eso sería un *no*. ¿Por qué lo están haciendo? Te están eligiendo porque eres seguro y porque no estás dispuesto a comprometerte con ellas. Las mujeres casadas que te están buscando tienen un punto de vista más masculino que femenino. La mayoría de las mujeres irán tras el esposo de otra mujer. ¿Tú eres un esposo?

Participante:
No.

Gary:
¿Eres sólo una aventura?

Participante:
Posiblemente sí. Me gustaría no irme hacia lo equivocado de ello y tener un poco de diversión, pero sigo pensando en lo que podría pensar después para ellos y su…

Gary:
¿Eres un hombre humanoide?

Participante:
Creo que sí.

Gary:
A los hombres humanoides no les gusta ir detrás de las mujeres casadas porque no le quieren echar a perder la relación a otro hombre.

Participante:
Sí.

Gary:
Pero tienes que ver lo que es real. ¿La relación ya estaba jodida? ¿Sí o no?

Participante:
Sí.

Gary:
¿Es real que necesitas tener un problema? ¿O estás tratando de crear un problema para justificar que tú, como hombre humanoide que eres, no puedes creer que pueda ser correcto el que tengas sexo con una mujer casada?

Participante:
Sí, eso es.

Gary:
Estás creando una ocurrencia acrecentada por los demonios. Aquí hay un proceso que necesitas ejecutar. Te dará claridad sobre el hecho de que si una mujer casada viene hacia ti, es porque ha decidido que quiere una salida de su matrimonio y te está viendo a ti como la fuente. Ahora, si ese fuera el caso, tendrás que tener mucho dinero y un trabajo muy bien pagado y tendrías que parecer alguien que tiene más de lo que tiene. ¿Es correcto?

¿Qué seducción estás usando para crear la inducción de la muerte que estás eligiendo? Todo lo que esto sea, multiplicado por un dioszillón, ¿lo destruyes y descreas? Acertado - Equivocado, Bueno - Malo, POC y POD, Todos los 9, Cortos, Chicos y Más Allás.

Participante:
Bueno, tengo un muy buen trabajo.

Gary:
¿Eres un bombón?

Participante:
Depende de quién me están mirando. Seguro. La belleza está en los ojos del observador. No lo sé. No sé... Tendrías que preguntarles.

Gary:
Tienes que admitir lo que eres y dejar de tratar de ser lo que piensas que se supone que tienes que ser. Si sólo eres un pene

para ser usado, entonces sé un pene que es usado y disfruta todo lo que puedas de ser usado. En realidad, eso es lo que la mayoría de los chicos son. Las mujeres casadas tienden a ir tras chicos jóvenes que consideran un pene al cual usar. ¿Por qué eligen a los hombres agradables a la vista? Porque ellas fastidian tanto a sus esposos en casa que sus esposos ya nunca más quieren tener sexo.

Tienen que ser brutalmente honestos con ustedes, chicos, con respecto a lo que son. Si son unos promiscuos, son unos promiscuos. No es algo que está mal; es sólo algo que son. Dejen de tratar de crear algo que no es real para ustedes. Tienen que ver lo que es real para ustedes —no lo que es real para otros.

¿Qué seducción estás usando para inducir a la muerte que estás eligiendo? Todo lo que esto sea, multiplicado por un dioszillón, ¿lo destruyes y descreas? Acertado - Equivocado, Bueno - Malo, POC y POD, Todos los 9, Cortos, Chicos y Más Allás.

Cada vez que entras en juicio, vas hacia la muerte. Estás induciendo la muerte cada vez que entras en juicio.

¿ESTÁS RENUNCIANDO A TI?

Tomemos al amigo del cual estaba hablando. Por cierto, no es Dain. Es un amigo diferente. Eso es lo que todo mundo piensa, cuando hablo sobre un amigo, que estoy hablando de Dain. No, no es él. Cuando este chico fue tras esta mujer, creó molestias con toda la gente con quien y para quien había acordado hacer cosas. Renunció a su propia vida en favor de la de ella y del punto de vista de ella acerca de lo que ella quería. Eso detuvo gran parte del movimiento hacia adelante en su vida que estaba creando dinero, posibilidades, y elección. Le tomó casi dos años poder revertir esas cosas.

Cada vez que eliges ir en contra de ti, puedes ser seducido fuera de lo que es una consciencia por ti, y armas todas las cosas de tal manera que terminas renunciando a todo lo que iniciaste a favor de lo que obtienes. Pierdes todo tu futuro cuando haces eso.

¿Qué seducción estás usando para inducir a la muerte que estás eligiendo? Todo lo que esto sea, multiplicado por un dioszillón, ¿lo destruyes y descreas? Acertado - Equivocado, Bueno - Malo, POC y POD, Todos los 9, Cortos, Chicos y Más Allá.

Participante:

Gary, estoy teniendo un momento de "Oh, Dios mío". ¿Es eso lo que he estado haciendo en el último año?

Gary:

Sí, has estado tratando de ajustarte a la persona con la que estás para hacerla feliz. Esa es una justificación; no es real. No estás haciéndolo para hacerla feliz. Lo estás haciendo para renunciar a ti. Lo estás haciendo para matarte. ¿Cuánto de ti te importa? Muy poquito a nada.

Participante:

Bueno, obviamente no me importa.

Gary:

Todo lo que esto sea, multiplicado por un dioszillón, ¿lo destruyes y descreas? Acertado - Equivocado, Bueno - Malo, POC y POD, Todos los 9, Cortos, Chicos y Más Allás.

Participante:

¿Será que este proceso de seducción me ayude a regresar al mundo para crear y generar lo que deseo?

Gary:

Espero que sí. Por lo menos empezarás a poder ver lo que quieres. No serás seducido a la idea de que "Ella no estará feliz conmigo si hago esto". No te seducirás a ti mismo para no hacer algo, como si eso fuera a hacerla feliz. No la hace feliz. Nada hace feliz a una mujer, excepto cuando ella decide ser feliz. Y nada hace feliz a un hombre, excepto renunciar a sí mismo por una vagina. Él piensa que es feliz cuando hace eso, pero al final termina jodido, miserable y se quiere matar. ¿Qué tal funciona eso para ustedes, caballeros?

Participante:

¡No muy bien!

Gary:

¿Qué seducción estás usando para inducir a la muerte que estás eligiendo? Todo lo que esto sea, multiplicado por un dioszillón, ¿lo destruyes y descreas? Acertado - Equivocado, Bueno - Malo, POC y POD, Todos los 9, Cortos, Chicos y Más Allás.

¿Alguna vez alguno de ustedes ha notado que cuando entras en una relación, te metes en una situación de "inicio y-alto" con toda tu vida? Inicias un camino donde te involucras con una mujer, y para cuando te das cuenta, ya has renunciado a todo lo que empezaste a crear, en favor de estar con ella. ¿Por qué harías eso?

¿A o por quién o qué estás dispuesto a entregarte, que si no te entregaras a o por ello, te permitiría tener la totalidad de ti? Todo lo que esto sea, multiplicado por un dioszillón, ¿lo destruyes y descreas? Acertado - Equivocado, Bueno - Malo, POC y POD, Todos los 9, Cortos, Chicos y Más Allás.

¿Por qué no estás completo sin una mujer?

¿Qué estupidez estás usando para defenderte en contra de elegirte a ti por encima de una mujer o de una pareja sexual, estás eligiendo? Todo lo que esto sea, multiplicado por un dioszillón, ¿lo destruyes y descreas? Acertado - Equivocado, Bueno - Malo, POC y POD, Todos los 9, Cortos, Chicos y Más Allás.

Elige lo que tú quieres elegir. No elijas porque ella quiere que elijas. Elige porque tú quieres elegir.

¿Qué estupidez estás usando para crear la seducción de la inducción de la muerte, estás eligiendo? Todo lo que esto sea, multiplicado por un dioszillón, ¿lo destruyes y descreas? Acertado - Equivocado, Bueno - Malo, POC y POD, Todos los 9, Cortos, Chicos y Más Allás.

INCULCACIÓN DE REALIDADES

Participante:
El otro día Dain estaba hablando conmigo sobre la forma en que inculco la realidad de otros. Tomo la realidad de alguien y la entremezclo con la mía.

Gary:
La inculcación es donde juntas todas las partes y piezas de ambos, y las metes en una licuadora y tratas de que ambos salgan siendo iguales. Esa es la forma en que la mayoría trata de crear relaciones.

Pensamos que tenemos que crear una relación mezclando nuestras realidades para que surja algo que es apetitoso para ambos. Excepto que la única parte que obtienes es su mierda, y la única parte que ella obtiene es tu oro. Todo el tiempo tomas su mierda a cambio de tu oro. ¿Qué?

Participante:
¿Es eso lo que la gente también hace con las familias?

Gary:
Eso es lo que la gente hace con las familias.

Participante:
¿Cultos?

Gary:
Cultos y religiones —y cualquier cosa donde estés tratando de encajar. Desafortunadamente, la mayoría de ustedes son malísimos para encajar, porque están demasiado dispuestos a

ser líderes en lugar de seguidores. En realidad, todos ustedes son como gatitos. Nadie los puede controlar, pero tratan de pretender que alguien los puede controlar. No funciona, pero si están felices con eso, está bien. Si los hace felices, están en su derecho. Jódanse solos y siéntanse bien al respecto.

También está la *exculcación,* que es donde, en lugar de que tú y tu pareja traten de mezclar juntas todas sus piezas y partes, tratan de separar todo. Son como el agua y el aceite, en lugar de la elección.

El entrelazamiento del ser, es donde eres tan cercano a alguien que puedes escuchar y percibir lo que ellos no están dispuestos a escuchar y percibir. Dain y yo somos muy cercanos, y cuando él se niega a ver lo que realmente es posible, yo siempre puedo verlo y saberlo.

Para mí, es ver dónde la persona necesita entender lo que realmente está sucediendo y buscar desde un lugar diferente. Por ejemplo, captaba mierda extraña de las chicas con las que Dain estaba teniendo sexo, con respecto a cómo ellas no querían que él estuviera con nadie más. Pensé: "Oh Dios mío. No quiero que Dain esté con nadie más". Y luego me dije: "¡Pero él no está conmigo! ¿Qué es esto?"

Yo sabía que él no estaba dispuesto a recibir. Yo estoy dispuesto a saber muchas cosas. Sabía que el chico que estaba en la clase estaba siendo babeado por la mujer. Yo podía ver exactamente lo que estaba sucediendo, pero él no, sin importar lo que se le dijera, así que mantuve mi boca cerrada y dejé que se fuera por el camino de matarse a sí mismo para que pudiera tener esa oportunidad una vez más. No era su mejor elección. No quieres andar esos caminos.

Participante:
Y la elección crea consciencia.

Gary:
La elección crea consciencia. Él eligió. Obtuvo un montón de consciencia. No era la consciencia que él quería, pero recibió un montón de consciencia.

¿Qué estupidez estás usando para crear la inculcación de las realidades como relación, estás eligiendo? Todo lo que esto sea, multiplicado por un dioszillón, ¿lo destruyes y descreas? Acertado - Equivocado, Bueno - Malo, POC y POD, Todos los 9, Cortos, Chicos y Más Allás.

Hace unos años, cuando me divorcié, una dama me dijo: "No puedo esperar a que podamos pasar tiempo juntos".

Le pregunté: "¿A qué te refieres?"

Ella contestó: "Bueno, supongo que de aquí en adelante pasaremos setenta y cinco por ciento de nuestro tiempo juntos".

Yo le dije: "¿Setenta y cinco por ciento del tiempo? Veamos, en un día de veinticuatro horas, ¿significa que pasaré dieciocho horas contigo? A mí no me gusta pasar dieciocho horas con alguien. Yo no quiero pasar dieciocho horas con nadie".

¿Cuántas horas te gustaría realmente pasar con alguien (y estar totalmente presente con ellos todo el tiempo)? Si dices más de dos horas y media, estás mintiendo.

Participante:
Sí. Dos o tres horas.

Participante:
Tres horas y media a la semana.

Gary:

El tiempo que quieres pasar con alguien es como diez por ciento del tiempo que tienes en el día, porque eso significa que estás totalmente presente para ellos. Ellos están totalmente presentes para ti. ¿Cuántos de ustedes podrían estar totalmente presentes, donde estén en no juicio, no conclusión y no consideración, sino sólo estando ahí, totalmente en la pregunta y en presencia? ¿Cuántos de ustedes pueden hacer eso por más de dos horas y media?

Participante:

Dos horas y media parece bastante largo.

Gary:

La mayoría de ustedes quieren estar con alguien hasta que eyaculan y ya están listos para irse.

¿Qué seducción estás usando para inducir a la muerte que estás eligiendo? Todo lo que esto sea, multiplicado por un dioszillón, ¿lo destruyes y descreas? Acertado - Equivocado, Bueno - Malo, POC y POD, Todos los 9, Cortos, Chicos y Más Allás.

SÉ HONESTO SOBRE DÓNDE ESTÁS EN TU VIDA

Gary:

Chicos, sean honestos con ustedes mismos. Si su pene está buscando un lugar donde suceder, entonces son un pene buscando un lugar donde suceder. Eso no los hace equivocados o acertados o ninguna otra cosa. Es sólo que su pene está buscando un lugar donde suceder.

Debes ser honesto acerca de dónde estás en tu vida. Qué tipo de persona eres. Qué es realmente importante para ti. Qué es lo que quieres crear. Si estás dispuesto a ser eso, pregunta: "Ok, ¿Cómo puedo usar esto?", en lugar de "¿Cómo me puedo abusar con esto?" Ser maestro de la fornicación y promiscuo se considera algo malo en esta realidad, pero ¿qué tal si eso fuera el más grandioso poder que tienes disponible para ti? Si estuvieras dispuesto a funcionar desde el punto de vista de la posibilidad más grandiosa y de la elección más grandiosa, en lugar de desde lo errado de tu punto de vista, ¿qué más sería posible?

Participante:

Es como si estuviera usando "soy un promiscuo" como la justificación para matarme.

Gary:

Sí, es usar "promiscuo" como justificación en lugar de decir: "Ok, Soy un promiscuo. Tendré sexo con cualquiera. ¿Cómo puedo usar esto para crear mi vida?" No es: "¿Cómo puedo usar esto para destruir mi vida, para matarme?"

Todo lo que esto sea, multiplicado por un dioszillón, ¿lo destruyes y descreas? Acertado - Equivocado, Bueno - Malo, POC y POD, Todos los 9, Cortos, Chicos y Más Allás.

Tú eres un maestro de la fornicación. Simplemente es lo que eres. Puedes usar eso para inducir tu muerte o puedes usar eso para crear tu vida. ¿De qué manera lo vas a utilizar?

Participante:

Para inducir la muerte.

Gary:

Sí. No es tu mejor elección, ¿o sí?

Participante:

Para crear vida. ¿Cómo se vería esto?

Gary:

Pregunta: ¿Cómo puedo usar ser un promiscuo para crear más una vida, no menos? ¿A quién me puedo follar que expandirá mi universo, que me dé la vida que quiero y hacer que todo funcione? En lugar de ir a qué va a crear tu vida, te vas a dónde puedo tener sexo, porque fornicar se ha convertido en el producto valioso (no el hecho de que puedes fornicar, no el hecho de que eres lindo y que puedes tentar a la gente a fornicar, no el hecho de que puedes disfrutar al máximo de ti mismo). Haces del tener sexo la meta final, el objetivo de todo. La mayoría de los hombres lo hace.

Participante:

Me estoy riendo. Lo veo tan claramente.

Gary:

La creación se detiene en el momento en que vas a la culminación de "Esta mujer tendrá sexo conmigo". No estás viendo: "¿Cómo puedo usar esto a mi favor?" Odio decirles esto, caballeros, pero a las mujeres les gusta tener sexo tanto como a los hombres. Sólo quieren el romance para ser capaces de elegirlo.

¿CÓMO PUEDO USAR EL SER UN PERVERTIDO A MI FAVOR?

Gary:
Por ejemplo, algunos de ustedes hacen perversiones. ¿Eso usualmente funciona para ustedes? No, no funciona. Así que tienes que preguntar: "¿Cómo puedo usar el ser un pervertido a mi favor?" Si sumaras humor a ello, lo podrías usar a tu favor. Si vieras la diversión y el juego en ello, si vieras las posibilidades, en lugar de la destrucción en ello, lo malo en ello, lo horrible en ello, o cualquier otra cosa, ¿podría mostrarse una realidad diferente?

Participante:
¿Me puedes dar un ejemplo de eso?

Gary:
Si haces la depravación con humor, la gente pensará que no eres realmente un pervertido. *Un pervertido* significa que babeas sobre las chicas. Preguntas: "Hey, ¿me puedo quitar los pantalones y mostrarte mi pene? ¿No lo quieres? Pues ahora ya lo viste". Y las mujeres dirán: "¡Asqueroso!" No has visto cómo puedes usar esto de una manera diferente. Qué tal si hicieras algo diferente en lugar de babear encima de las mujeres y decirles: "Tú vas a querer tener sexo conmigo".

No se trata de cambiar el hecho de que haces perversiones. Es sobre ver cómo puedes usar eso a tu favor. Lo que estoy tratando de decirte es que haces perversiones, y no estás llegando al resultado que quieres. Entonces, ¿qué tienes que ser o hacer diferente para obtener el resultado que realmente quieres? ¿Cómo podrías hacer o ser diferente con esto?

Pregunta: ¿Cómo puedo usar esto de manera diferente? Tienes que aprender a usarlo en una forma en que funcione para ti. En este momento lo estás usando de una forma que no funciona. Tienes que tener claro lo que quieres. ¿Quieres una relación? ¿Quieres tener sexo? Si sólo quieres tener sexo, haz muchísimo dinero y contrata una prostituta. Es sin compromiso. O vuélvete *gay*, porque ese también es sexo sin compromiso.

Es lo mismo con cualquier cosa. Si eres bien parecido, tienes que reconocer que eres bien parecidos y preguntar: "¿Cómo puedo usar esto para crear mi vida?". No: "¿Cómo puedo usar esto para tener una mujer?" O usarás tu apariencia para tener a una mujer y entonces destruirás tu vida para tenerla. Usarás tu apariencia para matarte. Estás siendo seducido por el hecho de que tu buena apariencia te da sexo, así que seduces a alguien a tener sexo con el fin de matarte.

¿Qué seducción estás usando para inducir a la muerte que estás eligiendo? Todo lo que esto sea, multiplicado por un dioszillón, ¿lo destruyes y descreas? Acertado - Equivocado, Bueno - Malo, POC y POD, Todos los 9, Cortos, Chicos y Más Allás.

¿Qué estupidez estás usando para crear las defensas en contra del irreal, increíble, fantástico y fenomenal tú que eres, en lugar de tener sexo, estás eligiendo? Todo lo que esto sea, multiplicado por un dioszillón, ¿lo destruyes y descreas? Acertado - Equivocado, Bueno - Malo, POC y POD, Todos los 9, Cortos, Chicos y Más Allás.

USANDO TU ENERGÍA SEXUAL

Participante:
No me veo como un maestro de la fornicación o un pervertido. ¿Me podrías ayudar a encontrar qué es lo que podría usar para crear mi vida?

Gary:
¿Te estás tratando de crear como altamente sexual o asexual?

Participante:
Por el momento asexual.

Gary:
Bien, así que todo lo que has hecho es hacerte asexual. Cuando tratas de volverte asexual, ¿estás tratando de apartar la energía sexual que tienes para que no seas seducido a una relación que ya no funciona? ¿O estás tratando de hacerte asexual para no crear problemas en el mundo de otras personas?

Participante:
Lo último.

Gary:
Todo lo que esto sea, multiplicado por un dioszillón, ¿lo destruyes y descreas? Acertado - Equivocado, Bueno - Malo, POC y POD, Todos los 9, Cortos, Chicos y Más Allás.

Cuando tratas de volverte asexual para así no causar problemas en el mundo de otras personas, tientas a mucha gente a tratar de seducirte, que es la parte que te gusta. ¿No te gusta cuando la gente trata de seducirte y tú tienes la oportunidad de decir que no?

Participante:
Sí.

Gary:
A ti te gusta poder decir que no. "No, no soy ese tipo de chica… Quiero decir, no soy ese tipo de chico. Yo no cedo tan fácilmente. No soy un pirujo barato. No soy un pervertido. No soy un maestro fornicador. Soy un niño bueno".

Participante:
Entonces, ¿hacerte asexual crea que la gente quiera seducirte? ¿Es eso sólo intimidación?

Gary:
La *sexualness* total puede ser intimidación. Si estás dispuesto a ser totalmente sexual y usas tu *sexualness* como una forma de intimidar a otros, todo un nuevo mundo se abre. Una vez estaba haciendo una clase de sexo, y una jovencita realmente linda me miró y dijo: "Me puedo poner mi arnés y acabar contigo".

Yo le pregunté: "¿Realmente crees que puedas conmigo, querida?". Y ella se interiorizó completamente. Ella estaba haciendo sexo como fuerza. Ella no estaba haciendo sexo como realidad. Tienes que llegar a donde puedas reconocer que el sexo como realidad es un universo totalmente diferente. Sexo como realidad es: "¿A quién puedo intimidar con mi energía sexual? ¿A quién puedo invitar con mi energía sexual? ¿A quién puedo inducir hacia mi vida que no me vaya a matar? ¿Y a quién puedo crear con eso que creará más de la vida que a mí realmente me gustaría tener?"

Mucha gente usa su energía sexual con el fin de crear arte y literatura; subliman su energía sexual de copulación, y en su lugar, la usan de maneras artísticas, como si eso se hiciera cargo de las cosas para ellos. La energía sexual no es la *fuente* de creación; es una *contribución* para ella. Querrás expandir tu energía sexual para que pueda ser una contribución a todo lo que eres capaz de crear, ya sea arte, literatura, pintura, música, o cualquier otra cosa.

Tienes que tener la voluntad de ser sexualmente intimidante, lo que significa que, en lugar de decir: "Oh, ella me desea. Grandioso. Estoy tan feliz de que ella me desee. Dejaré que ella marque todo mi cuerpo para que nadie más me toque", preguntes: "¿Realmente piensas que puedes satisfacerme, nena? Adiós. Nos vemos después. ¡Tengo cosas que hacer, personas que ver, lugares donde estar!" No: "Sí. Renunciaré a mi vida por ti".

Todo lo que esto sea, multiplicado por un dioszillón, ¿lo destruyes y descreas? Acertado - Equivocado, Bueno - Malo, POC y POD, Todos los 9, Cortos, Chicos y Más Allás.

La mayoría de ustedes no quieren ser sexualmente intimidantes, porque piensan que, si son sexualmente intimidantes, nadie los va a querer. No, los divertidos los desearán.

Cuando eres sexualmente intimidante, nunca estás dispuesto a ser menos porque alguien más no puede recibir la *sexualness* que eres. Cuando eres sexualmente intimidante, la gente tiene que elegir estar o no contigo, en vez de tú tratar de seducirlos a hacer algo que realmente no quieren hacer. Cuando tratas de no ser sexualmente intimidante, la gente trata de deducir qué es lo que quieres de ellos en lugar de ser capaces de elegir lo que quieren. Si estás dispuesto a ser sexualmente intimidante, ellos pueden elegir si quieren hacer eso —o no.

¿Cuántas veces no has estado dispuesto a ser sexualmente intimidante? Y todos los lugares donde has decidido que ser sexualmente intimidante es algo errado, ¿lo destruyes y descreas todo? Acertado - Equivocado, Bueno - Malo, POC y POD, Todos los 9, Cortos, Chicos y Más Allá.

La mayoría de ustedes, cuando tienen una buena experiencia sexual, se contienen la siguiente vez para asegurarse de que no pierdan a la persona.

Todo lo que esto sea, multiplicado por un dioszillón, ¿lo destruyes y descreas? Acertado - Equivocado, Bueno - Malo, POC y POD, Todos los 9, Cortos, Chicos y Más Allá.

Prefieres tener una tontita deseándote en lugar de tener a alguien divertido, y que disfrutaría al máximo el fornicar, y que disfrute fornicarte. Y si le dijeras que no quieres hacer lo que quiere que hagas, diría: "Oh, bien. Haré lo que tú quieras".

Dain finalmente se volvió sexualmente intimidante. Cuando la dama le dijo que quería pasar dos días con él, él respondió: "No, yo no quiero pasar dos días contigo". Ella le escribió un texto al día siguiente y le dijo: "Tienes razón. Yo sólo quiero estar contigo. El tiempo que me des será una gran invitación y una gran contribución. Yo quiero tener eso". Si no estás dispuestos a ajustarte al mundo de las personas, ellos se ajustarán al tuyo. Dejen de ser peleles.

Todo lo que has hecho para crearte como pelele, donde cualquiera puede olerte y lamerte, ¿lo destruyes y descreas? Acertado - Equivocado, Bueno - Malo, POC y POD, Todos los 9, Cortos, Chicos y Más Allá.

Participante:
Entonces, si estoy eligiendo *asexualness*, ¿me estoy seduciendo hacia la inducción de la muerte?

Gary:
Sí. Te estás seduciendo a la muerte. Eso es lo que es *asexualness*. Si no tienes sexualidad, no tendrás ni mujer ni hombre ni nada en la vida. No tienes ninguna energía sexual en tu cuerpo. ¿Cómo puedes sanar tu cuerpo si no tienes energía sexual?

Participante:
No puedes.

¿QUÉ ESTÁS CREANDO CON TU ENERGÍA SEXUAL?

Gary:
Energía sexual es energía creativa. Necesitas encender de nuevo tu energía sexual, pero no la tienes que usar para tener sexo.

Participante:
No, la puedo usar para crear y generar mi vida. Así que, ¿qué pregunta puedo estar haciendo aquí?

Gary:
Pregunta: ¿Qué seducción estoy usando para inducir la muerte que estoy eligiendo? Te estás seduciendo hacia la *asexualness* como si eso fuera a crear tu vida. No, eso va a crear tu muerte.

Tienes que ver lo que estás creando con tu energía sexual. Si estás siendo un maestro de la fornicación, piensas que mientras estés teniendo sexo tres veces al día estás creando tu vida. No, estás creando tu pene. No estás creando tu vida. La vida no es un pene. No tiene que estar todo el tiempo dura para que la disfrutes. Tienes que empezar a ver estas cosas desde un lugar diferente y empezar a preguntar: ¿Qué es lo que realmente me gustaría crear como mi vida? Cuando esa dama me dijo: "Podemos pasar setenta y cinco por ciento del tiempo juntos", tuve que verlo detenida y largamente, y preguntar: "¿Verdaderamente deseo una relación?" Ella sí. Ella estaba casada, por cierto, e iba a dejar a su esposo por mí. Cuando lo examiné, me di cuenta de que ella no estaba interesada en mí; ella estaba interesada en que yo estuviera interesado en ella. ¿Cuál es la diferencia?

Participante:
Ese es el espacio donde tú no estás dispuesto a renunciar a ti.

Gary:
Yo no estoy dispuesto a renunciar a mí por nadie, ninguna cantidad de dinero o cualquier otra cosa.

¿Por quién o qué estás dispuesto a renunciar a ti, que si no renunciaras a ti por ello, te permitiría tener la totalidad de ti? Todo lo que esto sea, multiplicado por un dioszillón, ¿lo destruyes y descreas? Acertado - Equivocado, Bueno - Malo, POC y POD, Todos los 9, Cortos, Chicos y Más Allás.

SEXO GRANDIOSO

Un chico me estaba contando sobre una grandiosa experiencia sexual que tuvo. Preguntaba: "¿Qué tomaría para tener más de eso?" Cuando tengas grandiosas experiencias sexuales, en lugar de preguntar: "¿Qué tomaría para tener más de eso en mi vida?" prueba: "¿Qué tomaría para que pueda percibir esa energía en la gente?" Tienes que estar dispuesto a percibir la energía de la gente que crea sexo grandioso.

Participante:
Y elegirlo.

Gary:
Sí, y a elegir lo que va a crear eso. Chicos, ustedes crean extraños estándares basados en los puntos de vista de alguien más sobre lo que es una persona atractiva. Yo puedo ver a una mujer con un lindo cuerpo o a un hombre con un hermoso cuerpo y decir: "¡Oh wow, bello! ¿Será divertido tener sexo con ellos?" ¿No? Bien. Lindo cuerpo. Lindo para ver. Increíblemente seductor —e inservible desde mi punto de vista.

Ustedes, chicos, ven cuerpos bellos, un hermoso par de tetas, o lo que sea que los encienda y… ¿Por qué es que ustedes ven algo que los enciende en lugar de estar tan encendidos que enciendan a todos los demás?

Participante:
¿Es el primer tipo de encendido, la seducción a la inducción de la muerte?

Gary:

Sí. Es la seducción a la inducción de la muerte, porque la persona por la que estás encendido es la persona que inducirá la muerte en ti.

Todo lo que esto sea, multiplicado por un dioszillón, ¿lo destruyes y descreas? Acertado - Equivocado, Bueno - Malo, POC y POD, Todos los 9, Cortos, Chicos y Más Allá.

Ustedes son muy lindos, pero tienen un CI de un solo dígito y les cuelga en medio de las piernas.

Participante:

Realmente aprecio esta llamada. Estas llamadas son maravillosas.

Gary:

Si llevo a dos o tres de ustedes al punto donde realmente puedan tener algo de diversión y crear su vida mientras son aún capaces de ser los maestros de la fornicación, los cachorritos promiscuos, los pervertidos, entonces habrá valido la pena.

NO HAGAS VERDADERO EL JUICIO DE OTRAS PERSONAS

¡Chicos! Los amo, pero están condenada y desgraciadamente estúpidos. Cuando alguien trata de juzgarte porque eres lo que eres, no lo hagas algo errado. Di:, "Sí, gracias". O: "¡Cielos! ¿Estás bromeando?" Te has estado poniendo en una posición de equivocación por uno de tus mejores atributos. En lugar de usarlo a tu favor, lo has estado usando *en contra* tuya. Cuando la gente me dijo que yo era un pervertido, un cachorro promiscuo, yo dije: "¡Sí, lo soy!"

Ellos dijeron: "Bueno, eso no es algo bueno".

Yo pregunté: "¿Basado en qué? Funciona para mí."

Participante:

Así que, ¿creamos la inducción a la muerte para validar el punto de vista de alguien?

Gary:

Sí, para validar el punto de vista de alguien de que estás equivocado. No estás equivocado; sólo eres un promiscuo. Promiscuo no está mal. Promiscuo es sólo promiscuo.

Participante:

¡Cuidado! ¡Ahí viene el cachorro promiscuo!

Gary:

Bien, ¡finalmente estamos llegando a alguna parte! Les estaré llamando cachorros promiscuos en lugar de asexuales.

Participante:

¿Todo esto está basado en la validación del juicio de otras personas?

Gary:

Todo está basado en la validación del punto de vista de esta realidad —los juicios de la realidad de otras personas. Yo digo: "Bien, ¿y qué si soy un promiscuo?" Cuando las personas tienen un juicio de ti, tú lo haces real y verdadero. Yo nunca fui ahí. Yo preguntaba: "¿Qué? Piensas que eso es bueno o malo o acertado y equivocado, ¿y por qué razón no verías este otro punto de vista?" Cuando estaba en la preparatoria, yo era buen bailarín y bien parecido. Yo no sabía que era bien parecido, pero lo era. Desde el primer año en que estaba en la preparatoria, me invitaron a todos los bailes de graduación. Me invitaban las chicas más feas de este planeta, pero no me importaba. Yo iba a ser virgen hasta que me casara, y no me sentía tentado a tener sexo con mujeres feas. Las envinaba, cenaba, bailaba con ellas, y ellas se sentían muy especiales y hermosas y todo eso estaba bien.

Todo lo que esto sea, multiplicado por un dioszillón, ¿lo destruyes y descreas? Acertado - Equivocado, Bueno - Malo, POC y POD, Todos los 9, Cortos, Chicos y Más Allás.

Cuando finalmente decidí que iba a renunciar a mi virginidad y no esperar hasta casarme, fui en pos de una mujer que era considerada la más grandiosa puta del lugar donde trabajaba. Ella rechazaba a todos los chicos, no estaba interesada en ninguno de ellos. Así que yo la entretuve. Le sonreía, hablaba con ella, era simpático, era agradable, era sorprendente. Yo le jalaba su energía, pero nunca la invité a salir. Por tres meses nunca la invité a salir. Entonces finalmente la invité a salir. ¡Tuvimos el mejor sexo! Aprendí a tener sexo en todas las posiciones. En cada auto. En cada uno de los muebles. En cualquier lugar y en cualquier momento. Fue maravilloso. Ella era una chica que disfrutaba del sexo, y estaba interesada en alguien que disfrutara del sexo. Mis criterios eran: ¿Será fácil? ¿Será divertido? ¿Aprenderé algo? No: ¿Me puedo entregar y morir por esta mujer para que ella sepa cuánto la amo?

Por favor ejecuten esto durante el siguiente mes:

¿Qué seducción estoy usando para inducir la muerte que estoy eligiendo? Todo lo que esto sea, multiplicado por un dioszillón, ¿lo destruyes y descreas? Acertado - Equivocado,

Bueno - Malo, POC y POD, Todos los 9, Cortos, Chicos y Más Allás.

Les puedo garantizar que cada mujer que encuentran tan seductora, que no pueden dejar pasar, está diseñada para inducir la muerte. Sí, ella expandirá sus agendas, pero no está diseñada para crear sus posibilidades.

Utiliza estas preguntas:

- Si elijo esto, ¿cómo será mi vida en cinco años?
- Si no elijo esto, ¿cómo será mi vida en cinco años?

Y para variar, sé honesto. Piensas que si vas a tener sexo, la vida será mejor. No, no será mejor. Va a ser más de lo mismo que has estado creando que no ha funcionado. No renuncies a ninguna parte de tu vidas por nadie más, porque si lo haces, renuncias a cualquier futuro que hayas empezado a crear y tendrás que empezar desde cero todo de nuevo. Los amo a todos. Eso es todo por hoy.

Participantes:
Gracias, Gary.

Gary:
Gracias. Ustedes, chicos, son buenos. Ahora sean malos. Es mucho más divertido. Adiós.

6
¿Qué es lo que realmente deseas?

Tu consciencia puede crear la relación que quieres.
Puede crear cualquier cosa que desees, pero tienes que desearlo.
La pregunta: ¿Qué es lo que realmente deseas?

Gary:
Hola, caballeros. ¿Alguien tiene una pregunta?

¿QUÉ TAL SI TODOS ESTUVIERAN DISPUESTOS A SER UNOS PROMISCUOS?

Participante:
En la última llamada, estábamos diciendo que ser unos promiscuos y unos maestros de la fornicación no es algo errado. Siempre he comprado el punto de vista de que ser un promiscuo y un maestro de la fornicación está mal y que un caballero lindo y decente no sería o haría eso. ¿Podrías hablar un poco más de esto?

Gary:
¿Qué es lo que hace a un caballero? ¿Qué tan suavemente lo metes mientras está duro? Si todos estuvieran dispuestos a ser unos promiscuos, tendríamos un mundo más sencillo, pero todo mundo trata de estar en el juicio sobre lo que es "apropiado" que se supone tienen que ser. Piensan que si hacen lo correcto y apropiado, no tendrán problemas. Pero el problema existe no porque sean unos promiscuos o maestros de la fornicación. El problema existe por el juicio que la gente usa como arma en contra de ustedes.

¿Cuántos de ustedes han tenido a alguien que ha usado sus juicios de tu energía sexual en contra tuya? Cada vez que la energía sexual surge, lo primero que haces es ir a lo errado de ti, porque lo que siempre has tenido que hacer es juzgarte.

Todo lo que esto sea, multiplicado por un dioszillón, ¿lo destruyes y descreas? Acertado - Equivocado, Bueno - Malo, POC y POD, Todos los 9, Cortos, Chicos y Más Allás.

¿QUÉ ES LO QUE QUIERES TENER EN TU VIDA?

Has pasado tanto tiempo estando equivocado por todo lo que eliges. No preguntas: "¿Qué es lo que realmente quiero crear aquí?" ¿Qué tal si estuvieras dispuesto a ver lo que realmente es posible?

Tienes que preguntar: "Verdad, ¿Deseo tener una relación? ¿O sólo quiero tener sexo? ¿Y qué estoy dispuesto a pagar para tener el sexo que quiero?"

Dain:

Si preguntas: ";Deseo tener una relación?": puede que digas, "Bueno, no necesariamente, pero me gusta el sexo. También me gusta salir a citas y jugar o cachondear. Una vez que se llega a la relación, se vuelve una monserga. Son sólo un montón de obligaciones". Yo no necesariamente pienso que el sexo sea suficiente para muchos de nosotros. Tendemos a disfrutar también pasar tiempo con la gente, así que ¿dónde nos deja eso?

Gary:

Tienes que ver lo que realmente te gustaría crear para ti. ¿Qué es lo que quieres tener en tu vida? ¿Cómo sería si fueras capaz de tener todo lo que deseas?

Dain:

¿Y qué sería eso? Tendemos a ponerlo en "¿Sólo quieres tener sexo o quieres una relación?" ¿Qué no hay algo más? ¿Qué no hay un espectro más amplio de posibilidades?

Gary:

En esta realidad, no hay un espectro más amplio de la realidad.

Dain:

Correcto. ¿Será eso parte de la razón por la que tenemos un gran reto y dificultad —porque seguimos pensando que no debería ser uno u otro, ya que es así como todos los hombres tienden a ponerlo?

Gary:

Piensas que la única elección que tienes es ser una cosa u otra de los puntos de vista de todos los demás. Asumes que alguna especie de problema o equivocación existe en la forma en que eres. Tienes que preguntar: ¿Qué sería la cosa más sorprendente que podría tener en mi vida? Desafortunadamente, veo a la mayoría de la gente tratando de deducir qué es lo que no deberían tener en lugar de lo que pueden tener.

Dain:
Creo que todos hacemos eso. Hay un lugar en nuestros mundos a donde simplemente vamos, digamos en el área del sexo y relaciones, y encontramos a alguien y tenemos sexo con esta persona. Tenemos sexo unas cuantas veces más, y de repente, antes de que nos demos cuenta, sucede, estamos en ese lugar difícil que no es divertido. Hay obligaciones. Decimos: "Espera un minuto. ¿Cómo llegamos aquí? Todo era fácil hace un momento, y ahora estamos en un lugar imposible. ¿Qué está sucediendo?" Tratamos de cortar más de nosotros para deshacer el lugar imposible en el que nos encontramos, en lugar de darnos cuenta de que, si lo hubiéramos reconocido antes de tiempo, tal vez no tendríamos que haber ido ahí.

ELIGIENDO CONSCIENCIA

Gary:
En lugar de elegir consciencia, eliges cortar tu consciencia. Todos los lugares donde hayas elegido cortar tu consciencia en lugar de elegirla, como si cortarla fuera una mayor fuente de elección, ¿lo destruyes y descreas todo? Acertado - Equivocado, Bueno - Malo, POC y POD, Todos los 9, Cortos, Chicos y Más Allás.

Todos los lugares donde hayas elegido cortar tu consciencia, como si fuera una mayor fuente de elección, ¿lo destruyes y descreas todo? Acertado - Equivocado, Bueno - Malo, POC y POD, Todos los 9, Cortos, Chicos y Más Allás.

Ustedes hacen a las mujeres indescifrables. ¿Cuántos de ustedes han reconocido que tienden a ver a las mujeres como algún tipo de cosa indescifrable que no pueden entender? Ustedes no preguntan:

- ¿Qué puedo deducir con esta mujer?
- ¿De qué puedo estar consciente?
- ¿Qué puedo saber?

¿Qué estupidez estás usando para defenderte totalmente en contra de las mujeres, sexo, copulación y relaciones indescifrables que estás eligiendo? Todo lo que esto sea, multiplicado por un dioszillón, ¿lo destruyes y descreas todo? Acertado - Equivocado, Bueno - Malo, POC y POD, Todos los 9, Cortos, Chicos y Más Allás.

Han pasado toda su vida tratando de deducir cómo lidiar con las mujeres, pero no parecen lograr descifrarlas, de ir lo suficientemente profundo, de deducir qué es. Se convierte en un lugar indescifrable. No pueden ir lo suficientemente profundo para entender o para captar de lo que ellas están hablando.

¿Qué estupidez estás usando para defenderte totalmente en contra de las mujeres, sexo, copulación y relaciones indescifrables que estás eligiendo? Todo lo que esto sea, multiplicado por un dioszillón, ¿lo destruyes y descreas todo? Acertado - Equivocado, Bueno - Malo, POC y POD, Todos los 9, Cortos, Chicos y Más Allás.

Es una defensa eterna. No les queda más elección que defenderse en contra de todo.

Dain:

Cuando inicialmente hiciste el proceso, Gary, dijiste "la defensa en contra", y la siguiente vez que lo hiciste, dijiste "la defensa en pro". ¿Estamos haciendo ambas? ¿Defendiéndolo y defendiendo en contra?

Gary:

Sí, aparentemente sí.

¿Qué estupidez estás usando para crear la eterna defensa en pro o en contra de los hombres, mujeres, sexo, copulación y relaciones indescifrables, estás eligiendo? Todo lo que esto sea, multiplicado por un dioszillón, ¿lo destruyes y descreas todo? Acertado - Equivocado, Bueno - Malo, POC y POD, Todos los 9, Cortos, Chicos y Más Allás.

Participante:

Terminas en la tierra de nadie.

Gary:

Bueno, ¿no es ahí básicamente donde sientes que estás la mayoría del tiempo? ¿En algún tipo de tierra de nadie donde no tienes ni la menor idea de qué está sucediendo o por qué?

Participante:

Absolutamente.

TIENES QUE DESEARLO

Gary:
Esa es toda la situación en resumidas cuentas. No tienes ni idea de qué está ocurriendo o por qué. Todo lo que sabes es que, de alguna manera, algo no está bien. Y usualmente tú eres lo que no está bien. Y porque has determinado y decidido que eres lo que no está bien y que hay algo mal contigo, tienes que estar en estado constante de ver lo que está mal en ti. No ves las elecciones y la consciencia que eres. No te ves como el producto valioso.

Tu consciencia puede crear relaciones si lo deseas. Puede crear cualquier cosa que desees, pero tienes que desearlo. La pregunta es: ¿Qué es lo que realmente deseas? Hace tiempo estaba hablando con un chico y decía: "Bueno, realmente no quiero hijos, pero como que tal vez..." Era un montón de fantasía y bla, bla, bla.

Yo dije: "¿Sabes qué? No tienes ninguna elección ahí. Verdad, ¿realmente quieres una relación?"

Él dijo: "Se siente pesado".

Yo pregunté: "¿Quieres una relación de fantasía?" Él dijo: "Sí, eso quiero".

Yo le pregunté: "Bien, ¿la puedes crear?" Él contestó: "No, no sería bueno".

Le pregunté: "¿Cómo sabes? Ni siquiera la has creado aún".

¿Alguno de ustedes alguna vez ha logrado la relación de fantasía que pensaban que era posible?"

Participante:
No.

Gary:
Correcto. ¡No tratan de hacerlo desde la consciencia! Tratan de hacerlo desde la indescifrable relación, sexo, copulación, hombres y mujeres.

¿Qué estupidez estás usando para crear la eterna defensa en pro o en contra de los indescifrables hombres, mujeres, sexo, copulación, y relaciones que estás eligiendo? Todo lo que esto sea, multiplicado por un dioszillón, ¿lo destruyes y descreas todo? Acertado - Equivocado, Bueno - Malo, POC y POD, Todos los 9, Cortos, Chicos y Más Allá.

Participante:
Es como defender el fundamento de esta realidad.

¿ESTÁS JUZGÁNDOTE COMO EQUIVOCADO POR LA VERDAD DE TI?

Gary:
Sí, es el fundamento de las relaciones, sexo y copulación en esta realidad. Me gustaría llevarlos al lugar donde empiecen a ver el tipo de relación que les gustaría crear en lugar de la relación basada en esta realidad.

Participante:
Cuando estaba en el principio de mis veinte, conocí a una chica en una fiesta, y su amiga me dijo: "Tú sólo quieres fornicar". Yo claramente recuerdo decir: "Sí, ¿Y qué?" Y luego me juzgué por lo que realmente soy.

Gary:
Veamos, eso fue como hace quince años. La buena noticia es que, desde hace quince años, te has juzgado como equivocado, cuando en verdad, lo que estaba sucediendo para ti, era la verdad de tus años mozos.

¿Qué estupidez estás usando para defenderte en contra del maestro de la fornicación, el cachorro promiscuo que realmente eres, estás eligiendo? Todo lo que esto sea, multiplicado por un dioszillón, ¿lo destruyes y descreas todo? Acertado - Equivocado, Bueno - Malo, POC y POD, Todos los 9, Cortos, Chicos y Más Allás.

¿Cuánto de tu consciencia tienes que cortar para no reconocer que lo que realmente quieres hacer es fornicar? Te juzgas a ti mismo como errado y luego tienes que pasar todo tu tiempo tratando de probar que eso no es lo que realmente quieres, para que las otras personas piensen que tú realmente no lo quieres, cuando en realidad es lo que quieres. Pero las otras personas también son psíquicas, así que saben lo que realmente quieres. Tienes que mentirles y te tienes que mentir a ti mismo doblemente con el fin de probar que realmente no quieres lo que realmente quieres, porque eso sería tan malo y triste.

Todo lo que esto sea, multiplicado por un dioszillón, ¿lo destruyes y descreas todo? Acertado - Equivocado, Bueno - Malo, POC y POD, Todos los 9, Cortos, Chicos y Más Allás.

¿Qué estupidez estás usando para crear la eterna defensa en contra de ser el maestro fornicador, el cachorro promiscuo que realmente eres, estás eligiendo? Todo lo que esto sea, multiplicado por un dioszillón, ¿lo destruyes y descreas todo? Acertado - Equivocado, Bueno - Malo, POC y POD, Todos los 9, Cortos, Chicos y Más Allás.

¿Qué estupidez estás usando para crear la eterna defensa en pro o en contra de los indescifrables hombres, mujeres, sexo, copulación y relaciones que estás eligiendo? Todo lo que esto sea, multiplicado por un dioszillón, ¿lo destruyes y descreas todo? Acertado - Equivocado, Bueno - Malo, POC y POD, Todos los 9, Cortos, Chicos y Más Allá.

Participante:

¿Qué tomaría para generar y crear contribución donde vayas más allá de la mierda que inventamos como más real de lo que realmente somos?

Gary:

De eso se trata toda la secuencia de llamadas.

LA RELACIÓN IDEAL CON UNA MUJER

Participante:

¿Podrías describir la relación ideal con una mujer?

Gary:

Sí. Ella vive del otro lado del país. Se visitan cada tercer día. Estoy bromeando.

Sigues tratando de crear la relación que va a ser la relación ideal. Si estás haciendo relaciones desde el punto de vista de una relación ideal, ¿estás viendo a la persona frente a ti? ¿O estás viendo a quien te gustaría que fuera, quien piensas que debería ser y quien piensas que podría ser?

¿Qué estupidez estás usando para crear la defensa en pro o en contra del ideal utópico de la relación que estás eligiendo? Todo lo que esto sea, multiplicado por un dioszillón, ¿lo destruyes y descreas todo? Acertado - Equivocado, Bueno - Malo, POC y POD, Todos los 9, Cortos, Chicos y Más Allá.

La mejor relación con una mujer es donde pueden vivir juntos, y cada uno de ustedes permite que la otra persona sea lo que es. No tienen juicios, ambos disfrutan del sexo que tienen, ya sea que sea mucho o poco, y no tienen que pasar cada momento juntos.

PASANDO TIEMPO JUNTOS

Algo que todos ustedes tienen que ver es cuánto tiempo les gustaría pasar con una mujer. Personalmente me gusta pasar de una hora a hora y media hablando con ella, y después de eso, quiero tener sexo con ella.

¿Qué porcentaje de tu vida te gustaría pasar con una mujer? ¿Diez? ¿Veinte? ¿Treinta? ¿Cuarenta? ¿O cuánto?

Participante:
Diez.

Gary:
Bien, así que quieres pasar de dos a dos horas y media con ella.

Participante:
Sí.

Gary:
Dos a dos horas y media es probablemente un buen porcentaje. Más de eso, y lo más seguro es que te aburras.

Participante:

Parece como que las mujeres quieren pasar más tiempo conmigo de lo que yo quiero pasar con ellas.

Gary:

Sí, porque nunca te comprometes a estar ahí, aun cuando pasas diez por ciento de tu tiempo con ellas. Y no estás dispuesto a ser intimidante. Tiendes a funcionar desde una total incapacidad de intimidarlas. ¿Qué tal si les demandaras a ellas que pasen más tiempo contigo?

Participante:

¿Eso sería intimidante?

Gary:

Sí, porque si un hombre demanda que la mujer pase tiempo con él, ¿adivinen lo que ella quiere hacer? Salir corriendo. Si tú quieres que una chica se aleje, demándale más tiempo con ella.

Participante:

¿Me puedes dar un ejemplo de cómo hacer eso? ¿Es algo energético? ¿Es lo que digo?

Gary:

Tienes que empezar con la energía de ello. Tienes que mirarla y decirle: "¿Sabes qué? Creo que no estamos pasando suficiente tiempo juntos". Cuando estés lejos de ella, llámale y dile cuanto la extrañas. Si sigues haciendo eso, de repente ella empezará a encontrar razones para no estar disponible. Si ella deja de contestar el teléfono, entonces tú sabes que finalmente tienes el control. ¿Cuántos de ustedes han tenido una mujer que hace eso con ustedes? Les llaman tan seguido, y tanto, que ni siquiera quieren contestar el teléfono.

Participante:
 Sí.

Gary:
 Así que, ¿por qué no les están haciendo eso a ellas? Se resisten a ser tan demandantes de ellas que tendrían que estar calladas y buenas y calmadas alrededor suyo, en lugar de que ustedes estén calmados, buenos, y quietos alrededor de ellas.

Participante:
 ¡Sí, santo Dios!

Gary:
 ¿Quieren una mujer que les dé algo de espacio? Esa es otra cosa que la mayoría de los hombres quieren en una relación: alguien que les dé espacio. ¿Cuántos de ustedes se dan cuenta, de que, como hombres, les gusta un tiempo a solas?

Participante:
 Sí.

Gary:
 Los hombres requieren tiempo a solas. Es su tiempo para procesar. Es cuando toman todas las cosas que han coleccionado durante el día, ponen su atención en ellas, y llegan a la consciencia o a la conclusión de lo que quieren hacer con toda la consciencia de todas esas cosas.

Todo lo que no permita que eso se muestre en tu vida, ¿lo destruyes y descreas todo? Acertado - Equivocado, Bueno - Malo, POC y POD, Todos los 9, Cortos, Chicos y Más Allá.

A los hombres se les ha enseñado que tienen que hacer cosas para indicar que quieren y aman. Están entrenados a creer que hacer es equivalente a querer. Así que tienen que lidiar con todas las cosas que han recolectado y preguntar: "¿Qué hago con todas estas cosas?" hasta que llegan a "¡Oh! Ya veo lo que necesito hacer". Es la forma en que llegan a la consciencia de lo que "necesitan hacer". Pero no es realmente una consciencia: es una conclusión, la cual no les da la libertad que la consciencia les daría.

Las mujeres pueden hablar de algo durante todo el día y nunca llegar a una conclusión. Un hombre tiene que procesar las cosas hasta que llega a una conclusión y determina qué es lo que necesita hacer. Es una forma diferente de lidiar con la vida.

¿QUÉ ES LO MÁS IMPORTANTE PARA MÍ?

Participante:
¿Puedes hablar más sobre crear nuestras vidas?

Gary:
Bueno, una cosa que tienes que ver es: ¿qué te gustaría como tu vida? Tienes que hacer preguntas como:

- ¿Cómo me gustaría que mi vida fuera en cinco años?
- ¿Quiero viajar?
- ¿Cuánto dinero quiero hacer?
- ¿Qué es lo más importante para mí?

Vean si hay una relación incluida ahí. Yo encuentro en la mayoría de los hombres que sus vidas andan bien, y luego deciden agregar una relación, que elimina la mitad de su vida. ¿Qué tal si las relaciones fueran una *añadidura* a tu vida, no un remplazo de tu vida?

Todos los lugares donde has hecho a las relaciones un remplazo de tu vida y vivir, ¿lo destruyes y descreas todo? Acertado - Equivocado, Bueno - Malo, POC y POD, Todos los 9, Cortos, Chicos y Más Allás.

Participante:
Parece que tengo que hacer un compromiso conmigo mismo de hacer la pregunta: "¿Qué es lo que me gustaría?"

Gary:
Sí, tienes que ver si realmente quieres una relación y luego comprometerte con lo que te gustaría. La mayoría de ustedes se meten en una relación por inercia. ¿Reconocen eso?

Participante:
Sí.

HAZ UNA LISTA: ¿QUÉ ME GUSTARÍA EN UNA PAREJA?

Necesitas preguntar: "¿Qué me gustaría en una pareja?" Tienes que estar claro sobre qué es lo que quieres en una relación. El problema es que no preguntas eso. Ves a alguien y dices: "Oh, ella me gusta" Nunca preguntas: "¿Le gusto yo a ella? ¿Le gustan los hombres?" Asumes que, porque te gusta, a ella le gustarás tú y a ella le gustan los hombres y todo va a resultar prefecto.

Averigua lo que deseas. ¿Cómo te gustaría que sus interacciones mutuas fueran? ¿Cómo sería interactuar con ella? ¿Qué te gustaría crear con ella? ¿Te gustaría alguien que tenga un buen sentido del humor? ¿Alguien con quien tener una buena conversación?

Por cierto, hay una gran diferencia entre conversación y comunicación. Comunicación es: "Baja tus sucios pies del sillón". Esa es una comunicación honesta; es una buena comunicación, pero no es una conversación. Averigua qué quieres crear con ella. Haz una lista de lo que te gustaría tener en una pareja.

TAMBIÉN NECESITAS UNA LISTA DE "LO QUE NO QUIERES TENER"

Antes de que me juntara con mi exesposa, hice una lista de todas las cosas que *quería* en una mujer con la que tuviera una relación. Ella tenía todas esas cosas. Lo que no hice fue una lista de las cosas que *yo no quería* en una persona. Así que obtuve todo lo que quería, pero también obtuve todo lo que no quería.

Participante:

¿Qué tan específica debe ser la lista de "No quiero"? ¿No es eso crear limitación?

Gary:

No es limitación. Tienes que verla y decir: "Yo no deseo tener una mujer que se la pase quejándose todo el tiempo" o "No quiero una mujer que siempre esté discutiendo". ¿Alguno de ustedes ha notado que eligen mujeres que son muy similares a la última mujer que eligieron? ¿Es como si fuera la misma mujer con un cuerpo diferente?

Participante:
Sí.

Gary:
Estás eligiendo la misma mujer una y otra vez y esperando un resultado diferente. ¿Quién es la persona que puedes cambiar?

Participante:
Yo.

¿QUÉ ESTUPIDEZ ESTÁS USANDO PARA CREAR LA MUJER QUE ESTÁS ELIGIENDO?

Gary:
Tienes que cambiar tu perspectiva. No puedes cambiar la de nadie más. Échale un vistazo a tu perspectiva. "Yo he elegido la misma mujer una y otra vez, y no obtuve de ello nada de lo que quería. ¿Por qué hice eso?"

Si vas a atravesar un río nadando y te toma la misma cantidad de brazadas en la misma dirección todo el tiempo, ¿vas a llegar a un lugar diferente del río? No. Vas a llegar al mismo lugar al que llegaste la vez anterior. Así que pregunta: ¿Qué estupidez estoy usando para crear la mujer que estoy eligiendo?

Participante:
Lo haré.

Participante:

El mes pasado participé en la Síntesis Energética del Ser de Dain, a través de la transmisión en vivo. Aun cuando no estaba físicamente ahí, me di cuenta de que estaba juzgando a algunas de las mujeres que estaban en la clase. No podía soportar la forma en que estaban haciendo preguntas. Me parecía que estaban tratando de llamar la atención de Dain.

Gary:

¡Por supuesto! Él es el líder de la clase. Ellas quieren llamar su atención. ¿Cuál es el problema?

Todo lo que no estás dispuesto a reconocer acerca de tu consciencia, ¿lo destruyes y descreas? Acertado - Equivocado, Bueno - Malo, POC y POD, Todos los 9, Cortos, Chicos y Más Allás.

Participante:

Yo noté que Dain estaba totalmente tranquilo con ellas. Él las recibía sin juicio, sin importar lo que dijeran o lo que le preguntaran. ¿Cómo puedo ser eso? Recibir a las chicas y a las mujeres por quienes son. ¿Hay algún proceso que podamos hacer para que también podamos hacer eso?

Gary:

¿Qué estupidez estoy usando para crear la mujer que estoy eligiendo? Todo lo que esto sea, multiplicado por un dioszillón, ¿lo destruyes y descreas? Acertado - Equivocado, Bueno - Malo, POC y POD, Todos los 9, Cortos, Chicos y Más Allás.

Sigue ejecutando ese.

NO ESTAR NECESITADO DE UNA MUJER

Participante:
En el pasado, te escuché hablar sobre no estar necesitado.
¿Puedes hablar más sobre no estar necesitado cuando se trata de una chica, mujer, sexo, relación, y copulación? Esto es algo importante para mí. Si no hubiera todas esas cosas que pienso que necesito, podría tener el verdadero valor de mí.

Gary:
Entre más puedas funcionar desde no estar necesitado de algo, no importa qué sea, empezarás a reconocer más las elecciones que tienes para realmente elegirlo. Recientemente le pregunté a Dain: "¿Te das cuenta de que esas mujeres te desean? Y él respondió: "No, no lo capto".
Yo dije: "Sí, tú sigues pensando que las deseas, pero la realidad es que ellas te desean a ti".
Cuando no estás necesitado de una mujer, ella te desea todo el tiempo. Cuanto menos estés necesitado, más te deseará. Tienes la necesidad de ser necesitado, porque te enseñaron que necesitas ser capaz de arreglar cosas y hacer cosas por la mujer para probar que la amas. Estás tratando de dar la prueba de amor en lugar de no estar necesitado de tener amor o dar amor.

Participante:
Sí.

Gary:
¿Qué estupidez estás usando para defenderte en contra del no estar necesitado que podrías estar eligiendo? Todo lo que esto sea, multiplicado por un dioszillón, ¿lo destruyes y des-

creas? Acertado - Equivocado, Bueno - Malo, POC y POD, Todos los 9, Cortos, Chicos y Más Allás.

Participante:

Cuando empecé a buscar relaciones, no tenían nada que ver conmigo. Era que necesitaba una relación para ser el producto valioso. Hay todas esas cosas que nos han dicho que necesitamos.

Gary:

¿Por qué necesitas una relación? Necesitas una relación para probar algo. Necesitas una relación para probar que no eres un inútil montón de mierda. Necesitas una relación para probar que no eres *gay*. Necesitas una relación para probar que tienes valor. Necesitas una relación. ¿Es algo de eso verdad?

Participante:

No, y es lo mismo con todo. Nos vamos a ese lugar de necesidad. "Necesito tener hijos. Necesito casarme. Necesito tener esta cantidad de dinero".

Gary:

Ahí es donde completas una elección.

¿Cuánto de tu vida has hecho como la consumación de una elección basada en la necesidad de ser algo que no eres? Todo lo que esto sea, multiplicado por un dioszillón, ¿lo destruyes y descreas? Acertado - Equivocado, Bueno - Malo, POC y POD, Todos los 9, Cortos, Chicos y Más Allás.

"HE DEJADO DE CREAR"

Participante:
Siento como que estoy en un lugar donde he dejado de crear. ¿Me puedes ayudar con eso?

Gary:
¿Dejaste de crear porque alguien más estaba haciendo toda la creación?

Participante:
Hmm. Sí.

Gary:
¿Dejaste de crear porque no había necesidad de que tú crearas? ¿E identificaste y aplicaste inadecuadamente *no necesidad* como *no estar necesitado*?

Participante:
Sí. Confundí no necesidad con no estar necesitado.

Gary:
Todo lo que esto sea, multiplicado por un dioszillón, ¿lo destruyes y descreas? Acertado - Equivocado, Bueno - Malo, POC y POD, Todos los 9, Cortos, Chicos y Más Allás.

Participante:
Wow.

Participante:
Gracias por hacer esa pregunta. Me mostró el desorden que he creado para tener algo que hacer. Y ahora no estoy creando.

Gary:
Tu problema es que creaste la *necesidad* como la fuente de tu elección, en lugar de la elección como la creación de tu vida.

Participante:
Sí.

Gary:
¿Qué actualización física de la creación a través de la elección ahora eres capaz de generar, crear e instituir? Todo lo que no permita que eso se muestre, multiplicado por un dioszillón, ¿lo destruyes y descreas? Acertado - Equivocado, Bueno - Malo, POC y POD, Todos los 9, Cortos, Chicos y Más Allá.

ABDICANDO DE TU VOZ

Participante:
En la clase de facilitadores de La Voz Adecuada Para Ti, mencionaste que los hombres abdican de su voz.

Gary:
Sí. La mayoría de los hombres en este mundo piensan que es importante ser el tipo fuerte y silencioso. ¿De cuánto de tu voz en el mundo has abdicado para poder ser fuerte y silencioso? ¿Mucho, poco o megatoneladas?

Participante:
Megatoneladas.

Gary:

Acertado - Equivocado, Bueno - Malo, POC y POD, Todos los 9, Cortos, Chicos y Más Allás.

Abdican de su voz con respecto a las mujeres porque no quieren entrar en una discusión con ellas. Piensan que, si se meten en una discusión, ellas se irán. Las mujeres tienen una característica extraña. Les encanta discutir todo y nunca llegar a una conclusión. Ustedes, como hombres, siempre están tratando de llegar a una conclusión sobre todo lo que dicen o hacen. Así que, para ustedes, una discusión significa conclusión. Para una mujer, significa: "Sólo lo estamos discutiendo y tú estás mal".

Todo lo que esto sea, multiplicado por un dioszillón, ¿lo destruyes y descreas? Acertado - Equivocado, Bueno - Malo, POC y POD, Todos los 9, Cortos, Chicos y Más Allás.

Participante:
¿Es una conclusión tratar de resolver qué acción tomar?

Gary:
Sólo tienes que deducir qué acción tomar basada en la conclusión de que tú estás mal en primera instancia. (¡No que alguna vez te hayan hecho creer que estás mal en una relación!) Ahí es donde los hombres abdican de su voz.

¿Qué estupidez estás usando para defender lo correcto de abdicar de tu voz, estás eligiendo? Todo lo que esto sea, multiplicado por un dioszillón, ¿lo destruyes y descreas? Acertado - Equivocado, Bueno - Malo, POC y POD, Todos los 9, Cortos, Chicos y Más Allás.

Bueno, la mala noticia, caballeros, es que no hemos terminado. La buena noticia es que pueden salir y practicar. Recuerda, métela suavemente. Eso te hace un caballero.

Participante:
Me encanta. Ya tenemos una definición de lo que es ser un caballero.

Dain:
¡Finalmente!

Participante:
Eres maravilloso, Gary. Gracias.

# 7
Siendo bueno en la cama

Yo decidí que más me valía aprender todo lo que pudiera sobre cómo hacer que las mujeres terminen, para que ella pudiera estar satisfecha sin importar lo que yo hiciera.

Gary:
Hola, caballeros. Empecemos con preguntas.

Participante:
En el manual de Nivel Uno De Access Consciousness dice que ser bueno en la cama es uno de los tres elementos de una buena relación. ¿Puedes hablar de eso? ¿A qué te refieres con "bueno en la cama"? ¿Hay algún criterio de qué es ser bueno en la cama?

CREANDO UNA RESPUESTA GALVÁNICA EN SU CUERPO

Gary:
Sí, hay varios criterios. Empecemos por examinar la respuesta galvánica en la piel de las personas. Esa es la forma en

que tu toque crea un efecto en la otra persona. Levántate la manga y pasa tu mano poco más de un centímetro por encima de tu brazo y jala energía. Sentirás que el vello se empezará a crispar para alcanzar tu mano. Si usas esto con alguien con quien estés teniendo sexo, te verán como muy distinto a los otros amantes y estarán más excitadas. La respuesta galvánica que puedes crear en el cuerpo de alguien es parte de lo que crea que seas bueno en la cama. También es parte de lo que invita a los cuerpos de sus parejas al orgasmo, lo cual te hace mucho mejor en la cama. Tienes que preguntar: "¿Cuánto tiempo estoy dispuesto a tomarme para tener sexo con esta persona?"

VE DESPACIO

A la mayoría de nosotros se nos ha enseñado a terminar rápido. Aprendiste a eyacular basado en ver una fotografía y jalándotela tan fuerte como puedas con el fin de terminar rápido, porque alguien te va a tocar la puerta, va a entrar, y te va a descubrir en cualquier momento. Tienes que sobreponerte a ese punto de vista. Debes aprender a ir despacio.

APRENDE ACERCA DE LAS PARTES DEL CUERPO FEMENINO

La otra cosa que quieres es aprender acerca de las partes del cuerpo femenino. El clítoris es la parte más sensitiva de su cuerpo. No seas bruscos en el clítoris. Usa un toque muy ligero como las alas de una mariposa con la lengua para que puedas posiblemente crear e invitar al clítoris a que se ponga como los vellos de tu brazo queriendo alcanzar y llegar a tu mano.

Toca el clítoris tan ligeramente que cree un estremecimiento en el cuerpo de la mujer, pero también una consciencia de ti y qué es lo que la está haciendo estremecer. Espera a que el clítoris empiece a venir hacia ti. Da vuelta por los lados y pon tu lengua en la vagina. Y regresa a tocar el clítoris muy ligeramente. Si usas tu lengua como las alas de una mariposa en el clítoris de una mujer, le puedes provocar un orgasmo en cinco o siete minutos. Si tiene dos o tres orgasmos antes de penetrarla, va a pensar que eres lo mejor que ha tenido en la cama. Así que usa esta técnica.

¿QUÉ TIPO DE TOQUE LE GUSTARÍA A ELLA?

Y pregunta: ¿Qué tipo de toque le gustaría a esta persona? ¿Qué creará una respuesta galvánica dinámica en ella? Cuando haces eso, en lugar de ver cómo pararla, meterla y sacarla sin despeinarte, vas a empezar a captar desde dónde está funcionando y cómo hará las cosas. Quieres un punto de vista diferente. Quieres ver las posibilidades de lo que *podría* ser —no lo que *quieres* que sea o *no quieres* que sea. Eso es realmente importante.

DISMINUCIÓN DE LA LIBIDO

Participante:
¿Sabes de algo que ayude a los hombres con disfunción sexual, como la disminución de la libido o la eyaculación precoz?

Gary:

Si tienes una disminución de la libido es porque no has elegido tener sexo con gente que desea tener sexo contigo. El cerebro es lo que crea la libido, no nuestro cuerpo. ¿Qué estás haciendo para estimular tu cerebro? La mayoría de los hombres piensa que estimular el cerebro significa ver pornografía o algo que los va a encender y que haga que quieran tener más sexo. No. Vean las partes del cuerpo que los encienden. Algunas mujeres tienen hermosas curvas en sus espaldas y algunos hombres también. Noten cómo las nalgas de las mujeres se mueven y cómo sus glúteos funcionan. Esas son cosas que estimulan un sentido de posibilidad que puede ocurrir al trabajar con un cuerpo.

¿Qué partes del cuerpo son más excitantes para ti? La mayoría de los hombres han sido entrenados a creer que las tetas y las vaginas son la suma total de su deseo sexual. Personalmente yo no creo eso. Yo encuentro que la forma en que camina una mujer es una gran indicación de qué tan buena va a ser en la cama. Ella necesita ser capaz de mover sus caderas. Necesita ser capaz de moverlas junto contigo en la cama.

Y, por cierto, caballeros, necesitan ser capaces de caminar así también. Tienen que saber que pueden mover sus caderas en todas las direcciones posibles. El propósito de tener un buen físico es para que puedan fornicar mejor. Salgan y creen un físico que sea grandioso para fornicar, no para cómo se ve en el espejo. Tiendes a enfocarte en cómo te ves en el espejo, y eso es sólo para inspirar a otros hombres a pensar que no estás en competencia con ellos —o a pensar que sí lo estás. Eso no es necesariamente la mejor elección. Nota cómo las personas mueven sus caderas. Esto probablemente no sea verdad para un hombre *gay*. Él tal vez querrá ver cómo alguien come, y eso será también un gran indicativo de cómo se lo comerán.

Si tienes disminución de la libido, puedes hacer cosas como el viagra. También hay otros tipos de sustancias diferentes que los chinos han usado por años para crear erecciones más largas y duraderas. Sólo tienes que encontrar una que funcione con tu cuerpo.

- ¿Esto será bueno para ti?
- ¿Te gustará esto?
- ¿Cómo funcionará esto para ti?

No es: "Oh, sabroso, esto me la pone dura". Eso no es una perspectiva. Primero que nada, tener una erección es una cosa; crear una capacidad dinámica en la cama es un universo totalmente diferente. Tienes que preguntar: ¿Cómo puedo crear estimulación en el cuerpo de esta persona? Tienes que llegar al punto en que estés tan presente con cómo están teniendo sexo que puedas sentir al cuerpo de la otra persona sintiendo lo que le estás haciendo, mientras que tu cuerpo también lo está sintiendo, de modo que lo obtengas en todas direcciones. Esa sería la estimulación más grandiosa que podrías hacer por tu libido.

Participante:
Gary, ¿hay un proceso para eso?

Gary:
¿Qué estupidez estás usando para defenderte a favor o en contra de las respuestas galvánicas, los toques estimulantes

y las vigorizantes posibilidades que alterarían tus limitadas capacidades sexuales, estás eligiendo? Todo lo que esto sea, multiplicado por un dioszillón, ¿lo destruyes y descreas? Acertado - Equivocado, Bueno - Malo, POC y POD, Todos los 9, Cortos, Chicos y Más Allás.

Participante:
Tengo una pregunta sobre crear mi cuerpo para una mejor fornicación. ¿Hay alguna pregunta o proceso que me asista con eso?

Gary:
¿Qué actualización física de crear mi cuerpo como una máquina fornicadora podría estar eligiendo, que no estoy eligiendo? Todo lo que esto sea, multiplicado por un dioszillón, ¿lo destruyes y descreas? Acertado - Equivocado, Bueno - Malo, POC y POD, Todos los 9, Cortos, Chicos y Más Allás.

Participante:
Gary, cuando dices "una máquina de fornicar", lo que brinca en mi mente es un conejo. Es como si estuvieras teniendo sexo como un conejo.

Gary:
¿Te has juzgado por tener sexo como conejo porque te venías muy rápido?

Participante:
No porque me viniera muy rápido, sino porque lo estaba disfrutando y la crudeza en ello.

Gary:
¿Y quién te juzgaba por eso?

Participante:
La mujer y yo.

Gary:
¿Era eso buscar cómo podías usar la respuesta galvánica para crear algo diferente? No. Observa la respuesta galvánica de la que hablé y cómo usar el clítoris. También está el punto G, que está en la parte superior de la zona vaginal.

Participante:
Gary, ¿puedes explicar eso? No sé qué sea.

Gary:
El punto G está en la parte superior del área vaginal. Ve adentro desde la parte frontal con tu mano y muévela en pequeños círculos en contra de la parte frontal de la vagina, y sentirás algo duro que empieza a ocurrir. Lo mismo puede ocurrir en la parte inferior de la vagina, si también usas esa técnica. Ahora, ¿por qué ocurre eso? Porque todo eso está diseñado para ir junto. Sólo piensa en ello. Si la estás penetrando por detrás y metes tu pene —la mayoría de los penes tienen un ángulo que va hacia arriba, hacia el cuerpo— y ese ángulo va hacia arriba y golpea en algún lado de la cavidad vaginal, lo cual permite una mayor estimulación. Y tus testículos golpeando contra el clítoris, tienen un efecto en ello. Por eso es que hay algunas mujeres que les gusta que les des por detrás.

ESTIMULANDO SU CUERPO

Cuando empecé a tener sexo —y "sexo" era tres chicos ir atrás de la biblioteca y masturbarse— nos la sacábamos y nos la jalábamos para ver quien se podía venir más rápido. Uno de los chicos tenía un pene de treinta centímetros y tenía siete centímetros de diámetro, el otro tenía un pene de veinticinco centímetros y era como de ocho centímetros de diámetros y yo tenía como catorce centímetros. Yo pensaba que definitivamente era un niño retardado y que todos tenían penes de veinticinco a treinta centímetros.

Fue muy interesante que más adelante en la vida descubrí que no era así, pero como pensaba que había sido marginado en el departamento del pene, decidí que más me valía aprender todo lo que pudiera sobre cómo hacer que terminara una mujer, para que ella estuviera satisfecha sin importar lo que hiciera. Aprendí sobre sexo oral, aprendí a cómo dar una buena mamada, aprendí sobre la respuesta galvánica y aprendí a cómo tocar el cuerpo de una mujer hasta el punto en que ella estaría gritando pidiendo ser penetrada, no otra cosa.

Empecé a aprender cómo funciona el clítoris y qué parte de su cuerpo tocar; y en lugar de sólo poner mi pene adentro, me iba despacio. Pasaba mucho tiempo acariciando sus pechos, acariciando sus axilas, acariciando el doblez de sus codos del lado frontal y tocando diferentes partes de su cuerpo. Si recorren muy lentamente con sus manos el cuerpo de la mujer, desde sus tetas hasta sus rodillas, pueden crear suficiente respuesta galvánica para que a ella se le erice la piel y tendrán un sexo sorprendente. Tienen que llevarla al punto en donde ella esté dispuesta a tener cualquier tipo de estimulación con respecto a su cuerpo.

La mayoría de las mujeres nunca han aprendido a tener ese tipo de estimulación en sus cuerpos porque la única razón por la que están teniendo sexo es para tener una relación. Y a los hombres sólo se les ha enseñado a hacer sexo. Nada de esas cosas es sexo amoroso.

¿Qué actualización física de copulación e inervación sensuales y sexuales soy ahora capaz de generar, crear e instituir? Todo lo que no permita que eso se muestre, multiplicado por un dioszillón, ¿lo destruyes y descreas? Acertado - Equivocado, Bueno - Malo, POC y POD, Todos los 9, Cortos, Chicos y Más Allá.

MASTURBACIÓN

¿Qué tal si el propósito de la masturbación fuera crear mayor sensibilidad en tu cuerpo para que puedas ser un mejor amante?

Participante:
¡Entonces yo debería ser el más grandioso amante del planeta!

Gary:
Sí, ¿lo has estado haciendo con ese propósito—o lo has estado haciendo para terminar?

Participante:
Ah, lo he estado haciendo para terminar.

Gary:

Cuando la única razón para masturbarte es terminar, estás tratando de disipar la energía sexual que es parte de la vida y el vivir.

Participante:

Cuando te masturbas, ¿cuál es el valor, si es que hay alguno, de fantasear sobre tener sexo o copulación con las diversas mujeres que llegan a mi vida? Por muchos años, tuve sexo con mujeres en mi mente y con mi mano, y luego sentía que el acto se había completado.

Gary:

Y se completa. Es una de las razones por la que lo haces. La pregunta que no estás haciendo es: ¿Desean estas mujeres tener sexo conmigo? Y si es así, pregunta: ¿Cuál sería la cosa más placentera que podría darles? Si acaso vas a fantasear, piensa sobre qué es lo que estarías haciendo para provocar en su cuerpo el más alto nivel de revoluciones y vitalidad, porque ese es el propósito que debe tener el sexo. Esa es la razón por la que no quieres ir a la masturbación para terminar; quieres llegar al punto donde tu cuerpo esté estimulado y puedas sentir que entra más energía. Cuando eso ocurra, detente. Ve y haz algo diferente. Eso hará dos cosas: número uno, empezará a crear un lugar en tu cuerpo donde estar sexualmente erecto es un producto valioso, y número dos, creará más libido en ti. Mira la masturbación desde el punto de vista de: ¿Qué estoy creando aquí? ¿Por qué estoy haciendo eso? Si te estás masturbando sólo para terminar, no vas a lograr el sentido de una energía más grandiosa que puede ocurrir desde la copulación.

El propósito de la copulación debería ser el estar más estimulado para la vida, no para crear la pequeña muerte. La pequeña muerte es lo que los franceses llaman eyaculación. Así que sigue observando: ¿qué es lo que estoy tratando de lograr con lo que estoy haciendo?

La mayoría de la gente se masturba como una forma de desensibilizar el pene en lugar de sensibilizarlo. Conozco a alguien que tomó dos pastillas de "Duro como piedra", que es un estimulante para el pene. Él comentó: "Lo único que tengo que hacer es rozar mi pene contra algo y se pone bien duro". Ese es el nivel de sensibilidad que la mayoría de los hombres no pueden manejar y la mayoría de las mujeres no quieren saber que tienen. Otro amigo mencionó que tomó un "Duro como piedra" mientras usaba pantalones holgados sin ropa interior, y los pantalones como que rozaban alrededor de su cuerpo. Él comentó: "Tuve que detenerme a la mitad de la calle y pensar en conejos muertos porque no podía deshacerme de mi erección". Hay diferentes maneras de sensibilizarte. Pregunta: ¿Cómo me puedo sensibilizar para que pueda estar listo en cualquier momento?

Trata de estimular tus pezones y el resto de tu cuerpo pasando tus dedos por encima y haciendo la respuesta galvánica hasta que tengas una erección. La próxima vez que tengas sexo con una mujer, vas a ser un mucho mejor amante, porque vas a ser mucho más sensitivo y más consciente. También vas a tener una disposición a recibir que ahora no está en tu repertorio. La mayoría de los hombres no saben cómo recibir una mamada, y la mayoría de las mujeres no saben cómo dar una. ¿Y por qué es eso?

RECIBIENDO

Participante:
Se trata de recibir, ¿no es así?

Gary:
Sí. Nunca se han enseñado a sí mismos a recibir; se enseñaron a terminar. Si pasan su vida masturbándose para terminar, no están incrementando su capacidad de recibir, lo cual también limita la cantidad de dinero que pueden tener en sus vidas. Tienen que logar que sus cuerpos se sensibilicen otra vez, porque la mayoría lo han cortado. La mayoría de los deportes son acerca de chocar contra otros chicos. ¿A eso le llaman sensibilidad? De hecho, elimina la sensibilidad. Pregunten: ¿Cómo puedo sensibilizar mi cuerpo para que su respuesta galvánica cree respuesta galvánica en otros?

La respuesta galvánica es un sistema que sus cuerpos tienen que tal vez no están usando. Sus cuerpos tienen sistemas automáticos. Tienen una respuesta somática por todo su cuerpo. La forma en que sus cuerpos responden a algo es parte de la información que se supone sus cuerpos deben obtener. Tienen elementos en sus cuerpos que les permiten "responder" de diferentes maneras a las cosas. Pueden crear un lugar en ustedes y en sus cuerpos donde su sensibilidad y su sentido de recibir sean más extremos. Por ejemplo, a la mayoría de los hombres nunca les han tocado su ano. Es una de las partes más sensitivas de su cuerpo, pero ni siquiera se molestan en tocarlo. Se lo limpian con papel higiénico, pero no pasan de eso. Aprendan qué respuesta puede tener cada parte de sus cuerpos; no es que se vayan a volver *gays*. No significa que la mujer se va a poner un arnés y les va a dar por culo, aunque eso podría también ser divertido. Reconozcan que hay diferentes posibilidades en la forma en cómo sus cuerpos reciben. ¿Cómo sería si estuvieran dispuestos a tener más de eso y menos de lo que actualmente tienen? ¿Es suficiente lo que actualmente tienen? ¿Lo que tienen es lo que quieren?

Rara vez la gente se da cuenta de que tiene diferentes elecciones. La mayoría de la gente tiene la idea de "Tengo que hacer esto" o "Tengo que hacer eso" o "Esta es la única forma" o "Esta es la forma en que se supone tiene que ser".

¿Qué tal si ninguna de esas fuera de hecho real?

CREANDO UNA VIBRACIÓN MOLECULAR ENTRE LA MUJER Y TÚ

Participante:
Dices que usualmente las mujeres tienen sexo con el fin de tener una relación y generalmente los hombres tienen una relación con el fin de obtener sexo. En lugar de estar atados a esta realidad, ¿cómo puedo tener una posibilidad diferente? Por ejemplo, ¿cómo puedo tener sexo sin una relación? Conozco a bastantes personas que son maestros de la fornicación, pero no llego a entender por qué o cómo pueden ser maestros de la fornicación. Parece que es natural para ellos. ¿Cómo es eso posible?

Gary:
¿Qué estupidez estás usando para defenderte totalmente en contra de ser el maestro de la fornicación que podrías ser, estás eligiendo? Todo lo que esto sea, multiplicado por un

dioszillón, ¿lo destruyes y descreas? Acertado - Equivocado, Bueno - Malo, POC y POD, Todos los 9, Cortos, Chicos y Más Allás.

Ser un maestro de la fornicación no es ni bueno ni malo. Tienes que hacer la pregunta: ¿Esta mujer realmente quiere tener sexo conmigo o es que desea algo más? Con gran frecuencia, las mujeres que desearían tener sexo contigo quieren algo más que sólo sexo, pero no quieres saberlo. Deduces: "Ok, me la puedo follar" y cortas tu consciencia con el fin de asegurarte de que lleguen a fornicar.

Cuando seas realmente bueno siendo cunnilingüista, cuando logres ser realmente bueno usando tus dedos en el cuerpo de una mujer y cuando logres que ella termine cuatro o cinco veces antes de que la penetres, las mujeres querrán ir a visitarte una y otra vez.

Así es como empiezas a crear el lugar donde te conviertes en el producto valioso. Te tienes que hacer el producto valioso a través de sensibilizar tu cuerpo los suficiente para que puedas captar lo que su cuerpo está sintiendo y tu cuerpo sienta lo que el cuerpo de ella siente. Haz esto de la respuesta galvánica para que puedas llegar al punto donde puedas crear comunión entre la estructura molecular de sus cuerpos. Pregunta: ¿Cómo podemos crear la vibración molecular entre nosotros como algo más grandioso de lo que cada uno de nosotros puede tener por sí solo?

Participante:
Eso es lo que tú describes en "El Lugar", ¿cierto?

Gary:

Sí. Es lo que describo en *"El lugar"*. Es lo que estoy tratando de que la gente reconozca: hay este lugar.

¿He tenido personalmente este lugar? Sí. Yo he sido capaz de lograrlo con unas cuantas diferentes mujeres.

No es que sea yo un maestro de la fornicación. Usé mi lengua de plata en más de una forma para obtener cualquier cosa que quería. Tuve compañeros de cuarto que eran de buen ver, chicos galanes que usaban a las mujeres. Ellos conseguían novias y se aburrían de ellas después de la tercera vez que tenían sexo.

Yo les preguntaba: "¿Qué es lo aburrido en la forma en que ella tiene sexo?"

HABLA CON ELLA

Mis compañeros de cuarto decían: "Uh, simplemente me canso de hablar con ella". Yo me di cuenta de que, si estás dispuesto a hablar con alguien, puedes llegar más lejos que si no lo estás. Así que empecé a hablar con esas chicas, y terminé yendo a la cama con ellas. La parte graciosa de esto es que me dijeron que era mejor que mis compañeros de cuarto porque yo no solamente se las estaba metiendo. Ellas me dijeron que disfrutaban el sexo conmigo. Tienes que preguntar: ¿Qué las hará disfrutar? Le puedes preguntar a las mujeres: "¿Qué es lo que más disfrutas de ti?" Yo era un poco diferente. Cuando estaba joven, mi punto de vista fue que necesitaba aprender todo lo que podía porque no había sido adecuadamente dotado, así que trataba de descubrir lo que otras personas hacían. Le preguntaba a las mujeres con las que estaba: "Así que estuviste con este chico. ¿Qué es lo que hiciste con él que yo no he hecho"? o "¿Qué es lo que él hizo que fue realmente grandioso?" Las mujeres se sorprendían de que preguntara, y estaban tan felices de poder contarlo. Tienes que estar dispuesto a preguntar: "¿Qué es lo mejor que alguien haya hecho sexualmente contigo?" Averigüen qué es y luego pregunten: "¿Me puedes enseñar a hacer eso?" ¿Adivina qué? Si les pides que te enseñen, empezarán a contribuirte. Así es como las vuelves de tu equipo. "Enséñame cómo hacer eso que ha sido lo mejor que has tenido. Enséñame cómo hacerlo. ¿Lo hice lo suficientemente bien o hay algo que pueda mejorar?" También le pueden preguntar al cuerpo de la persona: "¿Qué puedo hacer diferente que mejoraría esto?"

LAS PERSONAS SE CONECTAN COMO CUERPOS

Hay otra cosa sobre la sensibilidad de sus cuerpos. Reconoce que las personas no se conectan como seres; se conectan como cuerpos. Si no captas que las personas se conectan como cuerpos y no como seres, su comportamiento no te hará sentido. Tendemos a ver a la persona con la que estamos, o la personas con la que nos gustaría estar, con base en dónde está sus cuerpos y dónde están ellos en el tiempo. Este es el porqué, cuando alguien se muere o pierdes una mascota, por ejemplo, las extrañas tanto. Extrañas ser capaz de tocarlos. Cuando te sientes separado de alguien, ya no sientes tu cuerpo conectado al de ellos.

Cuando atraviesas los grandes cambios que Access Consciousness crea en ti, tenderá a haber una sensación de separación. Ahí es donde preguntas: ¿Han cambiado tanto mi cuerpo y yo, que los sistemas de otras personas ya no nos pueden encontrar? Por sistemas, me refiero a ese tipo de cosas que las personas buscan encontrar para tener una sensación de estar conectados con tu cuerpo. Ellos quieren saber dónde está tu cuerpo en el espacio y dónde están en relación con él. Esa no es necesariamente la mejor y más fácil elección, pero es la forma como se hace aquí. Conforme atraviesas estos cambios, tu relación con el dinero también cambia —¿Porque es dinero para ti, el ser, o es dinero para el cuerpo? Para el cuerpo.

"ERES MÍA"

Participante:
Fui a un taller donde las mujeres y los hombres se emparejaban, y las mujeres les pedían a los hombres que las tocaran como ellas querían. Mi pareja me pidió: "¿Puedes tocarme como si fuera tuya?" Ella quería que la tocara como si fuera de mi propiedad o como si fuera mi mujer.

Gary:
¿Qué es lo que esta mujer te estaba diciendo? ¿Que a ella le gustan los hombres? ¿Que a ella no le gustan los hombres? ¿O que ella quería ser dueña de uno?

Participante:
Ella quería ser dueña de uno.

Gary:
Sí. Lo que las personas dicen es una indicación de lo que es. ¿Fuiste capaz de satisfacerla?

Participante:
De hecho, lo hice, y expandió mi universo, porque yo no había estado dispuesto a entrar antes en esa energía. Yo tenía el juicio de que la energía "tú eres mía" era mala.

Gary:
Hay una diferencia entre "tú eres mía" y "yo soy tu dueño".

Participante:
La energía era "tú eres mía". Esa es la energía que ella quería experimentar.

Gary:
Eso es lo que tienes que estar dispuestos a ver:

- ¿Cómo puedo adueñarme de esta mujer para siempre?
- ¿Qué puedo hacer que la tenga tan encantada sexualmente que no pueda imaginarse hacerlo sin mí?

¿QUÉ ES LO QUE ESTA PERSONA QUIERE? / ¿QUÉ ES LO QUE YO QUIERO?

Participante:
Dain habló de cómo algunas veces a nosotros, los hombres humanoides, nos gusta abrazar y ser románticos. ¿Puedes hablar un poco más sobre eso? Eso está fuera de mi universo. Siempre me estoy metiendo en el sexo o la relación.

Gary:
No es uno u otro. Tienes que ver lo que quiere la persona que está contigo. Yo pregunto: ¿Será fácil? ¿Será divertido?

¿Aprenderé algo? Lo que aprendí, es que muchas mujeres sólo querían cachondear y no tener sexo, así que me podía ir a casa. Tienes que ver :

+ ¿Qué es lo que quiero?
+ ¿Para qué vine?
+ ¿Por qué estoy aquí?
+ ¿Por qué me quiero venir con esta persona?
+ ¿Qué es lo que realmente deseo?
+ ¿Qué es lo que realmente requiero?
+ ¿A dónde deseo ir con esto?

La mayoría de los hombres nunca hacen esas preguntas. Personalmente, me di cuenta: "Tengo todos estos puntos de vista sobre cómo debo ser hombre basado en lo que las mujeres me dijeron que debía ser, no lo que realmente funcionaría para mí. ¡Oh! Necesito ver lo que realmente quiero y no tratar de deducirlo según lo que las mujeres quieren". La mayoría de los hombres trata de deducir lo que va a ser bueno para las mujeres e ignoran lo que va a ser bueno para ellos.

¿Qué estupidez estás usando para defenderte totalmente en contra de ser el hombre que verdaderamente puedes ser, estás eligiendo? Todo lo que esto sea, multiplicado por un dioszillón, ¿lo destruyes y descreas? Acertado - Equivocado, Bueno - Malo, POC y POD, Todos los 9, Cortos, Chicos y Más Allás. Tal vez quieras ejecutar:

¿Qué actualización física de una realidad sexual totalmente distinta, más allá de esta realidad, soy ahora capaz de generar, crear e instituir? Todo lo que no permita esto, multiplicado por un dioszillón, ¿lo destruyes y descreas? Acertado - Equivocado, Bueno - Malo, POC y POD, Todos los 9, Cortos, Chicos y Más Allás.

He estado tratando de sacarte del lugar donde haces a las mujeres la autoridad, la razón y la justificación de todo. Cuando dejes de hacer esto, empezarás a tener elección de ser tú, a tenerte a ti y verte a ti como valioso. También me gustaría llevarte al punto donde, en lugar de elegir a cualquiera que tenga sexo contigo, empieces a buscar quién tendría sexo contigo con quien realmente sería divertido para ti.

No es: "Oh, ella tendrá sexo conmigo." Equivale a "la tomo". En su lugar es:

- ¿Esto será divertido para mí?
- ¿Disfrutaré esto?
- ¿Esto hará mi vida más grandiosa?
- ¿Esto hará todo lo que deseo más valioso y más fenomenal?

Puedes ver qué tan diferentes son esas preguntas de "¿Realmente va a tener sexo conmigo?" Cuando ves a la mujer y dices: "Oh, apuesto a que es ella", esa es una conclusión. No es una pregunta. La pregunta es:

- ¿Es ella lo que estoy buscando?
- ¿Esto será lo que quiero que sea?

¿Cuántos de ustedes se están conformando con lo que sea que puedan obtener en lugar de saber exactamente qué es lo que quieren y no estar dispuestos a conformarse con menos?

Todo lo que esto sea, multiplicado por un dioszillón, ¿lo destruyes y descreas? Acertado - Equivocado, Bueno - Malo, POC y POD, Todos los 9, Cortos, Chicos y Más Allás.

¿Qué compromiso te rehúsas a hacer contigo, que, si lo hicieras, te daría el tipo de sexo y relaciones que verdaderamente te gustaría tener? ¿Qué estupidez estás usando para defender a favor o en contra del sexo y las relaciones que estás eligiendo? Todo lo que esto sea, multiplicado por un dioszillón, ¿lo destruyes y descreas? Acertado - Equivocado, Bueno - Malo, POC y POD, Todos los 9, Cortos, Chicos y Más Allás.

Chicos, no se están comprometiendo con ustedes mismos. Se están comprometiendo con su mujer.

¿Por qué es más importarte comprometerte con una mujer que comprometerte contigo mismo?

FASTIDIANDO

Participante:
Es para mantenerla satisfecha, para que no me fastidie.

Gary:
En otras palabras, estás esperando que ella te fastidie. Esperas que las mujeres te fastidien. Aquí el problema con eso es: porque estás tratando de evitar que te fastidien, por eso siempre estás conociendo mujeres que te fastidian. Esto aplica para todos ustedes.

Participante:
¿Podemos liberar eso ahora, por favor?

Gary:

Todo lo que esto sea, multiplicado por un dioszillón, ¿lo destruyes y descreas? Acertado - Equivocado, Bueno - Malo, POC y POD, Todos los 9, Cortos, Chicos y Más Allás.

Participante:

Es gracioso, porque en mi relación, la única cosa por la que reacciono con ella es porque me está fastidiando. No importa nada más, pero cuando ella me fastidia, me pongo realmente enojado.

Gary:

Pero siempre haces lo que puedes para crear que ella te fastidie.

Participante:

¿A favor o en contra de qué es lo que todavía estoy defendiendo con mi pareja?

Gary:

¿Estás defendiendo a favor de que ella sea una gruñona, para que así puedas elegir dejarla mientras te defiendes en contra de que ella sea una renegona para poder amarla?

Participante:

Eso da miedo.

Gary:

Ella es de hecho la relación perfecta para ti. Es la chica que te fastidiará, te gruñirá y te renegará hasta que tú hagas lo que ella quiere, lo que significa que puedes estar enojado con ella por hacerte hacer lo que ella quiere, pero por lo menos ella te fastidiará.

Déjame hacerte otra pregunta. ¿Has definido "fastidiar" como amor?

Participante:
Aparentemente sí.

Gary:
Todo lo que has hecho para definir fastidiar como amor, y todos ustedes, chicos, que observaron a su mamá fastidiando a su padre porque ustedes sabían que cuando una mujer está enojada con su hombre y le reniega, eso era verdadero amor, ¿lo destruyes y descreas?
Acertado - Equivocado, Bueno - Malo, POC y POD, Todos los 9, Cortos, Chicos y Más Allás.

Participante:
Es impresionante. ¿Cuánto son el amor y el odio básicamente la misma cosa? Son diferentes lados de la misma moneda. He empezado a cambiar mucho al respecto. Ya no reacciono más a mi pareja cuando ella está fastidiando, estoy en permisión de ello y elijo algo diferente para mí; pero para ella, es como que me estoy desapareciendo de su universo porque ya no estoy reaccionando a ello.

Gary:
Sí, lo sé. Ella ha definido fastidiar como un acto de amor.

Participante:

¿Qué puedo hacer diferente aquí? Ya no sé qué hacer o a dónde ir.

Gary:

Bueno, ¿qué es lo que realmente quieres de ella?

Participante:

Esa es una buena pregunta.

Gary:

Ni siquiera sabes lo que quieres. Déjame hacerte una pregunta. ¿Qué es lo que quieres con una mujer? Eso. ¿Qué fue la energía que surgió cuando te hice esa pregunta?

Participante:

Lo que capto es "alguien que no sea un estorbo".

Gary:

Así que quieres a una mujer que no te estorbe. ¿Esa sería tu pareja?

Participante:

(Risas) Sí.

Gary:

Todo lo que esto sea, multiplicado por un dioszillón, ¿lo destruyes y descreas? Acertado - Equivocado, Bueno - Malo, POC y POD, Todos los 9, Cortos, Chicos y Más Allás.
Así que, ¿qué quieres con una mujer? Eso.

Participante:
Alguien que esté resistiendo o creando resistencia para tener por qué pelear.

Gary:
Genial.
Todo lo que esto sea, multiplicado por un dioszillón, ¿lo destruyes y descreas? Acertado - Equivocado, Bueno - Malo, POC y POD, Todos los 9, Cortos, Chicos y Más Allás.

Participante:
Gracias, Gary. Eso fue de mucha ayuda. Antes de que hicieras esa pregunta, no estaba consciente de que estaba buscando a alguien que estuviera creando algún tipo de resistencia o pelea. Yo pensé que estaba haciendo algo diferente.

Gary:
Todo lo que esto sea, multiplicado por un dioszillón, ¿lo destruyes y descreas? Acertado - Equivocado, Bueno - Malo, POC y POD, Todos los 9, Cortos, Chicos y Más Allás.
Caballeros, quiero que todos ustedes ejecuten este proceso desde ahora hasta la próxima llamada.
¿Qué estupidez estoy usando para crear a (nombre de la persona con la que estás ahora o de la relación más reciente) que estoy eligiendo?
Es: ¿Qué estupidez estoy usando para crear a (nombre de la persona con la que estás ahora o de la relación más reciente) que estoy eligiendo? Todo lo que esto sea, multiplicado por un dioszillón, ¿lo destruyes y descreas? Acertado - Equivocado, Bueno - Malo, POC y POD, Todos los 9, Cortos, Chicos y Más Allás.

Haz esto con la persona con la que estás ahora o la última persona con la que estuviste. Has elegido cada mujer que tuviste en tu vida porque coincide con alguna vibración. Si verdaderamente quieres crear un cambio en tu vida, tienes que descubrir qué vibración es. Bien, caballeros, ahí lo tienen. Hablaré con ustedes en nuestra siguiente llamada. Cuídense, amigos. Adiós.

Participantes:
¡Muchas Gracias!

8
¿Qué es un caballero?

Un caballero funciona desde la no conclusión, y como no tiene ningún juicio, abre la puerta a las posibilidades para todas y cada una de las personas que toca.

Gary:
Hola, caballeros. ¿Alguien tiene una pregunta?

SIENDO UN CABALLERO

Participante:
Cuando pienso en la palabra *caballero*, se siente pesado para mí. Es como si ser caballero fuera una limitación. Para ser un caballero, hay cosas que debes hacer y cosas que no debes hacer. ¿Cuál es tu definición de *caballero*?

Gary:
Primero que nada, un caballero es aquel que está dispuesto a reconocer lo que una mujer necesita y lo entrega.

Todo lo que no permita eso, multiplicado por un dioszillón, ¿lo destruyes y descreas? Acertado - Equivocado, Bueno - Malo, POC y POD, Todos los 9, Cortos, Chicos y Más Allás.

Participante:
¿Hay algo más en esa definición?

Gary:
Si estás dispuesto a ser un caballero, estás dispuesto a ver lo que la mujer requiere de ti. Un caballero no sólo toma el punto de vista de los hombres. Está dispuesto a ver también el punto de vista de las mujeres. Está dispuesto a ver qué puede hacer que creará una posibilidad diferente. Si no estás dispuesto a ver lo que eres capaz de crear como una posibilidad diferente, ¿verdaderamente podrás crear lo qué quieres crear?

Como ejemplo, yo puedo ser un caballero y abrirle la puerta a una mujer cuando ella se está subiendo al auto. Cuando hago esto, ella dice: "Eres todo un caballero". Lo que significa desde su punto de vista es lo que tú estás buscando, porque con el fin de crear una relación o sexo con cualquiera, tienes que estar dispuesto a ser lo que ellas están dispuestas a tener de ti. Si estás dispuesto a ser un caballero, las mujeres te verán desde un punto de vista diferente. ¿Es ese punto de vista juicio o no juicio? Es un punto de vista sin juicio. Eso es porque un caballero es un estado operativo aquí.

Todo lo que esto sea, multiplicado por un dioszillón, ¿lo destruyes y descreas? Acertado - Equivocado, Bueno - Malo, POC y POD, Todos los 9, Cortos, Chicos y Más Allás.

Si tienes carga con respecto a ser un caballero, significa que has sido no un caballero en muchísimas otras vidas.

Todos los lugares donde has hecho "no caballero", y todos los lugares donde has ido a juzgarte por no ser un caballero, y todos los lugares donde has tratado de pretender que a ti realmente no te importa ser un caballero, ¿lo destruyes y descreas todo? Acertado - Equivocado, Bueno - Malo, POC y POD, Todos los 9, Cortos, Chicos y Más Allás.

Participante:
¿Puedes hablar con respecto a qué es ser un caballero fuera de estar en una relación con una mujer?

Gary:
Si eres un caballero, te das cuenta del valor de todas y cada una de las personas con las que estás. Los caballeros no tienen juicio de nadie. Ellos sólo tienen la consciencia de lo que puede ser posible para todas y cada una de las personas que lo rodean. ¿Qué tal si estuvieras dispuesto a tener la consciencia de todo lo que es posible en lugar del juicio de lo que debes o no debes hacer?

Digamos que eres un caballero y sales con un hombre *gay* y él es tu amigo. ¿Coqueteas con él o no coqueteas con él?

Participante:
Yo coqueteo con él.

Gary:
Sí, porque eso es lo que requiere y desea de ti. ¿Eso significa que vas a hacer algo?

Participante:
No.

Gary:

No. Significa que le vas a dar lo que él desea de ti. Tienes que estar dispuesto a ver lo que la gente desea de ti. Si no estás dispuesto a ser un caballero, no estás dispuesto a ver lo que la gente desea de ti. Un caballero siempre sabe qué es lo que se requiere y se desea de él, y entrega lo que sea que él elija.

Participante:

¿Cómo haces eso sin divorciarte de ti mismo—(porque eso es lo que yo hago)?

Gary:

Así que sales con tu amigo *gay* y le coqueteas. ¿Tienes sexo con él?

Participante:

Probablemente no. Pero podría. En realidad, ¿quién sabe?

Gary:

Bien. Siempre estás abierto a las posibilidades de lo que pueda ocurrir en lugar de concluir y juzgar qué puede o no puede ocurrir.

Participante:

¿Cuál es la diferencia entre el caballero y el promiscuo?

Gary:

Un caballero es un muy buen promiscuo, porque no tiene juicios de lo que hace o de lo que los demás hacen. Un caballero nunca llega a una conclusión o a un juicio. Si fuéramos a buscar lo opuesto de un caballero, encontraríamos a un sexista. Eso es lo más cercano a lo opuesto de un caballero.

Un sexista es aquel que ha determinado lo que es correcto. Él ha decidido que esa es la forma en que se supone que tiene que ser y eso es lo que tienes que hacer. Ser un caballero significa que estás buscando las posibilidades; no estás buscando las conclusiones, no estás buscando el juicio.

Participante:
Wow. Estoy obteniendo un reconocimiento aquí.

Gary:
Es la voluntad de ser algo que otras personas no están dispuestas a ser.

Participante:
Wow.

Gary:
Tengo setenta años y las mujeres que tienen treinta me dicen que prefieren estar conmigo que con Dain porque ellas saben que yo no las voy a lastimar y Dain sí. ¿Eso es realmente verdad?

Participante:
No.

Gary:
No, la única cosa que lastima a alguien es cuando no les das lo que quieren. Es más probable que Dain les dé lo que ellas piensan que quieren que yo. Ellas creen que Dain va a terminar siendo el príncipe azul que ellas pensaban que estaban buscando. Ellas saben que yo estoy demasiado viejo para ser

el príncipe azul, así que, ¿qué puedo ser? El viejo que las cuida con la elegancia que merecen ser tratadas.

UN CABALLERO ELIGE POSIBILIDAD SOBRE JUICIO

La gente siempre elige juicios sobre posibilidades. Como un verdadero caballero, siempre elegirás posibilidad sobre juicio, que invita a la gente a más grandiosas posibilidades. Hace algunos años salí a cenar con una mujer y su padre, él tenía ochenta años. Era un caballero de la vieja escuela. Se vestía elegantemente y se veía elegante. Había una mujer en la cena con nosotros que estaba en sus cincuentas y estaba prácticamente encima de él. ¿Por qué? Porque él no ofrecía ningún juicio de ella, sólo la posibilidad de lo que podría realmente mostrarse.

Un caballero funciona desde la no conclusión, y como no tiene juicio, abre las puertas a las posibilidades para todas y cada una de las personas que él toca.

Todo lo que eso sacó a relucir para todos ustedes, ¿lo destruyes y descreas? Acertado- Equivocado, Bueno - Malo, POC y POD, Todos los 9, Cortos, Chicos y Más Allás.

Participante:
Muy seguido he escuchado a las mujeres decir: "Sean Connery es un caballero". Yo pregunté: "¿Lo conoces?"

Las mujeres dicen: "No, pero se ve como un caballero". Y les pregunto: "¿Y yo no lo soy?"

PÍDELE QUE DÉ UN PASO ADELANTE A MÁS GRANDIOSAS POSIBILIDADES

Gary:
Sean Connery está dispuesto a ser elegante con el fin de crear el lugar en el cual la gente elegirá mayor elegancia. Si eres un caballero, siempre le pedirás a todos que se vuelvan más de lo que ellos pueden ser, no menos. ¿Cuántas veces has tenido sexo con una mujer y le has pedido que se vuelva menos de lo que ella es? ¿Mucho, poco o megatoneladas? Si le pides a una mujer que se dé a ti, ¿le estás pidiendo que sea toda ella, o menos de ella?

Participante:
Menos de ella.

Gary:
Sí. Como caballero, siempre le pides que dé un paso al frente hacia posibilidades más grandiosas, y si hacen eso, posibilidades ocurrirán. Ella dará un paso al frente a la energía sexual más grandiosa de lo que jamás antes había tenido. La mayoría de ustedes piden a una mujer que se entregue a ustedes, lo cual no está pidiendo que ella sea más de ella. No le piden que dé un paso adelante a una posibilidad más grandiosa de lo que ella nunca antes supo era posible. ¿Qué tal si tú le estuvieras pidiendo a las mujeres con las que tienes sexo que den un paso adelante a algo que ninguna de ellas mismas sabía que era posible?

Todo lo que esto sea, multiplicado por un dioszillón, ¿lo destruyes y descreas? Acertado - Equivocado, Bueno - Malo, POC y POD, Todos los 9, Cortos, Chicos y Más Allás.

Participante:
¿Cómo se vería pedirle a una mujer que haga eso?

Gary:
Sería: "Hey, ¿puedo hacer esto por ti?" Hace unos años, le preguntaba a una mujer: "¿Qué es lo que alguien ha hecho por ti, que nadie más ha hecho por ti, que, si lo hiciera por ti, te daría más de lo que jamás pensaste que era posible?" Yo siempre quise saber lo que otros chicos habían hecho que yo no. Ahora, ¿por qué hacía eso?

Participante:
¿Para averiguar lo que a ella le gusta?

Gary:
¡Sí! Para averiguar lo que a ella le gusta, lo que la hace feliz, y lo que hace que su cuerpo cante; si le preguntas lo que algún otro hombre le ha hecho que nadie más le ha hecho, obtendrás la energía de ello. Cuando estás dispuesto a entregar esa energía, estás siendo un caballero que está dispuesto a darle todo lo que ella siempre ha deseado, todo lo que ella siempre quiso y todo lo que ella siempre pensó que sería maravilloso.

Todo lo que no te permita percibir, saber, ser y recibir eso, ¿lo destruyes y descreas? Acertado - Equivocado, Bueno - Malo, POC y POD, Todos los 9, Cortos, Chicos y Más Allás.

Participante:
No estoy tan jodido como pensaba que estaba.

Gary:
¿Eres tú, Sr. Maestro de la fornicación?

Participante:
Sí. Es el que se da a sí mismo a una mujer instantáneamente.

Gary:
¿Alguna vez me has escuchado decirte que no estás tan jodido como pensabas que estabas?

Participante:
Sí. Lo he escuchado un par de veces.

Gary:
Sí, pero nunca me creíste, ¿o sí?

Participante:
Yo he escuchado eso tal vez 1,000 veces.

Gary:
La siguiente vez que los vea, me tendrán que dar un euro para probar que yo no estaba mal.
De lo que eres capaz, y lo que haces, son dos cosas diferentes. ¿Qué tal si no fueran dos cosas diferentes? ¿Sigues tratando de ver cuán equivocado estás—(o cuánto estás en lo correcto)?

Participante:
Cuán equivocado estoy.

Gary:

¿Qué creación de sexo y copulación estás usando para validar las realidades de otras personas e invalidar tu realidad, estás eligiendo? Todo lo que esto sea, multiplicado por un dioszillón, ¿lo destruyes y descreas? Acertado - Equivocado, Bueno - Malo, POC y POD, Todos los 9, Cortos, Chicos y Más Allás.

Participante:

Sí, yo salto a la realidad de otras personas.

Gary:

¿Quieres saber que haces eso?

Participante:

Sí.

Gary:

No, no quieres. Siempre estás tratando de descifrar cómo no lo estás haciendo, en lugar de ver cómo lo estás haciendo. Tienes que ser capaz de ver lo que alguien requiere y desea de ti.

Por ejemplo, cuando piensas que quieres tener sexo con alguien, ¿cortas tu consciencia con el fin de tener sexo?

Participante:

Sí, a menudo sí.

Gary:

No a menudo. ¡Todo el puto tiempo!

¿Qué estupidez estás usando para crear la defensa en pro o en contra de la copulación que otros están eligiendo por ti, estás eligiendo? Todo lo que esto sea, multiplicado por un dioszillón, ¿lo destruyes y descreas? Acertado - Equivocado, Bueno - Malo, POC y POD, Todos los 9, Cortos, Chicos y Más Allá.

TIENES QUE CREAR DESDE TU REALIDAD

Participante:
Gary, esta ha sido una serie sorprendente. Anoche tuve el sexo más fenomenal. Hay un deseo en mí de tener más sexo con esta persona en particular y explorar más esto . ¿Será posible tener un Trato y Entrega con una mujer sobre cómo tener más sin crear una relación?

Gary:
Gracias a Dios que finalmente has tenido esta experiencia. La energía sexual trata sobre la capacidad generativa de la vida y vivir, y la calidad orgásmica de la vida y el vivir que la mayoría de nosotros nunca ha estado dispuestos o ha sido capaz de tener. ¿Captan todos esto?

¿Será posible tener más con una mujer sin crear relación? Probablemente no. ¿Te gustaría creer que lo sería? Absolutamente. ¿Estás completamente delirante? Sí, eres hombre. Tienes que captar que las mujeres buscan algo diferente que los hombres. Las mujeres no están en el mismo universo que ustedes: muy seguido no entienden qué les estás pidiendo o en qué estás interesado. Hay una posibilidad diferente en la vida para cómo creas eso. Tienes que crear desde tu realidad. Empieza a ejecutar:

¿Qué energía, espacio y consciencia puedo ser que me permita crear la realidad que sé que es posible puedo ser verdaderamente? Todo lo que no permita que eso se muestre, multiplicado por un dioszillón, ¿lo destruyes y descreas? Acertado - Equivocado, Bueno Malo, POC y POD, Todos los 9, Cortos, Chicos y Más Allás.

Hay un nuevo proceso que acabo de inventar, que creo que es apropiado para esto:

¿Qué creación de sexo y copulación estás usando para subordinar, absolver y resolver la elección y la consciencia que tienes en favor de la realidad de los demás, estás eligiendo? Todo lo que no permita que eso se muestre, ¿lo destruyes y descreas? Acertado - Equivocado, Bueno - Malo, POC y POD, Todos los 9, Cortos, Chicos y Más Allás.

Sigues tratando de elegir lo que va a funcionar para las mujeres. Eso es algo que hacen los hombres. Siempre tratan de elegir lo que va a funcionar para la mujer. ¿Hay una razón para eso? Sí. Has sido encarrilado y entrenado para creer que las mujeres son el producto más valioso en el planeta, no tú.

Todo lo que esto sea, multiplicado por un dioszillón, ¿lo destruyes y descreas? Acertado - Equivocado, Bueno - Malo, POC y POD, Todos los 9, Cortos, Chicos y Más Allás.

¿Qué creación de sexo y copulación estás usando como la subordinación, la absolución y la resolución de tu elección y tu consciencia en favor de la realidad de otras personas, estás eligiendo? Todo lo que esto sea, multiplicado por un dioszillón, ¿lo destruyes y descreas? Acertado - Equivocado, Bueno - Malo, POC y POD, Todos los 9, Cortos, Chicos y Más Allás.

Sigues asumiendo que tienes que renunciar a tu realidad en favor de la de alguien más. Y ni siquiera es renunciar a tu realidad. Es que no tienes ningún punto de vista. Eres hombre. Y no tienes ningún punto de vista a menos que tu pene esté duro y apunte en esa dirección. Una de las cosas que amo de los hombres es que son completamente insensibles a la consciencia de alguien más hasta que su pene esté apuntando. La búsqueda fálica es la dirección que sabes cómo seguir.

¿No encuentras interesante que siempre tratarás de complacer y valorar a alguien más antes de ni siquiera ver el valor de ti?

Participante:
Sí.

Gary:
¿Eso tiene sentido?

Participante:
Bueno, no, no tiene sentido.

Gary:
Es el universo no sensato desde donde estás tratando de crear. Y no funciona.

¿QUÉ ES LO QUE QUIERES CREAR?

Participante:
En la última llamada cuando hablaste sobre sexo, dijiste que nos volviéramos buenos con el *cunnilingus* y usando nuestros dedos. Dijiste que entonces tendríamos a las mujeres que

queremos viniéndonos a visitar una y otra vez, y así es cómo empezaremos a crear el lugar donde nos volvemos el producto valioso. Suena para mí a que lo que estás diciendo es que no somos el producto valioso, y que tenemos que hacer algo con el fin de volvernos el producto valioso.

Gary:

Sí, a sus ojos, te vuelves valioso.

Participante:

¿Eso es *probar ser* en lugar de ser? *Ser* eres tú, el ser infinito que eres y *probar ser* es algo que haces para probar que tú eres.

Gary:

Tienes que mirar lo que estás tratando de crear, no lo que piensas que debe ser. Puedes tener todo tipo de maravillosos puntos de vista sobre lo que tiene que ser y lo que debería de ser que no es. Tienen que ver lo que es: no lo que *quieres que sea.*

Participante:

¿Puedes por favor aclarar esto? Suena a que estás diciendo que los hombres necesitan el reconocimiento de las mujeres para volverse el producto valioso.

Gary:

Para volverte el producto valioso en el mundo de las mujeres, tienes que complacer a las mujeres en formas que hagan que ellas valoren el sexo que te gusta más a ti que a ellas.

Participante:

¿No hace eso a las mujeres más valiosas?

Gary:
   Sí. ¿Qué está mal con eso?

¿POR QUÉ LA LUJURIA SE CONSIDERA ERRADA?

Participante:
   El mes pasado, una amiga subió una foto de nosotros en Facebook donde estaba muy bien vestida y maquillada. Se veía muy hermosa, y muchos hombres estaban comentando su foto. La alabaron, y trataron de conseguir una cita. Cuando vi eso, noté que me enojó un poco. ¿De qué me estoy perdiendo aquí?

Gary:
   ¿Sentiste enojo o sentiste envidia? Tienes que saber cuál es la diferencia. Yo supongo que sentiste envidia, porque querías ser deseado de la misma forma en que ella estaba siendo deseada. ¿Cuántos de ustedes se están rehusando a ser deseados porque piensan que eso los hace menos?

   Todo lo que esto sea, multiplicado por un dioszillón, ¿lo destruyes y descreas? Acertado - Equivocado, Bueno - Malo, POC y POD, Todos los 9, Cortos, Chicos y Más Allás.

Participante:
Tuve una consciencia unos días después de que ella estaba tratando de controlar al sexo opuesto con su aspecto y apariencia. Y el enojo era porque es exactamente lo que yo no he estado dispuesto a hacer.

Gary:
¿Te refieres a que sólo te enojas por lo que tú mismo estás haciendo o no estás haciendo?

Todo lo que has hecho para hacer real y verdadero para ti que no puedes ser la persona lujuriosa que realmente eres, ¿lo destruyes y descreas? Acertado - Equivocado, Bueno - Malo, POC y POD, Todos los 9, Cortos, Chicos y Más Allás.

¿Qué rechazo de la lujuria estás usando para invalidar el ser que podrías estar eligiendo? Todo lo que esto sea, multiplicado por un dioszillón, ¿lo destruyes y descreas? Acertado - Equivocado, Bueno - Malo, POC y POD, Todos los 9, Cortos, Chicos y Más Allás.

Participante:
No he estado dispuesto a sacarle ventaja a mi aspecto. La mayoría de las veces me veo normal, y a veces me veo bastante fachoso.

Gary:
Yo digo, mi dulce amigo, que estás eligiendo andar fachoso tan seguido como puedes porque no quieres que la gente sienta deseo por ti. ¿Por qué la lujuria se considera errada? Yo no entiendo eso.

¿Qué creación de la lujuria estás usando para invalidarte a ti e invalidar a otros, estás eligiendo? Todo lo que esto sea, multiplicado por un dioszillón, ¿lo destruyes y descreas? Acertado - Equivocado, Bueno - Malo, POC y POD, Todos los 9, Cortos, Chicos y Más Allás.

¿Qué creación de la lujuria estás usando para invalidar tu realidad e invalidar la realidad de otras personas, estás eligiendo? Todo lo que esto sea, multiplicado por un dioszillón, ¿lo destruyes y descreas? Acertado - Equivocado, Bueno - Malo, POC y POD, Todos los 9, Cortos, Chicos y Más Allá.

Participante:
Estoy confundido con esto. ¿Estás diciendo que deseamos a otras personas para hacernos menos valiosos?

Gary:
Algunas veces. El tema es que no estás dispuesto a ver el valor de la lujuria.

Participante:
Entonces, ¿cuál es el valor de la lujuria?

Gary:
El valor de la lujuria es el lugar donde sales del juicio y te vas hacia: "Voy a hacer esto no importa cómo se muestre. No importa lo que tome. No importa lo que ocurra". La lujuria no es una equivocación. La lujuria es el lugar en el cual no puedes sobreponerte a tu falta de disposición a ser limitado. Elegirás lujuria sobre limitación todo el tiempo. En lugar de ver que esa es una ventaja y posibilidad, la ves como algo errado. ¿Por qué? Porque siempre te han dicho que la lujuria está mal.

¿Realmente está mal (o es sólo donde estás situado)?

Cuando alguien quiere tener sexo contigo, dices: "Wow, esta persona quiere tener sexo conmigo. ¿Cuán grandioso es eso?" O se van a la conclusión de: "¿Cómo puedo hacer esto y cuándo puedo hacerlo?" Tienes que estar dispuesto a ver: "¿Por qué razón esta persona quiere tener sexo conmigo?"

Participante:

Ese sería un cambio para mí.

Gary:

Mucha gente elige tener sexo contigo porque a) eres hombre, b) eres sexual, C) realmente te gustan las mujeres, y d) porque sabes hacer un *cunnilingus* aceptablemente bueno, pero sólo aceptablemente bueno, no bueno.

Ustedes, chicos, necesitan aprender a dar un mejor *cunnilingus*, por cierto, en caso de que no sepan.

¿Qué estupidez estás usando para crear la defensa a favor o en contra del sexo que alguien más quiere tener contigo, estás eligiendo? Todo lo que esto sea, multiplicado por un dioszillón, ¿lo destruyes y descreas? Acertado - Equivocado, Bueno - Malo, POC y POD, Todos los 9, Cortos, Chicos y Más Allás.

Participante:

La otra semana, me cuestionó una mujer que quería tener una cita conmigo. Ella empezó a defender que no iría a la cama en la primera cita. Así que le pregunté: "¿Estás tratando de hacerte la difícil o qué?"

Ella preguntó: "Sí, pero ¿quién serás o qué harás para obtener eso?"

Yo dije: "Uh, sólo seré yo".

Ella dijo: "Ah, tienes algo de autoestima ahí, ¿verdad?" Así que dije: "Fuera de mi lista. Lárgate".

Gary:

¿Con qué propósito está diseñada la especie femenina? ¿Tener bebés o no tener bebés?

Participante:
Tener bebés.

Gary:
Sí, entonces ¿a quién va a elegir? A un hombre que es un buen material de reproducción. Ella ve a un hombre y dice: "Él es un buen material de reproducción; por lo tanto, tendré sexo con él". Ella verá a otro chico y dirá: "Él puede tener una discapacidad física. Él no es una buena elección". Ella verá a alguien más y dirá: "Él tiene un padecimiento. A él no lo quiero". O: "Él tiene una adicción, así que no es un buen material de reproducción". Es sobre a quién puede elegir que sea el mejor material de reproducción.

¿Alguna vez has tenido una mujer que te haya dicho: "Podríamos tener hijos muy hermosos"?

Participante:
De hecho, no tantas. Es de la manera contraria la mayoría de las veces.

Gary:
Tú eres el que lo está diciendo, ¿verdad? Pero eso es lo que ella está alimentando en ti que le digas, para que pueda hacer que tú elijas eso.

¿Quién tiene otra pregunta?

SIENDO MALO CON OTROS HOMBRES

Participante:
Estaba molesto con un compañero y le dije: "El cuerpo tiene cuatro sistemas nerviosos: el sistema nervioso central, el sistema nervioso simpático, el sistema nervioso apático, y el último es el que está más activo en ti". Maldición. Se enojó y fue muy divertido. ¿Así es como los hombres operan?

Gary:
No. Sentiste las ganas de tener sexo con él y la única forma en que podías no tener sexo con él era evitarlo a través de decirle algo malo. Los hombres les hacen cosas malas a otros hombres porque quieren tener sexo con ellos.

Todo lo que no estás dispuesto a percibir, saber, ser y recibir de esto, ¿lo destruyes y descreas? Acertado - Equivocado, Bueno - Malo, POC y POD, Todos los 9, Cortos, Chicos y Más Allá.

Cuando estás siendo malo con otro hombre, pregunta: "¿Estoy eligiendo esto porque me gustaría tener sexo con este chico?" No es aceptable en esta realidad el tener sexo con otros hombres, ¿no es así? No. No si eres heterosexual. Así que, ¿por qué tienes que ser heterosexual?

Participante:
Esa es la norma para pertenecer.

Gary:
Todo lo que estás haciendo para hacer eso tu realidad en lugar de tener elección, ¿lo destruyes y descreas? Acertado -

Equivocado, Bueno - Malo, POC y POD, Todos los 9, Cortos, Chicos y Más Allá.

Por cierto, no estoy tratando de hacer que tengan sexo con hombres. Por favor, sépanlo. Un chico *gay* no se enoja con los hombres, se pone sexual con ellos. Ustedes se enojan con los hombres.

Mira hacia atrás todos esos lugares donde te enojaste con los hombres con los que realmente querías tener sexo.

¿Estás dispuesto a destruir y descrear todo lo que no te permita percibir, saber, ser y recibir que hubieras obtenido una respuesta diferente si hubieras estado dispuesto a tener sexo? Acertado - Equivocado, Bueno - Malo, POC y POD, Todos los 9, Cortos, Chicos y Más Allá.

No estoy abogando por que tengan sexo con hombres. Estoy tratando de darles la libertad para que vean lo que realmente es, para que sepan cuáles son sus elecciones. El hecho de que estés dispuesto a tener sexo con un hombre significa que estás dispuestos a tener a alguien en tu vida que estaría dispuesto a tener sexo contigo.

Participante:
¿Es esa una gran parte del recibir de otros hombres? ¿No la parte de copulación, sino la de recibir?

Gary:
Sí. Tienes que recibir cuando otros hombres te encuentran sexual al igual que cuando tú te encuentras a ti sexual.

No es que necesites tener sexo con hombres. Lo que necesitas tener es la consciencia de que eres tan sexual que creas en todos a tu alrededor la disposición a tener sexo.

Todo lo que esto sea, multiplicado por un dioszillón, ¿lo destruyes y descreas? Acertado - Equivocado, Bueno - Malo, POC y POD, Todos los 9, Cortos, Chicos y Más Allás.

TRATANDO DE ROBARSE LA MUJER DE OTROS HOMBRES

Participante:
Dijiste que los hombres humanoides no tratan de robarse la mujer de otros hombres.

Gary:
Sí.

Participante:
Yo pienso que soy humanoide; sin embargo, puedo ver que lo he hecho un par de veces. ¿Qué es eso?

Gary:
¿Realmente estabas tratando de robarles sus mujeres o las mujeres querían poner celosos a sus hombres?

Participante:
Eso último.

Gary:
Cuando estás consciente, tiendes a ver las cosas desde el punto de vista de: "¿Qué es lo que esta persona quiere?"
¿Cómo sería si estuvieras dispuesto a ver lo que sería posible con cada una de las personas en lugar de tratar de entregar lo que ellas quieren de ti?

Participante:

Y elegir lo que funciona para mí.

Gary:

Sí, el tema es que eres tan psíquicamente consciente que cuando vas a robarte la mujer de otro hombre, es porque esa mujer quiere poner celoso a su hombre. Una noche, Dain estaba con una mujer y yo estaba pensando: "Estoy tan celoso. No puedo creer que esté teniendo sexo con esa mujer". Yo dije: "¿Qué? ¡Espera un minuto! En las mejores circunstancias, ese no podría ser mi punto de vista. ¿Qué es esto?"

Me di cuenta de que era lo que ella pensaba. Ella quería a alguien celoso en su universo. La mañana siguiente, le pregunté a Dain:

"¿Qué pasó anoche? ¿Qué estaba sucediendo?" Él respondió: "Bueno, ella pasó la noche en casa porque estaba demasiado borracha para manejar, pero le habló a su novio y le dijo: 'No te preocupes, no haré nada,' y luego no estaba dispuesta a dormir conmigo. Se durmió en el piso. Yo no entiendo nada a esta mujer. Dijo que quería tener sexo conmigo y después no quiso".

Yo pregunté: "¿Piensas que ella podría estar encontrando maneras para hacer que su novio se sienta celoso, por medio de ir contigo y ponerse tan borracha que no pueda manejar a casa?"

Dain respondió: "¡Sí!"

Una vez que eso se reveló, me di cuenta de que los celos de los que yo estaba consciente, era de lo cual Dain no estaba dispuesto a estar consciente. La mujer estaba tratando de poner celoso a su novio. Ella pretendía que estaba yendo a la habitación de Dain para dormir con él, pero lo que ella estaba haciendo era poner a su novio celoso para que él tuviera una crisis. Si no estás dispuesto a ver desde dónde está funcionando la gente, serás el efecto de su locura.

Todos lo que has hecho para hacerte el efecto de la locura de otras personas en lugar de tener la consciencia de cuándo están siendo locos, ¿lo destruyes y descreas? Acertado - Equivocado, Bueno - Malo, POC y POD, Todos los 9, Cortos, Chicos y Más Allás.

He sabido de esta mierda por siempre. ¿Por qué los otros no?

Participante:
Porque eres raro.

Gary:
Sí, lo sé. Es porque soy raro.

IMPUESTO

¿Alguno de ustedes alguna vez ha tenido sexo con alguien y luego sintió que tenía que hacer algo por ellos para compensarlos?

Participante:
Sí.

Gary:
Esa es una forma de impuesto. Es un impuesto —no una elección, no una posibilidad, y no una creación y generación.

¿Alguna vez le han dado oral a alguien y luego pensado que ellas te lo tenían que mamar a ti?

Participante:
Sí.

Gary:
¿O viceversa?

Participante:
¿Ese también es un impuesto?

Gary:
Sí. "Hay un impuesto que tengo que pagar por lo que obtuve". El impuesto son todos esos pedazos y partes que tienes que pagar, independientemente de qué más ocurra. ¿Eso suena divertido?

Participante:
No. Ya superé eso.

Gary:
Genial. Todo bien, la siguiente pregunta.

UNA REALIDAD SEXUAL MÁS ALLÁ DE ESTA REALIDAD

Participante:
A través de estas llamadas, he notado que la tendencia general en los hombres es preguntar: "¿Cómo puedo obtener mejor y más sexo?" ¿Es eso realmente por lo que están aquí?

Gary:
Bueno, eso no es por lo que estamos aquí, pero es parte de lo que es bueno sobre estar aquí.

Participante:
Desde mi punto de vista, mi dama es muy sexy y la adoro, pero seguramente hay más que sólo mojar mi pene. Desde mi punto de vista, ¿qué hay más allá de esto que todavía no hemos considerado? ¿Qué tomaría para tener eso?

Gary:
¿Qué actualización física de una realidad sexual totalmente más allá de esta realidad estás ahora dispuesto a crear, generar e instituir? Todo lo que esto sea, multiplicado por un dioszillón, ¿lo destruyes y descreas? Acertado - Equivocado, Bueno - Malo, POC y POD, Todos los 9, Cortos, Chicos y Más Allá.

TODO ES UN JUICIO DE RECIBIR

Participante:
En las otras llamadas, ha habido mucha plática sobre mujeres y sexo. ¿Estamos hablando de eso porque todo está tan interconectado con partes de nuestras vidas, y es una forma de...

Gary:
Desafortunadamente, pasamos mucho tiempo tratando de determinar si debemos tener sexo o no debemos tener sexo, si es apropiado tener sexo o no es apropiado tener sexo, si obtendremos más si tenemos sexo o no tendremos más si no tenemos sexo. ¿Algo de eso son juicios o todo es juicio?

Participante:
¿Todo se trata de juicios, y eso tiene una correlación con todos los juicios que tenemos en todas esas áreas y en otras partes de nuestras vidas también?

Gary:
Todo es un juicio de recibir. Recuerda, el sexo es acerca de recibir.

Participante:
Lo sé, lo sé.

Gary:
Digamos que vas a tener sexo con una mujer. ¿Qué estás dispuesto a recibir de ella? ¿Cualquier cosa o nada? Nada.

Participante:
Nada es lo que viene a mí.

Gary:
Que es la razón por la que estás tratando de tener sexo con ella, para poder darle todo lo que no te gusta de ti.
 Todo lo que esto sea, multiplicado por un dioszillón, ¿lo destruyes y descreas? Acertado - Equivocado, Bueno - Malo, POC y POD, Todos los 9, Cortos, Chicos y Más Allás.

Participante:
¿Hay algo que decir con respecto a la situación opuesta, cuando tienes más que dar que lo que la otra persona puede recibir?

Gary:

Aún sigues en el cálculo de lo que puedes dar, no de lo que puedes recibir. Si estuvieras dispuesto a ver a alguien que estuviera dispuesto a recibir todo lo que eres, ¿estarías atrapado por eso?

Participante:

Obtuve un *sí* para eso.

Gary:

Ese es el problema. Cuando tienes a alguien que puede recibir todo lo que eres, sientes que de alguna manera vas a ser atrapado. ¿Eso es una verdad o es una mentira, o es la locura que sigues tratando de hacer real cuando realmente no lo es?

Participante:

¡Ah, mierda!

Gary:

Todo lo que esto sea, multiplicado por un dioszillón, ¿lo destruyes y descreas? Acertado - Equivocado, Bueno - Malo, POC y POD, Todos los 9, Cortos, Chicos y Más Allá.

Estás más interesado en renunciar a la elección que en no renunciar a ella.

¿Qué creación de la vida, el vivir y la copulación estás usando para esclavizarte a la anticonsciencia y a la inconsciencia que estás eligiendo? Todo lo que esto sea, multiplicado por un dioszillón, ¿lo destruyes y descreas? Acertado - Equivocado, Bueno - Malo, POC y POD, Todos los 9, Cortos, Chicos y Más Allá.

Por favor capten que la mayoría de ustedes se han esclavizado a esta realidad. No han estado dispuestos a ver cuáles son sus elecciones. Están más interesados en qué elecciones no tienen. No es la mejor elección.

Participante:
He estado saliendo con una mujer hermosa y algunas veces ha sido realmente diferente. Ha sido muy fácil. El sexo es sorprendente y también la manera en que me conecto con ella. Es sólo espacio. ¿Qué es eso? ¿Será que no la estoy recibiendo?

Gary:
No, eso de hecho es recibir.

Participante:
Es tan diferente que casi no sé qué hacer con ello. No estoy acostumbrado.

Gary:
Sí, nunca habías elegido a una mujer que realmente pudiera recibir de ti, ¿o sí?

Participante:
No, no lo había elegido.

Gary:
¿Y alguna vez has elegido a una mujer a quien realmente le importas?

Participante:
No.

Gary:

¿Por qué? ¿Por qué elegirías mujeres a quienes no les importas? ¿Es para que de hecho no tengan que importarte?

Participante:

Sí.

Gary:

Todo lo que has hecho para elegir mujeres que te tienen sin cuidado, ¿lo destruyes y descreas? Acertado - Equivocado, Bueno - Malo, POC y POD, Todos los 9, Cortos, Chicos y Más Allás.

Por suerte, tú eres el único que hace eso.

Participante:

Sí, seguro.

Gary:

¿Por qué eliges mujeres que te tienen sin cuidado con el fin de elegir a alguien que sí te importe?

Participante:

Esa es una buena pregunta. ¿es para controlarme para no ser más grandioso?

Gary:

¿Es para controlarte? ¿O esa es la forma en que garantizas que nunca vas a elegir ser la grandeza de ti?

Participante:

La segunda.

Gary:
Todo lo que esto sea, multiplicado por un dioszillón, ¿lo destruyes y descreas? Acertado - Equivocado, Bueno - Malo, POC y POD, Todos los 9, Cortos, Chicos y Más Allás.

Participante:
Gracias, Gary. Estas llamadas mueven mi mundo. Estoy tan agradecido por ellas.

Gary:
Me da mucho gusto. Aun cuando seis u ocho de ustedes empiecen a elegir su grandeza, ustedes podrían cambiar el mundo, y realmente me gustaría ver lo que sucede aquí cuando el sexo y las relaciones sean diferentes.

Participante:
¡Cambiemos el mundo!

¿QUÉ TIPO DE FUTURO ESTÁ TRATANDO DE CREAR ELLA?

Gary:
Sí. Originalmente, el trabajo de las mujeres era estar dispuestas a y ser capaces de crear un futuro, porque las mujeres están más dispuestas a verlo que la mayoría de los hombres. Esto no significa que sean mejores. Sólo significa que están dispuestas.

Participante:

¿Es también porque las mujeres son más propensas a salir y conquistar el mundo, y los hombres son más propensos a quedarse en el mismo lugar?

Gary:

La mayoría de los hombres humanoides prefieren tener una vida cómoda y tener un nido para sus hijos, que salir al mundo y conquistarlo.

Las mujeres quieren crear un futuro. La farsa que se les ha impuesto a las mujeres es hacerles creer que su deseo por el futuro trata sobre los hijos, lo cual no es realmente así. Ellas no están haciendo lo que están haciendo por los hijos. Están haciendo lo que están haciendo porque creará una posibilidad diferente.

Todo lo que esto sea, multiplicado por un dioszillón, ¿lo destruyes y descreas? Acertado - Equivocado, Bueno - Malo, POC y POD, Todos los 9, Cortos, Chicos y Más Allás.

Cuando ustedes están con una mujer, chicos, tienen que observar: "¿Qué tipo de futuro está tratando de crear ella aquí?" Si ella está intentando crear un futuro que trata acerca de tener hijos, está comprando esta realidad. ¿Es esa la realidad desde la que quieren vivir? Si captan que ella está tratando de crear bebés, ¿van a tener el mismo tipo de relación con ella que tendrían si no estuviera tratando eso?

Participante:

No.

Gary:

Si empiezas a ver el futuro que ella está tratando de crear, nunca más comprarás lo errado de ti. Cuando una mujer está dispuesta a crear un futuro que te incluye a ti, no hará lo errado de ti más real que la elección que haces.

¿Qué crearías si supieras qué futuro está tratando de crear ella? Si ella está tratando de crear un futuro más grandioso de lo que estás dispuesto a tener, ¿puedes estar con ella?

Participante:

Yo obtuve un *no* a eso.

Gary:

Sí. Es un *no*. Tienes que estar dispuesto a crear el futuro que ella está dispuesta a tener. ¿Qué tan grandioso es el futuro que ella está dispuesta a tener? Si estás dispuesto a saber eso, puedes crear cualquier cosa con ella. Puedes crear una relación. Digamos que tuvieras una mujer que desea salir y conquistar el mundo y tú estás perfectamente feliz estando en casa, sin hacer mucho. Si ese fuera el caso, ¿podría la mujer quedarse contigo?

Participante:

No.

Participante:

Si ese es el caso, ¿entonces qué?

Gary:

Entonces tienes que preguntar: "¿Podemos crear algo bueno?"

Participante:
Sí.

Gary:
La única forma en que puedes crear una relación es si el futuro que ella desea y tu capacidad de ir allá son equivalentes. Si ves las relaciones que no ha funcionado para ti en el pasado, ¿tenía la mujer un deseo de un futuro que tú no deseabas?

Participante:
Sí.

Gary:
Esa es la razón por la que esas relaciones no funcionaron. Todo lo que esto sea, multiplicado por un dioszillón, ¿lo destruyes y descreas? Acertado - Equivocado, Bueno - Malo, POC y POD, Todos los 9, Cortos, Chicos y Más Allás.

Participante:
Eso explica por qué huyo, por qué me retiro y por qué elijo ya no salir más con mujeres. Es porque era consciente del futuro. Yo estaba consciente de ello, pero no estaba dispuesto a verlo y me hice equivocado por ello.

Gary:
Si la mujer tiene un futuro en el cual tienes que ser su seguidor, ¿serás bueno para eso?

Participante:
No.

Gary:
No. No eres un seguidor. ¿Estás dispuesto a ser un líder?

Participante:
Sí, lo estoy.

Gary:
¿O estás tratando de evitar ser el líder que puedes ser?

Participante:
Sí, lo estoy.

Gary:
Todo lo que esto sea, multiplicado por un dioszillón, ¿lo destruyes y descreas? Acertado - Equivocado, Bueno - Malo, POC y POD, Todos los 9, Cortos, Chicos y Más Allá.

Por favor sabe que no estoy tratando de juzgarte como errado. Quiero que veas lo que no ha estado funcionando en tu vida para que puedas crear algo más grandioso. Es muy real para mí el hecho de que todos ustedes tienen la capacidad para crear algo que otras personas no tienen capacidad para crear, pero se involucran demasiado con las mujeres en sus vidas. Siguen pensando que ellas van a elegir algo que va a hacer que todo funcione más fácilmente. ¿Es eso realmente posible?

Participante:
No.

SALIÉNDOSE DE SER IMPARABLES

Participante:
Hoy contacté a mi padre. No había hablado con él durante trece años.

Gary:
¿De qué estabas consciente con tu padre, de lo cual no querías estar consciente, que te mantenía sin hablar con él?

Participante:
Él me extrañaba.

Gary:
Eso es lindo, pero no era de lo que estabas consciente.

Participante:
Creo que también está enfermo.

Gary:
Eso no es de lo que estabas consciente. ¿Era tu padre tan sexual como eras tú? ¿O él era más sexual?

Participante:
Más.

Gary:
¿A tu mamá le gustaba eso u odiaba eso?

Participante:
Ella odiaba eso.

Gary:
¿Te gustaba o lo odiabas?

Participante:
Me gustaba.

Gary:
Así que, ¿quisiste crecer para ser como tu padre, pero también te resistías a ello?

Participante:
Sí.

Gary:
Todo lo que esto sea, multiplicado por un dioszillón, ¿lo destruyes y descreas? Acertado - Equivocado, Bueno - Malo, POC y POD, Todos los 9, Cortos, Chicos y Más Allás.

Participante:
Todo está interrelacionado desde que nací, mi madre me ha resistido a mí y a él lo ha rechazado.

Gary:
¿Estabas dispuesto a bajar tu energía sexual para ajustarte a las necesidades de tu madre?

Participante:
Absolutamente.

Gary:
¿Cuánto de tu energía sexual has disminuido para ajustarte a las necesidades de otra persona? ¿Mucho, poco o megatoneladas?

Participante:
Lo último.

Gary:
Todo lo que esto sea, multiplicado por un dioszillón, ¿lo destruyes y descreas? Acertado - Equivocado, Bueno - Malo, POC y POD, Todos los 9, Cortos, Chicos y Más Allá.

¿Cuántos de ustedes han bajado de tono su energía sexual para igualar algo que fuera aceptable para sus madres o no aceptable para sus padres, o demasiado (como sus padres para ser aceptados por sus madres)?

Todo lo que esto sea, multiplicado por un dioszillón, ¿lo destruyes y descreas? Acertado - Equivocado, Bueno - Malo, POC y POD, Todos los 9, Cortos, Chicos y Más Allá.

Sólo porque fuiste capaz de ser tan sexual como lo fue tu padre, o tan sexual como tu madre, o tan sexual como eran ellos juntos —eso es. No estás dispuesto a ser tan sexual como lo eran juntos porque asumes que eso fue lo que te hizo. Lo siento. Eso no fue lo que te hizo. Los uniste para ser el cuerpo que querías. Eso no te hizo a ti, el ser. Tú ya eras tú, el ser.

Todo lo que esto sea, multiplicado por un dioszillón, ¿lo destruyes y descreas? Acertado - Equivocado, Bueno - Malo, POC y POD, Todos los 9, Cortos, Chicos y Más Allá.

Resistes toda la energía sexual de tu propia vida con el fin de no ser tan sexual como tu padre y tu madre lo eran juntos, con el fin de no crear a alguien como tú. Eso es grandioso, y por supuesto eso no requiere ningún juicio de tu parte, ¿cierto?

Participante:
Oh, Dios mío.

Gary:

Todo lo que esto sea, multiplicado por un dioszillón, ¿lo destruyes y descreas? Acertado - Equivocado, Bueno - Malo, POC y POD, Todos los 9, Cortos, Chicos y Más Allás.

Es sorprendente que ustedes, chicos, puedan caminar, hablar y mascar chicle, ya no digamos tener una erección.

Participante:

Eso también explica la razón por la cual estoy buscando otras cosas que juzgar, arreglar o tapar.

Gary:

¿Por qué será que no captas que eres sorprendente? ¿Por qué para ti ver qué tan sorprendente eres es tan insoportable, indescifrable e inapropiado?

¿Cuántos de ustedes se sienten inapropiados porque estaban preocupados de que serían tan sexuales como su padre y su madre lo fueron juntos, que fue lo que crearon en ellos con el fin de crear sus cuerpos? ¿No estarían dispuestos a crear a alguien tan grandioso como ustedes y darle un cuerpo equivalente al que ustedes tienen? Eso sería un sí.

Todo lo que esto sea, multiplicado por un dioszillón, ¿lo destruyes y descreas? Acertado - Equivocado, Bueno - Malo, POC y POD, Todos los 9, Cortos, Chicos y Más Allás.

Participante:

Eso invalidaría a todos los demás.

Gary:

¿Eso invalidaría a todos los demás o inspiraría a todos los demás?

Participante:
Sí, inspiraría.

Gary:
¿Cuántos de ustedes se están rehusando a inspirar a otros dinámicamente para poder transpirarse a ustedes mismos fuera de la existencia? Todo lo que esto sea, multiplicado por un dioszillón, ¿lo destruyes y descreas? Acertado - Equivocado, Bueno - Malo, POC y POD, Todos los 9, Cortos, Chicos y Más Allá.

Participante:
Es donde ponemos todas esas invenciones y estándares y todo lo demás que podamos inventar para meternos en una caja.

Gary:
Bueno, ¿y algo de eso es realmente tuyo?

Participante:
No.

Gary:
¿Qué creación de tu sexualidad estás rechazando, que verdaderamente podrías estar eligiendo, que si la eligieras, crearía un universo totalmente diferente para ti?

Todo lo que esto sea, multiplicado por un dioszillón, ¿lo destruyes y descreas? Acertado - Equivocado, Bueno - Malo, POC y POD, Todos los 9, Cortos, Chicos y Más Allá.

Participante:
Oh, Dios mío. ¿Estás bromeando?

Gary:

¿Qué creación de tu sexualidad estás rechazando, que si no la rechazaras, te permitiría de hecho ser todo lo que eres? Todo lo que esto sea, multiplicado por un dioszillón, ¿lo destruyes y descreas? Acertado - Equivocado, Bueno - Malo, POC y POD, Todos los 9, Cortos, Chicos y Más Allá.

Chicos, ustedes están haciendo muchísimo para rechazar su propia energía sexual.

¿Qué energía sexual de ti estás rechazando para crear las limitaciones que estás eligiendo?

Todo lo que esto sea, multiplicado por un dioszillón, ¿lo destruyes y descreas? Acertado - Equivocado, Bueno - Malo, POC y POD, Todos los 9, Cortos, Chicos y Más Allá.

Participante:

Yo siempre he negado mi energía sexual.

Gary:

¿Por qué? ¿Porque nadie podía recibirla? ¿O porque si la fueras, tendrías que ser algo que tú piensas que no serías capaz de ser?

Participante:

Oh, mierda.

Participante:

Cuando te escucho hablar sobre esto, la palabra que me surge es inconmensurable. Es inconmensurable entrar en tanta *sexualness*.

Gary:

¿Te refieres a salirse de ser imparable?

Participante:

Sí.

Gary:

Todo lo que esto sea, multiplicado por un dioszillón, ¿lo destruyes y descreas? Acertado- Equivocado, Bueno - Malo, POC y POD, Todos los 9, Cortos, Chicos y Más Allás.

Participante:

Yo llegué al punto donde mi cuerpo no estaba dispuesto a permitirme hacerlo. Tuve un ataque de urticaria.

Gary:

¿Era tu cuerpo que realmente no estaba dispuesto a permitirte que hicieras eso? ¿O era que sabías que tu cuerpo tendría que cambiar si tú estabas dispuesto a serlo? ¿Y sabía tu cuerpo que si eras capaz de elegirlo, tendría que cambiar?

Participante:

Sí.

Gary:

Todo lo que esto sea, multiplicado por un dioszillón, ¿lo destruyes y descreas? Acertado - Equivocado, Bueno - Malo, POC y POD, Todos los 9, Cortos, Chicos y Más Allás.

Gary:

Te estaba diciendo: "Ok, este es un disparo de advertencia. Si continúas por este camino, vas a cambiar muchísimo más".

Participante:

Eso es interesante, porque la urticaria siempre se muestra cuando estoy a punto de cambiar hacia algo más. Entonces me juzgo a mí mismo como errado. Me voy hacia: "¿Qué estoy haciendo mal? Debo estar haciendo algo mal".

Gary:

Así que, ¿te gusta juzgarte como errado?

Participante:

Bueno, soy muy bueno en ello.

Gary:

Si lo estás haciendo, la respuesta es sí. Y obviamente estás destruyendo tu vida.

Participante:

Sí. Lo sé. Cada vez que voy hacia el lugar de lo errado, definitivamente no está creando nada.

Gary:

Eso es porque tú realmente no quisieras crear nada, ¿cierto?

Participante:

Fue interesante para mí estar solo en casa, mientras mi pareja se fue por un par de semanas. Reconocí la energía de destrucción cuando surgió.

LA ENERGÍA DE LIMITACIÓN

Gary:

¿Es realmente energía de destrucción o es la energía de la limitación?

Participante:

Correcto. Esa.

Gary:

¿Por qué es más importante para ti la limitación que la posibilidad?

Participante:

Bueno…

Gary:

¿Tendrías que ir más allá de los límites de lo que has decidido que es la realidad que estás dispuesto a tener?

Participante:

Sí.

Gary:

¿Estás dispuesto a hacer eso?

Participante:

Obtengo un *no*.

Gary:

¿Por qué no estarías dispuesto a ir más allá de las limitaciones de lo que estás dispuesto a tener? ¿Estás dispuesto a vivir dentro de las limitaciones con las que actualmente estás familiarizado? ¿O estás dispuesto a ir más allá de aquello con lo que esa energía puede coexistir?

Participante:
Estoy dispuesto a ir más allá.

Gary:
Esa es la demanda de ti mismo que tienes que hacer: bien, no importa lo que tome, voy a ir más allá de cualquier limitación aquí. No voy a vivir mi vida desde este punto de vista limitado. No funciona para mí. Y no me importa a quién le funcione, no funciona para mí

Participante:
Sí.

Gary:
¿Qué tal que nunca se trató de lo que funciona para alguien más? ¿Qué tal que fuera sobre lo que funciona para *ti*?

Participante:
Sí. Me gusta eso.

Gary:
¿Cuánto de tu vida has hecho lo que funciona para la mujer, porque eso es más fácil de lo que funciona para ti?

Participante:
Todo.

Gary:
Ahí es donde te has ido a ser un hombre en lugar de ser un caballero.

Participante:
Exactamente.

Participante:
Gary, ¿qué piensas del siguiente proceso que he creado? ¿Puede ser mejorado de alguna manera? En tu consciencia, ¿es efectivo?

¿Qué energía, espacio y consciencia podemos ser mi cuerpo y yo para recibir las energías femeninas sexuales y nutritivas que son vibratoriamente compatibles para mí?

Gary:
Bueno, diría que solamente hay una limitación en él.

¿Qué energía, espacio y consciencia podemos mi cuerpo y yo ser para recibir la energía sexual y nutritiva, que es vibratoriamente compatible para mí y mi cuerpo en totalidad?

No tienen que ser sólo las energías femeninas que pueden ser sexualmente nutritivas para ti. ¿Qué tal que también hay energías masculinas que te pueden contribuir de formas dinámicas? ¿Estarías dispuesto a recibir eso? Hay algunos hombres que, por ser sus amigos, les pueden dar más de lo que una mujer puede. Si lo haces acerca de la energía femenina, estás definiendo las limitaciones de lo que estás dispuesto a tener como una realidad.

¿Y realmente hay una energía *femenina*? ¿O es la energía de la gente que ha elegido un cuerpo femenino? Esa es la única diferencia que haría en este proceso.

Participante:

Gracias por estas llamadas, Gary. Son impresionantes.

Participante:

Gracias, gracias, gracias.

Gary:

Gracias, caballeros, por estar en estas llamadas. Espero que cambien el futuro de alguna manera para que haya más libertad para hombres y mujeres.

Participante:

Gracias, Gary. Eres maravilloso.

Gary:

Gracias por ser los sorprendentes hombres que son.

9
¿Qué es lo que quieres realmente en una relación?

Si tienes una relación, debería ser algo que sume a tu vida y la haga más grandiosa, mejor y más divertida. Si la relación no hace eso, ¿por qué estar en una?

Gary:
Hola, caballeros. Empecemos con una pregunta.

LA PERFECCIÓN DE LAS MUJERES

Participante:
En la última llamada, dijiste que un caballero está dispuesto a reconocer lo que la mujer necesita y requiere, y está dispuesto a entregar eso. Me he estado preguntando: "¿Cuál es el valor de eso?" No parece hacerle ningún bien al hombre. Mi exnovia usaba este asunto de los caballeros en contra mía. Ella decía cosas como: "Deberías hacer eso o no eres un caballero", y desde su punto de vista, no ser un caballero era algo incorrecto.

Gary:
No. Desde tu punto de vista era algo incorrecto; esa es la razón por la que estabas dispuesto a que ella te dijera: "Necesitas hacer esto" y lo hacías. Las mujeres te usarán para obtener lo que quieren.

Si una mujer dice: "Si tú eres un caballero, harás esto", significa que quiere controlarte. ¿Estás dispuesto a ser controlado? Sí, hasta cierto punto, pero no totalmente. Recientemente nos surgió un nuevo proceso que está muy bueno, lo voy a ejecutar para todos ustedes:

¿Qué bastardización de la perfección de las mujeres estás usando para crear los juicios, las limitaciones y las invitaciones a los demonios, las sirenas y las sílfides de anticonsciencia e inconsciencia, estás eligiendo? Todo lo que esto sea, multiplicado por un dioszillón, ¿lo destruyes y descreas? Acertado - Equivocado, Bueno - Malo, POC y POD, Todos los 9, Cortos, Chicos y Más Allá.

Hay una perfección en las mujeres, pero no es acerca de las cosas que pensamos que las hacen perfectas. Lo que hace a las mujeres mejores que los hombres es el hecho de que ellas no tienen que llegar a una conclusión. Ellas no tienen que arreglar nada. Ellas pueden elegir más de lo que los hombres lo hacen. Parte de la perfección de la mujer, es que ella puede cambiar de opinión (y los hombres tienen que aceptarla). Tienes que ser capaz de ver esto o, de lo contrario, serás miserable.

Cuando creas a las mujeres como perfectas, invitas a demonios, sirenas y sílfides. Las *sirenas* son mujeres que llamarán a los hombres hacia su muerte. Las *sílfides* son seres fantasmales que se cuelan dentro y fuera de la vida, pero realmente nunca se vuelven parte de ella. Nos bloqueamos de estar conscientes de lo que una mujer va a requerir y desear de nosotros, y luego tratamos de controlar los deseos y requerimientos que ella dice que tiene. Los deseos y requerimientos que *ella dice que tiene* y aquellos que *realmente tiene* son dos cosas diferentes.

¿Qué bastardización de la perfección de las mujeres estás usando para crear los juicios, las limitaciones y las invitaciones a los demonios, las sirenas y las sílfides de anticonsciencia e inconsciencia, estás eligiendo? Todo lo que esto sea, multiplicado por un dioszillón, ¿lo destruyes y descreas? Acertado - Equivocado, Bueno - Malo, POC y POD, Todos los 9, Cortos, Chicos y Más Allás.

Bueno, vámonos a la siguiente pregunta.

Participante:

Como caballero, ¿cómo lidiar con las perras ultrademandantes?

Gary:

¡Las llamas perras ultrademandantes! Una mujer que es verdaderamente una mujer peleará por la creación de un futuro que no ha existido en el planeta Tierra. Eso es lo que una verdadera mujer hará. No tratará de hacer que le cumplas todos sus deseos, todas sus esperanzas y todos sus requerimientos. Has comprado demasiado de las comedias románticas y películas para mujeres que tuviste que ver. Como caballero, ¿cómo lidias con las perras ultrademandantes? Las llamas perras ultrademandantes.

PORNOGRAFÍA

Participante:
¿Puedes hacer algunos procesos sobre pornografía? Aun cuando sé que no es real y que lo que sea que estén haciendo no es nutritivo para los cuerpos, encuentro que lo que me enciende de la pornografía es más excitante que la vida real.

Gary:
Sí, ¿y eso sería una sorpresa con base en qué? Si estás funcionando desde la ilusión de la pornografía, no tienes que incluir a nadie más en tu mundo, no tienes que tener a una persona real en tu vida.

Participante:
Generalmente, encuentro que las chicas en la pornografía son más bonitas y hay más variedad. Me gustaría liberar eso para estar más presente con las chicas en la vida real.

Gary:
Bueno, no necesitas tener eso si no lo prefieres. Si prefieres tener mujeres en tu vida que sean más como las mujeres en la pornografía, tienes que estar dispuesto a elegir ese tipo de mujer. Suena a que has tratado de hacer que las chicas buenas no sean buenas, y eliges chicas que son bonitas, pero no tan bonitas, para que no te dejen. Al mismo tiempo, no estás dispuesto a tener a las putas y las prostitutas que te darían todo lo que sexualmente quieres.

Todo lo que esto sea, multiplicado por un dioszillón, ¿lo destruyes y descreas? Acertado - Equivocado, Bueno - Malo, POC y POD, Todos los 9, Cortos, Chicos y Más Allá.

LOS HECHIZOS QUE CREAMOS

Dain y yo hicimos un programa de radio esta noche en el que hablamos sobre los hechizos que creamos. La forma en que creamos hechizos en nuestras vidas es repitiendo algo una y otra vez como si fuera real. Lanzas tu propio hechizo en las cosas. "Yo quiero una chica así" es un hechizo que estás lanzando. No puedes tener una chica que se vea como una estrella porno, a menos que vayas al lugar donde hacen las películas porno y encuentres a una chica que es una estrella porno. Y asumes cosas sobre ella que no tienen nada que ver con la realidad.

¿Cuántos hechizos estás usando para crear la necesidad y el amor al porno estás eligiendo? Todo lo que esto sea, multiplicado por un dioszillón, ¿lo destruyes y descreas? Acertado - Equivocado, Bueno - Malo, POC y POD, Todos los 9, Cortos, Chicos y Más Allás.

Cada vez que dices: "Mi pene es muy pequeño", lanzas un hechizo para que nunca sea visto como más grande. Y jamás lo puedas hacer más grande.

Participante:

Y la perfección de la mujer sería también un hechizo, ¿verdad?

Gary:

Sí, has tratado de ver a la mujer como perfecta durante toda tu vida. Las has visto como más grandiosas que tú o proveyendo más que tú, o alguna otra cosa.

Un hechizo ocurre cuando tomas un punto de vista fijo que crea un patrón sostenido en el cuerpo. Encima del punto de vista fijo que tienes de tu cuerpo, también hay un lugar donde dices ciertas cosas repetidamente. Creas un hechizo cada vez que dices: "No puedo" o "No lo haré" o "No" o "Mi vida apesta" o "Estás equivocado" y cualquiera de ese tipo de cosas.

¿Cuántas veces una mujer te ha dicho que estás equivocado? Estaban lanzando un hechizo en ti.

Todos los hechizos que te han lanzado las mujeres para mostrarte que estás equivocado, que no lo estás haciendo bien, y que necesitas ser diferente para ellas, ¿lo destruyes y descreas todo? Acertado - Equivocado, Bueno - Malo, POC y POD, Todos los 9, Cortos, Chicos y Más Allá.

No necesitas ser diferente para una mujer. Necesitas ser lo que funcione para ti.

Participante:

¿Es eso lo que he estado haciendo? ¿Tratando de verme a través de los ojos de las mujeres?

Gary:

Sí. ¿Te han lanzado un hechizo para que sólo puedas ser visto a través de los ojos de las mujeres?

Participante:

Sí.

Gary:

Todo lo que has hecho para sólo ser visible a través de los ojos de las mujeres, y por supuesto, ¿qué tan seguido una mujer te permite entrar en su vida y verte a través de sus ojos? Nunca. Todo lo que esto sea, multiplicado por un dioszillón,

¿lo destruyes y descreas? Acertado - Equivocado, Bueno - Malo, POC y POD, Todos los 9, Cortos, Chicos y Más Allá.

Participante:
Yo estuve en la clase en la que usaste ese proceso por primera vez, y percibí cómo la energía cambió en todo el grupo después de este proceso, tanto para las mujeres como para los hombres. Suena a que el proceso es para los hombres, pero parece como que aligeró el universo de las mujeres casi tanto como el de los hombres. ¿Puedes hablar más de eso?

Gary:
Si les están proyectando a las mujeres que son perfectas, ese es el hechizo que les están lanzando a ellas, por lo que tienen que estar en juicio de ellas mismas para tratar de hacerse a sí mismas perfectas.

Participante:
Gracias.

Gary:
De nada. Cuando estás tratando de hacer a las mujeres perfectas o estás tratando de ser perfecto para las mujeres, no tienes libertad de elegir.

¿Qué bastardización de la perfección de las mujeres estás usando para crear los juicios, las limitaciones y las invitaciones a los demonios, las sirenas y las sílfides de anticonsciencia e inconsciencia, estás eligiendo? Todo lo que esto sea, multiplicado por un dioszillón, ¿lo destruyes y descreas? Acertado - Equivocado, Bueno- Malo, POC y POD, Todos los 9, Cortos, Chicos y Más Allá.

Si siempre estás proyectando: "Esta mujer va a ser perfecta para mí", estás lanzando un hechizo sobre ella para que sea perfecta para ti. Las proyecciones son la forma en que se lanzan los hechizos. ¿Eso le da libertad para ser ella? ¿Te da libertad para ser tú?

¿Cuántos hechizos estás usando para crear la trampa que estás eligiendo? Todo lo que esto sea, multiplicado por un dioszillón, ¿lo destruyes y descreas? Acertado - Equivocado, Bueno - Malo, POC y POD, Todos los 9, Cortos, Chicos y Más Allás.

"NO PUEDO DEJAR DE PENSAR EN ELLA"

Participante:
Recientemente conocí a una mujer, y siento como que hay un hechizo sobre mí. No puedo dejar de pensar en ella. ¿Qué está sucediendo con eso?

Gary:
Bueno, ¿cuántos hechizos tienes que te mantienen embelesado con las mujeres? Todo lo que esto sea, multiplicado por un dioszillón, ¿lo destruyes y descreas? Acertado - Equivocado, Bueno - Malo, POC y POD, Todos los 9, Cortos, Chicos y Más Allás.

Y no tienes consciencia, así que nunca sabes cuando ella está pensando en ti, ¿cierto?

Participante:
Exactamente, lo cual es raro, porque ella ha cortado toda la comunicación, pero los jalones siguen ahí.

Gary:

¿Por qué cortó la comunicación?

Participante:

Me he estado masturbando mentalmente muchísimo con eso. Y no tengo una respuesta para ti.

Gary:

Sí, la tienes. ¿Qué es lo que no quieres saber de lo que ella eligió, que si supieras, te liberaría?

Participante:

Dijo que no quería salir lastimada.

Gary:

Sí, lo que significa que quiere lastimarte.

Participante:

Sí. Lo está haciendo ahora.

Gary:

Todo lo que esto sea, multiplicado por un dioszillón, ¿lo destruyes y descreas? Acertado - Equivocado, Bueno - Malo, POC y POD, Todos los 9, Cortos, Chicos y Más Allás.

Participante:

¿De qué se trata cuando las personas dicen que no quieren entrar en una relación porque tienen miedo de ser lastimadas? ¿Es un intento de control?

Gary:

Es sólo manipulación. Las mujeres tratan de controlar a los hombres. ¿Por qué? Porque ustedes son supuestamente los chicos que se irán y les harán algo. ¿Tienen proyecciones y expectativas sobre ti?

Participante:
Sí.

Gary:
¿Cuántas de esas proyecciones y expectativas están creando lo errado de ti?

Participante:
La mayoría.

Gary:
Todo lo que esto sea, multiplicado por un dioszillón, ¿lo destruyes y descreas? Acertado - Equivocado, Bueno - Malo, POC y POD, Todos los 9, Cortos, Chicos y Más Allás.

Participante:
¿Cómo puedo usar todo eso a mi favor? ¿Cómo puedo cambiarlo? ¿O puedo cambiarlo?

Gary:
¿Estás dispuesto a estar con alguien que está dispuesto a cortarte en pedacitos así?

Participante:
Esa es una buena pregunta. Quiero decir que no, pero luego, realmente, es un sí. Pero ¿por qué razón quiero estar con ella?

Gary:
No lo sé. Tal vez porque simplemente eres un maldito estúpido.

Participante:
Sí, ya capté eso. Totalmente, sí.

Gary:
¿Qué estupidez estás usando para crear las mujeres que estás eligiendo? Todo lo que esto sea, multiplicado por un dioszillón, ¿lo destruyes y descreas? Acertado - Equivocado, Bueno - Malo, POC y POD, Todos los 9, Cortos, Chicos y Más Allá.

"HE ESTADO PIDIENDO ESO"

Participante:
Donde me atoro es cada vez que mi cuerpo está con ella, es como wow. Es nutritivo y me siento querido. He estado pidiendo eso.

Gary:
¿Qué estupidez estás usando con las mujeres que estás eligiendo? Todo lo que esto sea, multiplicado por un dioszillón, ¿lo destruyes y descreas? Acertado - Equivocado, Bueno - Malo, POC y POD, Todos los 9, Cortos, Chicos y Más Allá.

¿Qué estupidez estás usando para crear las mujeres dañadas que estás eligiendo, donde las lastimas o ellas te lastiman? Todo lo que esto sea, multiplicado por un dioszillón, ¿lo destruyes y descreas? Acertado - Equivocado, Bueno - Malo, POC y POD, Todos los 9, Cortos, Chicos y Más Allá.

Así que, ¿el sexo era nutritivo y cariñoso?

Participante:
Sí, totalmente.

Gary:
¿Y has estado pidiendo eso?

Participante:
Sí, lo he hecho.

Gary:
¿Qué es lo que ella estaba pidiendo por eso, que no te dijo?

Participante:
Me quedé en blanco.

Gary:
Sí, lo sé. Eso es lo que haces para no tener que saber.

¿Cuánta energía estás usando para crear el quedarte en blanco que estás eligiendo? Todo lo que esto sea, multiplicado por un dioszillón, ¿lo destruyes y descreas? Acertado - Equivocado, Bueno - Malo, POC y POD, Todos los 9, Cortos, Chicos y Más Allá.

¿Qué es lo que ella está pidiendo de ti que no te está diciendo? ¿Qué es lo que tú sabías que ella quería?

Participante:
Ella quería a un chico que se hiciera cargo de ella y de su hijo.

¿TIENES SUFICIENTE DINERO PARA ELLA?

Gary:
Sí. ¿Tienes suficiente dinero para ella?

Participante:
No, no en estos diez segundos.

Gary:
Con razón se quiso deshacer de ti.

Todo lo que esto sea, multiplicado por un dioszillón, ¿lo destruyes y descreas? Acertado - Equivocado, Bueno - Malo, POC y POD, Todos los 9, Cortos, Chicos y Más Allás.

Caballeros, ustedes quieren llegar al punto donde tengan suficiente dinero, porque cuando tienen el dinero, tienen el poder. Una mujer siempre respetará que tengan dinero. Sería ampliamente recomendable que renuncien al hechizo y las maldiciones que tienen, que les impiden tener dinero.

Todos los hechizos y maldiciones que tienes que te impiden tener dinero, ¿los revocas, retractas, rescindes, reclamas, renuncias, denuncias, destruyes y descreas, y regresas todo al remitente? Acertado - Equivocado, Bueno - Malo, POC y POD, Todos los 9, Cortos, Chicos y Más Allás.

Participante:
Wow. Eso está abriendo un universo totalmente nuevo.

Gary:
¿Cuánto dinero tendrías que obtener para que las cosas vayan de la forma en que te gustaría que fueran? ¿Más de un millón o menos de un millón?

Participante:

Probablemente más de un millón.

Gary:

¿Cuánta energía has usado para nunca tener más de un millón y así nunca tener lo que realmente te gustaría tener?

Participante:

Toneladas.

Gary:

Todo lo que esto sea, multiplicado por un dioszillón, ¿lo destruyes y descreas? Acertado - Equivocado, Bueno - Malo, POC y POD, Todos los 9, Cortos, Chicos y Más Allás.

Participante:

Esta conversación no está yendo de la forma en que me gustaría que fuera.

Gary:

Bienvenido a ser hombre. Nunca va al lugar que quieres que vaya.

Participante:

Sí, estoy frustrado, molesto y enojado. Quiero que vaya de la forma en que quiero. ¿Qué es esa frustración cuando algo no va a tu manera? ¿Es simplemente estupidez ciega?

Gary:

Eres un pequeño niño petulante. Cuando hacías un berrinche con tu mamá, cuando eras un niño, ¿obtenías lo que querías?

Participante:
Sí.

Gary:
Sí, bueno, esta no es una relación con tu mamá.

Participante:
Entonces, ¿qué puedo hacer?

EL SEXO AMOROSO QUE TE GUSTARÍA TENER

Gary:
No se trata de que obtengas lo que quieres de una mujer. Es sobre lo que tienes que ser, hacer, tener, crear y generar para tener lo que te gustaría.

¿Qué tendrías que ser, hacer, tener, crear o generar para obtener el sexo amoroso y nutritivo que te gustaría tener? Todo lo que no permita que eso se muestre, multiplicado por un dioszillón, ¿lo destruyes y descreas? Acertado - Equivocado, Bueno - Malo, POC y POD, Todos los 9, Cortos, Chicos y Más Allá.

Participante:
Nunca antes te había escuchado decir "sexo amoroso".
¿Qué es eso?

Gary:
Nunca lo he dicho antes, porque para la mayoría de ustedes, la idea iba a ser tan extraña, que preferirían morirse en lugar de

elegirla. Para tener eso, tendrías que estar dispuesto a recibir totalmente.

Participante:

Cuando ejecutaste ese proceso, obtuve un montón de espacio. Fue: "Bien, ¿quién tendría que ser?" Es sólo yo. Puedo crear y elegir lo que sea que quiera con el fin de obtener lo que deseo, y puedo realmente recibir lo que me gustaría tener.

Gary:

Lo podrías tener otra vez. Estás asumiendo que no podías. También estás asumiendo que sólo lo vas a obtener de ella. ¿Cuántas mujeres crean eso como una realidad (que nunca lo vas a obtener de nadie más)?

Participante:

Coño, sí.

Gary:

Todo lo que esto sea, multiplicado por un dioszillón, ¿lo destruyes y descreas? Acertado- Equivocado, Bueno - Malo, POC y POD, Todos los 9, Cortos, Chicos y Más Allás.

Participante:

¿Es eso como una poción de amor o un hechizo de amor que ellas crean o que te compras?

Gary:

Es uno que creas en ti mismo. Es el hechizo de: "Nunca más lo obtendré. Fue tan bueno esta vez, que será imposible obtenerlo otra vez". Te has envuelto completamente con: "No habrá nadie más".

¿Cuántos de ustedes, chicos, han decidido que no habrá nadie más tan buena como la que acaban de tener? Todo lo que esto sea, multiplicado por un dioszillón, ¿lo destruyes y descreas? Acertado- Equivocado, Bueno - Malo, POC y POD, Todos los 9, Cortos, Chicos y Más Allás.

Participante:
Cuando entro en esa vulnerabilidad, se siente tan triste. He estado evitando este espacio por demasiado tiempo. Cuando entro ahí, es *pffff*.

Gary:
¿De verdad? ¿Por qué es triste? Sólo entraste en algo que siempre has querido, ¿y ahora estás triste? ¿Tuvo ella que elegir lo que eligió?

Participante:
No.

Gary:
¿Por qué eligió eso? ¿Podría ser que se estaba acercando demasiado a ti y eso la asustó muchísimo?

Participante:
Sí.

¿POR QUÉ LAS MUJERES QUIEREN HUIR?

Gary:

Cuando eres verdaderamente vulnerable y estás realmente presente y estás realmente disfrutando el sexo, es generalmente tan intimidante para las mujeres que quieren salir corriendo.

Participante:

Dios mío.

Gary:

Si eres así de vulnerable con las mujeres, las aterroriza. No tienen control sobre ti.

Todo lo que esto sea, multiplicado por un dioszillón, ¿lo destruyes y descreas? Acertado - Equivocado, Bueno - Malo, POC y POD, Todos los 9, Cortos, Chicos y Más Allás.

Una vez salí con una mujer, y tuvimos el mejor sexo que jamás había tenido en mi vida. Fue maravilloso. Ella no era una mujer hermosa. Era inteligente, era divertida, era ligera, era aérea, amaba el sexo, y era muy buena en ello.

Le pregunté: "¿Podemos volver a salir?" Ella contestó: "No". Yo dije: "¿Qué? ¿Por qué no?"

Ella contestó: "Eres demasiado bien parecido. Me lastimarás. Me dejarás". Así que ella tuvo que dejarme.

Participante:

El otro día recibí un masaje de una mujer y estaba totalmente dispuesto a recibir de ella el masaje. Al día siguiente ella dijo: "Fue grandioso que estuvieras dispuesto a recibir. Esto es lo que todas las mujeres quieren, que los hombres reciban". ¿Es realmente verdad?

Gary:
Hasta cierto punto, pero no totalmente. Cuando logran que un hombre reciba así, tienden a salir corriendo.

Necesitan estar felices con el sistema 1-2-3. La primera vez es por diversión. La segunda vez están en una relación. La tercera, se están casando. Tienes que captar qué es lo que realmente va a suceder, no tratar de crearlo en la forma en que piensas que debería ocurrir.

¿Qué estupidez estás usando para crear las ilusiones y delirios sobre las mujeres que estás eligiendo? Todo lo que esto sea, multiplicado por un dioszillón, ¿lo destruyes y descreas? Acertado - Equivocado, Bueno - Malo, POC y POD, Todos los 9, Cortos, Chicos y Más Allás.

"NO DEBERÍA DEJARLA"

Participante:
Me quedé en mi última relación al menos un año más de lo que debía. El último año de relación no fue nada divertido. Quería renunciar, pero no sabía cómo. Fingía que todo estaba bien cuando estaba con ella. Estar en una relación parece ser muy difícil.

Gary:
Es: "Esto no funciona para mí. Hasta la vista.". Es cuán difícil realmente es.

Participante:
Continuamente pensaba: "Ella no está haciendo nada mal. No debería dejarla", como si la única forma en que puedo dejar

una relación fuera que mi pareja estuviera haciendo algo equivocado o algo malo.

Gary:

Ahí es a donde la mayoría de nosotros vamos. Es parte de la ilusión y el delirio de todo esto.

Participante:

Cada vez que pensaba que tenía que dejarla, pensaba: "Si la dejo así nada más, ella se sentirá herida, y yo seré el que esté totalmente equivocado". Yo no quería ser juzgado de esa manera. Debido a esto, no he estado dispuesto a entrar en otra relación. Tengo miedo de que algo similar vuelva a ocurrir y no sabré cómo manejarlo. Será la misma vieja historia con una chica diferente. Veo a mis amigos teniendo el mismo problema. Se quedan en una relación infeliz y no tienen el valor para terminarla.

Gary:

Se llama: "Ten pelotas, chico". Tienes que ir tras ello y terminarlo. Si no funciona, no funciona. No es que la relación sea un error o que la persona esté haciendo algo malo. Tienes que reconocer lo que realmente está ocurriendo en el momento y reconocer si funciona para ti. Me quedé en la relación con mi exesposa por mucho tiempo porque me decía a mí mismo: "No hay nada realmente malo aquí".

Un día pregunté: "¿Qué tendría que cambiar para que esta relación funcione para mí?" Me senté y escribí las ocho cosas que tendrían que cambiar para que funcionara para mí. Una vez que llegué al número ocho y revisé la lista, me di cuenta de que seis de las cosas que escribí requerían que el tigre no fuera pinto (y no le puedes quitar las rayas al tigre).

Seis de ocho significaban que esta no era una relación que expandiría mi realidad o mi vida, y si no tienes una relación que sea sobre expandir tu vida, sirve de muy poco o de nada. Yo sé que la mayoría de ustedes piensa que, si su pene se expande, todo está bien, porque toda la sangre ha abandonado sus cabezas y ya no tienen consciencia.

Participante:
Eso es tan cierto.

Gary:
¿Qué estupidez estás usando para crear las ilusiones y delirios sobre las mujeres que estás eligiendo? Todo lo que esto sea, multiplicado por un dioszillón, ¿lo destruyes y descreas? Acertado- Equivocado, Bueno - Malo, POC y POD, Todos los 9, Cortos, Chicos y Más Allás.

¿Quién sabe qué es lo que realmente las mujeres requieren y desean? ¿Realmente desean esa cantidad de vulnerabilidad e intimidad en la relación? No, induce miedo. ¿Será que los hombres desean esa cantidad de intimidad en una relación? No, induce miedo. Así que adivina, ¿por qué tu relación apesta? Noventa por ciento de ellas funcionan desde el miedo. No tienen que ver nada con expandir tu vida o hacer que algo sea mejor.

Participante:
Gary, seguido me preguntas si deseo una relación, y doy la respuesta Access: "No", cuando realmente encuentro que es algo que me gustaría tener, pero no de esa manera nefasta.

Gary:

Entonces, ¿por qué no simplemente dices lo que es verdad? "Sí, pero no quiero una relación normal". Chicos, tienen que alejarse del punto de vista de que yo tengo un punto de vista fijo sobre las relaciones. No lo tengo. El único punto de vista fijo que tengo es: "¿Por qué estar en una de mierda?"

Muchas veces la gente me dice: "A ti no te gustan las relaciones". No. Lo que no me gusta son las *malas* relaciones. No veo ninguna razón por la que jamás debe haber una mala relación. Si tienes una relación, debe ser algo que sume a tu vida y la haga más grandiosa, mejor y más divertidas. Si la relación no hace eso, ¿por qué estar en una? Si quieres una relación, aclárate acerca de lo que quieres como relación y qué quieres en la relación. Si lo que quieres es sexo cariñoso, amoroso y nutritivo, y una relación que expanda tu vida, entonces pide que eso venga a tu vida.

Participante:

Gary, sólo quiero reconocerte, nunca hubiera estado en una relación como en la que estoy ahora si no fuera por ti.

Gary:

¿Es mucho más divertida que cualquier otra relación que hayas tenido?

Participante:

Sí, y no se parece a nada de lo que creí que parecería.

Gary:

¿Y a cuánto de ti tienes que renunciar con el fin de tenerla?

Participante:
A nada.

RENUNCIANDO A TI

Gary:
Eso es lo que tienen que pedir, chicos: una relación donde no tengan que renunciar a ninguna parte de ustedes, y así puedan tener la totalidad de ustedes sin importar cuál sea la situación. Las mujeres piensan que tienen que requerirles que renuncien a ustedes, pero si renuncian a ustedes, entonces quieren deshacerse de ustedes.

Todo lo que esto sea, multiplicado por un dioszillón, ¿lo destruyes y descreas? Acertado - Equivocado, Bueno - Malo, POC y POD, Todos los 9, Cortos, Chicos y Más Allás.

Participante:
Estoy empezando a renunciar a renunciar a mí.

Gary:
¡Por fin estamos llegando a algún lado! ¿Has notado que ahora hay más mujeres a les que le resultas atractivo?

Participante:
Oh, sí.

Gary:
¿Tu pareja te desea más que antes?

Participante:
Sí. Por muchísimos años, había alguien más que dirigía mi universo con respecto a quién estaba permitido en mi universo y quién no estaba permitido en él.

Gary:
¿Así que renunciabas a tu elección con el fin de estar en una relación?

Participante:
Sí.

Gary:
¿Cuántos de ustedes han renunciado a su elección acerca de quién podrían tener en sus vidas, basados en sus relaciones? Todo lo que esto sea, multiplicado por un dioszillón, ¿lo destruyes y descreas? Acertado - Equivocado, Bueno - Malo, POC y POD, Todos los 9, Cortos, Chicos y Más Allás.

Un día estaba hablando con Dain y le pregunté: "¿Por qué dejaste de correr y hacer todas esas cosas que te gustan?"

Él contestó: "Porque a ti no te gusta hacer esas cosas".

Y le pregunté: "¿Cuándo entramos en una relación?" Yo no sabía que estábamos en una relación, porque las relaciones no deberían de ser eso. Yo no quería eso cuando me casé; había personas que yo no tenía permiso de invitar a mi casa. Dain y yo permitimos a quien sea que la otra persona quiera que venga a casa. Si no queremos estar cerca de esas personas, nos vamos a otra habitación, y les damos el espacio para tener lo que sea que deseen. Deja de renunciar a ti, porque lo que las mujeres realmente quieren, requieren y desean de un hombre es que no renuncie a sí mismo. Ellas quieren a un hombre que esté dispuesto a ser todo lo que es, en lugar de sólo algunas cosas de las que es.

Todo lo que esto sea, multiplicado por un dioszillón, ¿lo destruyes y descreas? Acertado - Equivocado, Bueno - Malo, POC y POD, Todos los 9, Cortos, Chicos y Más Allás.

¿QUÉ HARÍA QUE ESTÉS ENCANTADO CON TU VIDA?

Durante el siguiente mes, quiero que todos vean si realmente les gustaría tener una relación. ¿Realmente quieren una relación? ¿Preferirían tener sexo grandioso ocasionalmente? ¿Qué es lo que les gustaría tener? ¿Qué haría que estén encantados con su vida? Esa es la cosa más importante que pueden elegir. Si eligen eso, las mujeres los desearán como locas. Si no eligen eso, estarán renunciando a ustedes todo el tiempo como si eso fuera lo que es valioso.

¿Qué bastardización de la perfección de las mujeres estás usando para crear los juicios, las limitaciones y las invitaciones a los demonios, las sirenas y las sílfides de anticonsciencia e inconsciencia, estás eligiendo? Todo lo que esto sea, multiplicado por un dioszillón, ¿lo destruyes y descreas? Acertado - Equivocado, Bueno Malo, POC y POD, Todos los 9, Cortos, Chicos y Más Allás.

Si realmente quieres tener una relación, vamos a obtenerte una buena, carajo. Tienes "malas" hasta el tuétano. Necesitas observar si va a funcionar para ti y si va a funcionar para la otra persona con la que quieres tener una relación.

Más o menos hace un año, me di cuenta de que había una mujer con la que podría tener una relación y realmente funcionaría para mí, pero me di cuenta de que ella quería algo que yo no le podía dar. La relación no iba a funcionar para ella. Así que renuncié al potencial de la relación en favor de que ella obtuviera lo que ella quería.

Participante:
¿Estás diciendo que, aun cuando podría haber funcionado para ti, como no iba a funcionar para ella, los problemas habrían terminado otra vez encima de ti?

Gary:
Sí. Tienes que ver todas esas cosas y estar consciente de ellas. Tienes que ver todo esto desde un lugar diferente.

NECESITAS HACER TRATO Y ENTREGA

Participante:
En este momento tengo una mujer que se enoja mucho conmigo. ¿Qué estoy haciendo para crear eso?

Gary:
¿Estás hablando de tu pareja?

Participante:
Sí.

Gary:
¿Por qué está enojada contigo?

Participante:

Esa es una gran parte de mi pregunta. No lo capto totalmente.

Gary:

No, no lo quieres captar.

Participante:

Eso puede ser verdad. Sí, eso es verdad.

Gary:

No quieres hacerla feliz. Preferirías hacerla infeliz.

Participante:

¿Es eso cierto?

Gary:

Observa la forma en que estás haciendo las cosas.

Participante:

¿Puedes darme más información al respecto? Yo pensé que estaba tratando de hacerla feliz. Estoy listo para cortar con esto porque por ahora no me está resultando suficientemente divertido. ¿Qué preguntas puedo hacer aquí?

Gary:

¿Qué es lo que no estás siendo o haciendo que podrías ser o hacer que cambiaría totalmente la relación? Chicos, tienen que estar totalmente dispuestos a cambiar completamente la relación.

Actualmente tienes una mujer que no está dispuesta a comunicarse contigo. Si realmente la quieres, tienes que decir:

"Quiero hacer un compromiso contigo. ¿Qué es lo que tomaría para que eso ocurra y cómo es que va a funcionar para ti?" Necesitas hacer Trato y Entrega. Pregunta:

- Exactamente, ¿cómo te gustaría que se viera esta relación?
- Exactamente, ¿qué esperas de mí?
- Exactamente, ¿qué quieres de mí?
- Exactamente, ¿qué puedo hacer para hacerte feliz?

Participante:
Eso lo hace mucho más fácil, ¿no es así?

COMPROMISO

Gary:
Sí. Toda mujer quiere a un hombre que sea el primero que se declare. Quieren que te comprometas con ellas. Si te comprometes con ellas, ellas saben que todo va a resultar bien. Eso es más importante para ellas que casi cualquier otra cosa.

Participante:
Entonces, ¿cuál es la energía de compromiso? ¿Qué es tan poderoso al respecto?

Gary:
Es poderoso porque piensas que realmente significa algo. Pero para la mayoría de ustedes, estar comprometido es una camisa de fuerza donde no tienen elección.

Participante:
¿Puedes hablar más sobre esto?

Gary:
¿Estabas comprometido con tu exesposa?

Participante:
Sí.

Gary:
¿Pudiste terminar el compromiso con facilidad? ¿Y esto sucedió cuántos años después de que decidiste terminar?

Participante:
Doscientos millones.

Gary:
Sólo pensé en preguntar. Por lo tanto, compromiso obviamente significa para ti que estás en una camisa de fuerza y que tus elecciones dejan de existir.

Participante:
Si hago un compromiso con una mujer con respecto al Trato y Entrega, ¿me permite tener una salida de la camisa de fuerza? ¿O no requiere la camisa de fuerza?

Gary:
Si haces un compromiso desde el Trato y Entrega, sabes exactamente qué es lo que se espera de ti. Actualmente, tienes la idea de que, si haces un compromiso, significa que tienes que renunciar a todo, incluyéndote a ti y todo lo que eres, lo cual no te da muchas elecciones.

La mayoría de nosotros, los hombres, no queremos saber lo que sabemos, y tú, especialmente, no quieres saber que podrías tener una vida sin una mujer. Quieres creer que, sin una mujer, eres un perdedor y que tener una mujer en tu vida te hace un ganador.

Todos los lugares donde has creado esa maldición y ese hechizo, ¿los destruyes y descreas? Acertado - Equivocado, Bueno - Malo, POC y POD, Todos los 9, Cortos, Chicos y Más Allá.

Acabo de recibir un correo electrónico llamado "Consejo para hombres #78". Y decía: "Cuando una mujer te dice, 'Haz lo que quieras', bajo ninguna circunstancia hagas lo que quieras". ¿Te da esto algo de información sobre los hombres y las mujeres?

Participante:
Sí. Es bueno escucharlo.

Gary:
Entonces ¿qué es lo que siempre eliges? ¿Para ti o para tu mujer?

Participante:
Siempre elijo lo que ella quiere.

Gary:
¿Por qué siempre eliges lo que ella quiere?

Participante:
Porque eso me golpea más duro en la cabeza que la ligereza de la consciencia que tuve justo antes de ello.

Gary:

Sí, y si hubieras realmente elegido para ti, ¿estarías dispuesto a renunciar a ti por cualquier cosa?

Participante:

No.

Gary:

Todo lo que has hecho para renunciar a ti por alguien más, ¿lo destruyes y descreas? Acertado - Equivocado, Bueno - Malo, POC y POD, Todos los 9, Cortos, Chicos y Más Allás. He tratado de que vean esto antes.

Participante:

Sí.

Gary:

¿Querías?

Participante:

No quería.

Gary:

¿Por qué no?

Participante:

Es algo con respecto al control de las mujeres.

Gary:

¿Te gusta ser controlado por las mujeres o te gusta controlar a las mujeres?

Participante:

Me gusta fingir que me gusta controlar a las mujeres.

Gary:

¿Estás pretendiendo que estás controlando a las mujeres o de hecho eres capaz de controlar a las mujeres y te estás rehusando a hacerlo con el fin de asegurarte de que nadie sepa que eres realmente un completo imbécil?

Participante:

Soy capaz de hacerlo, pero me rehúso a hacerlo.

Gary:

¿Cuánta energía están todos usando para tratar de esconder el hecho de que son unos completos imbéciles bajo los estándares de las mujeres? Todo lo que esto sea, multiplicado por un dioszillón, ¿lo destruyes y descreas? Acertado - Equivocado, Bueno - Malo, POC y POD, Todos los 9, Cortos, Chicos y Más Allás.

Participante:

¿Es esa la misma energía cuando no estoy dispuesto a hacer que mi pareja esté enojada conmigo?

Gary:

Haces exactamente lo que va a hacer que ella esté molesta contigo para que ella parezca la idiota.

Participante:

¿Realmente hago eso? Me gusta. Sí. No digo que no. No estaba consciente de que hago eso.

Gary:

No es que no estuvieras consciente de ello. Simplemente no estabas dispuesto a reconocerlo, porque si lo hicieras, no serías capaz de tener tantos buenos pensamientos sobre ti para contrarrestar lo que has decidido que está equivocado en ti.

Participante:

Exactamente.

¿QUÉ PUEDO SER O HACER DIFERENTE QUE CAMBIE TODO ESTO?

Participante:

Entonces, en su lugar, ¿qué puedo hacer o ser diferente?

Gary:

¡Ahora estamos llegando a una buena pregunta! Pregunta: ¿Qué puedo ser o hacer diferente que cambie todo esto?

Participante:

Es como si estuviera al margen de elegir algo diferente y no tengo ni idea de qué es.

Gary:

¿Es que no tienes ni idea de lo que eso es (o es que si estuvieras dispuesto a elegirlo, cambiaría muchísimo para ti demasiado rápido)?

Participante:

Sí, eso también.

Gary:

Todo lo que esto sea, multiplicado por un dioszillón, ¿lo destruyes y descreas? Acertado - Equivocado, Bueno - Malo, POC y POD, Todos los 9, Cortos, Chicos y Más Allás.

TRATANDO DE IGNORAR A TU CUERPO

Participante:

Recientemente me acosté con una mujer y después fuimos a almorzar. En la tarde, ya en el cuarto del hotel, me di cuenta: "Esto no está funcionando. No es divertido. No puedo ignorar a mi cuerpo", así que elegí irme.

Gary:

¿Por qué tratas de ignorar a tu cuerpo?

Participante:

Porque me voy a una de esas modalidades de "entrega". Aunque no quisiera, tengo que cumplir y entregar. Las expectativas que las mujeres tienen de mí.

Gary:

¿Qué estupidez estás usando para crearte como el eterno repartidor, estás eligiendo? Todo lo que esto sea, multiplicado por un dioszillón, ¿lo destruyes y descreas? Acertado - Equivocado, Bueno - Malo, POC y POD, Todos los 9, Cortos, Chicos y Más Allás.

Así que, ¿qué es lo que amas de ser el repartidor?

Participante:

Ya no me gusta nada.

Gary:
¿Cuántas vidas pasadas has sido un concubino? ¿Sigues tratando de estar a la altura de tu reputación? ¿Estás aún tratando de estar a la altura de tu compromiso de serlo? ¿O sigues tratando de estar a la altura de entregar (cuando prometiste que a ti nunca se te entregaría)?

Participante:
Creo que todo lo que acabas de decir y más.

Gary:
Todos los compromisos que tienes de ser el donador universal de esperma, ¿renuncias a todo eso ahora, por favor? Acertado - Equivocado, Bueno - Malo, POC y POD, Todos los 9, Cortos, Chicos y Más Allás.

¿Qué estupidez estás usando para crearte como el concubino de todas las mujeres, estás eligiendo? Todo lo que esto sea, multiplicado por un dioszillón, ¿lo destruyes y descreas? Acertado - Equivocado, Bueno - Malo, POC y POD, Todos los 9, Cortos, Chicos y Más Allás.

¿Qué bastardización de la perfección de los hombres estás usando para crearte como el concubino, el donador de esperma y la fuente para la creación de los cuerpos de la realidad, estás eligiendo? Todo lo que esto sea, multiplicado por un dioszillón, ¿lo destruyes y descreas? Acertado - Equivocado, Bueno - Malo, POC y POD, Todos los 9, Cortos, Chicos y Más Allás.

Participante:
Con respecto a la creación de los cuerpos futuros, ¿es en otras vidas o es como para mañana o al día siguiente?

Gary:
Bueno, es para el siguiente día o para siempre. Ese es el valor de los hombres. Esa es la razón por la que siempre piensan que se tienen que juntar con una mujer y por qué nunca quieren juntarse con otra mujer.

Participante:
Sí. El donador universal de esperma.

Gary:
Tienes el compromiso de no hacer más hijos. Esa es la razón por la que no has estado interesado en tener sexo con algunas mujeres (porque ellas son capaces de quedar embarazadas en ese momento).

Si estás comprometido a no tener hijos y estás con alguien que está lista para tener hijos, y ella ha decidido que te va a atrapar para que te cases o para que tengas con ella una relación a través de tener un hijo contigo, entonces tu cuerpo dirá: "¡No! No vamos a ir hacia allá", lo cual explica que no te interese y te vayas a casa. Gracias cuerpo por salvar mi trasero.

Gary:
Está bien, caballeros. Me gustaría que decidieran examinar sus vidas y preguntar:

- ¿Verdaderamente me gustaría tener una relación?
- Si fuera a tener una relación que expandiera mi vida, ¿cómo luciría?
- ¿Qué personalidad básica me gustaría que la persona tuviera?

¿Te gustaría que se vistiera bien? ¿Te gustaría que gastara mucho dinero? ¿Dónde te gustaría que ella estuviera? También tienes que anotar todas las cosas que te gustaría que ella no fuera, porque la única manera en que vas a captar lo que realmente quieres, es sabiendo lo que quieres tanto como lo que no quieres.

Por favor vean esto y miren si realmente les gustaría tener una relación. Ustedes son hombres humanoides que preferirían tener un lugar extremadamente cómodo para anidar. Eso no es algo equivocado, pero tienen la tendencia a elegir a las mujeres equivocadas para ello. Quiero ponerlos en el camino de ser capaces de elegir el tipo de mujeres que realmente desean.

Muy bien, amigos, fue grandioso tenerlos en esta llamada.

Participante:
Gracias, Gary. Eres maravilloso.

Participantes:
Gracias.

10
La presencia agresiva de la *sexualness*

Entre más preguntas tengas, más presente estás.
Entre más presente estás, más control tienes.

PRESENCIA AGRESIVA

Gary:
Hola, caballeros. Me gustaría hablar sobre la presencia agresiva. Presencia agresiva significa que no tienes que renunciar a ti por nadie más y siempre tienes preguntas. Cuando eres una presencia agresiva, no te ajustas a ti mismo a la realidad de las demás personas. La gente tiende a adaptar su realidad a la tuya.

Participante:
Recientemente, había alguien con quien no quería estar cerca, porque no me gustó la forma en que había tratado a mi hijo. Me había atorado en eso en lugar de preguntar: "¿Cómo

luciría si pudiera ser yo junto a cualquiera?" Me di cuenta de cuánto de mí corto con tal de evitarlo. ¿Qué tomaría para tener presencia agresiva?

Gary:
¿Qué tal si hubieras estado dispuesto a decir: "Oiga señor, sea amable con mi hijo. Él es importante para mí"?

Participante:
¿Es eso presencia agresiva?

Gary:
Es también no estar dispuesto a comer mierda. Si estás agresivamente presente, no te tragas la mierda de nadie.

Participante:
¿Y te vuelves consciente de las cosas cuando se muestran?

Gary:
Sí. Te vuelves consciente: "Oh, este hombre está siendo brusco con mi hijo. Él no está siendo agresivamente presente con él". Tienes que ser más amable. Tienes que ser agresivamente amable.

Participante:
Cuando te he visto hacer eso, Gary, no haces que las cosas se conviertan en un pleito. Parece que yo voy a un lugar de pelea.

Gary:
Eso es lo que te enseñaron. Piensas que eso es lo que te hace hombre. Te hace un hombre de hombres.

Participante:
¿Puedes hablar más sobre qué es un hombre de hombres?

Gary:
La idea es que cuando eres un hombre de hombres, siempre serás apreciado por los hombres y no necesariamente por las mujeres. Un hombre de hombres es alguien que todos los hombres piensan que es sexy y bueno también. Sean Connery sería considerado como un hombre de hombres, pero Roger Moore, que también hizo 007, no lo es. A él se le consideraría demasiado bonito.

Participante:
Entonces, ¿un hombre de hombres es considerado como hombre a través de los ojos de los hombres?

Gary:
Sí.

¿Qué puedes ser o hacer como hombre, que si lo fueras o lo hicieras, te daría todo lo que deseas en la vida? Todo lo que esto sea, multiplicado por un dioszillón, ¿lo destruyes y descreas? Acertado - Equivocado, Bueno - Malo, POC y POD, Todos los 9, Cortos, Chicos y Más Allás.

ELIGIENDO PARA TI

Aquí es donde tienes que determinar lo que quieres tener como tu vida. Si fueras a tener tu propia vida, ¿qué elegirías?

Participante:

Esa pregunta es una gran herramienta para mí. Es mi pregunta número uno en este momento: Si estuviera eligiendo mi realidad, ¿qué elegiría? La consciencia que tuve al respecto es cuán poco estaba realmente eligiendo para mí.

Gary:

Es interesante, ¿no es así? ¿Cuando te das cuenta de qué tan poquito eliges para ti?

Participante:

También pregunto: "Si estuviera eligiendo mi realidad, ¿quién sería?

Gary:

Sí.

Si estuvieras eligiendo tu realidad sexualmente, ¿por quién elegirías no dejarte joder? Todo lo que esto sea, multiplicado por un dioszillón, ¿lo destruyes y descreas? Acertado - Equivocado, Bueno - Malo, POC y POD, Todos los 9, Cortos, Chicos y Más Allá.

¿Cuántos de ustedes tienden a dejar que las mujeres y los amigos se los jodan?

Participante:

Sí. Y la familia.

Gary:

Sí. Y la familia. Es aún mejor con la familia.

Participante:

Y nosotros mismos.

Gary:
Sí.
Si estuvieras eligiendo tu realidad sexualmente, ¿por quién elegirías no dejarte joder? Todo lo que esto sea, multiplicado por un dioszillón, ¿lo destruyes y descreas? Acertado - Equivocado, Bueno - Malo, POC y POD, Todos los 9, Cortos, Chicos y Más Allá.

SIENDO SEXUALMENTE AGRESIVO

Soy sexualmente agresivo, porque no corto mi energía sexual por un hombre, una mujer, o ninguna otra persona, u otras dos personas o nadie. Siempre soy eso, sin importar nada. Cuando eres agresivo sexualmente, las personas seguramente adaptarán su realidad a la tuya. ¿Cuántos de ustedes están siempre tratando de adaptar su realidad a la realidad de las mujeres?

Participante:
Eso sería un *sí*.

Gary:
Es un *sí* para todos.
¿Qué bastardización de la total *sexualness* estás usando para crear la eliminación y la erradicación de la presencia agresiva de la *sexualness* que podrías estar eligiendo, estás eligiendo? Todo lo que esto sea, multiplicado por un dioszillón, ¿lo destruyes y descreas? Acertado - Equivocado, Bueno - Malo, POC y POD, Todos los 9, Cortos, Chicos y Más Allá. Como hombres, tendemos a ser agresivos en el sentido de usar la fuerza para lograr que las mujeres se vayan a la cama con nosotros. No tiene nada que ver con la amabilidad y el

cariño. Dices: "Hey, nena, ¿Estás lista?" ¿Cómo es que eso va a funcionar? ¡No funciona! ¿A cuántas mujeres les gustará eso? ¡No a muchas! Se nos enseña a ser sexuales a través de las películas porno (ninguna de las cuales tiene amabilidad o cariño como parte de su material de referencia). Tratan sobre cómo le pellizcas los pezones seis veces en esta dirección y luego seis veces en la otra dirección y eso las excita tanto que tienen que tenerte. Esas imágenes no son reales o verdaderas. Esa no es tu mejor elección.

Quieres ser tan agresivo sexualmente que las mujeres quieran irse a la cama contigo sólo porque estás agresivamente presente. ¿Cómo haces eso? Llegas ahí yendo a la pregunta:

+ ¿Será fácil?
+ ¿Será divertido?
+ ¿Voy a aprender algo?

FUNCIONANDO DESDE LA PRESENCIA

Entre más preguntas tengas, más presente estarás. Entre más presentes esté, tendrás mayor control.

Continúas tratando de crear conclusión como la fuente del control. Digamos que quieres acostarte con alguien. ¿Qué pregunta es esa? ¡No es una pregunta! Es una conclusión. Cuando llegas a una conclusión, piensas que vas a tener mayor control sobre la situación y que la persona hará lo que quieres que haga. Pero no es así.

¿Qué hace a la conclusión más grandiosa que la pregunta? Todo lo que esto sea, multiplicado por un dioszillón, ¿lo destruyes y descreas? Acertado- Equivocado, Bueno - Malo, POC y POD, Todos los 9, Cortos, Chicos y Más Allás.

¿Has identificado inadecuadamente control con conclusión? Todos los lugares donde hayas llegado a la conclusión de que la conclusión es creación, o que la conclusión te es necesaria para tener control, ¿lo destruyes y descreas? Acertado - Equivocado, Bueno - Malo, POC y POD, Todos los 9, Cortos, Chicos y Más Allás.

Si acaso funcionas desde la pregunta, las mujeres te ven y piensan: "Oh. Él podría ser el hombre para mí". Esto es porque si estás haciendo preguntas, estás preguntando: "¿Es esta mujer la persona adecuada para mí?" y ellas lo captan de tu cabeza. Cuando llegas a una conclusión, el punto de vista de ellas es que no te importan. Cuanto más funciones desde la pregunta, más te darás cuenta de que lo que quieres es más sexo divertido. Y el tipo de sexo que quieres no existe mucho. ¿Es todo esto real para ti? Así que eso reduce el número de personas con quien puedes elegir tener sexo, pero expande tu disposición a recibir.

LAS MUJER QUE NO TE *NECESITA*

Gary:
Hay otra parte de esto. Cuando funcionas desde la presencia agresiva, la persona no te necesita.

¿Cuántos de ustedes funcionan desde el punto de vista de que quieren que la mujeres los necesiten? Todo lo que esto sea, multiplicado por un dioszillón, ¿lo destruyes y descreas?

Acertado - Equivocado, Bueno - Malo, POC y POD, Todos los 9, Cortos, Chicos y Más Allá.

Lo que quieres es una mujer que no te necesite. Este es el lugar desde donde deberías estar funcionando. Estás preguntando: "Bien, ¿qué sería divertido para mí?" No: "¿Qué es lo que tengo que hacer bien? ¿Qué es lo que tengo que hacer mal? ¿Qué es necesario?" Sino: "¿Qué me gustaría crear y generar aquí?"

¿Cuántos de ustedes han pasado su vida tratando de ser necesitados por una mujer? ¿A cuántos de ustedes les enseñó su madre que toda mujer quiere un hombre que la necesite? Todo lo que esto sea, multiplicado por un dioszillón, ¿lo destruyes y descreas? Acertado - Equivocado, Bueno - Malo, POC y POD, Todos los 9, Cortos, Chicos y Más Allá.

Participante:
Me acabo de dar cuenta de que estoy siendo algo para mi mujer y no para mí.

Gary:
Sí, eso sería tratar de hacerte a ti mismo un producto necesario.

Participante:
Sí.

Participante:
¿Es eso lo que definimos como amor cuando éramos niños?

Gary:

Sí, y eso también es lo que defines como lo que te va a dar sexo.

Participante:

Correcto. Yo observo eso con mi hijo. Él va con su mamá y ella lo necesita. Ella lo necesita y entonces él viene a mí y yo no lo necesito para nada. ¿Será que él tiene confusión con esto?

Gary:

No. Su madre le está enseñando a tener una mujer que lo necesite.

Participante:

Correcto.

Gary:

¿A cuántos de ustedes se les enseñó a ser el hombre que se supone tienen que ser, a ser necesitados por su madre? Todo lo que esto sea, multiplicado por un dioszillón, ¿lo destruyes y descreas? Acertado - Equivocado, Bueno - Malo, POC y POD, Todos los 9, Cortos, Chicos y Más Allás.

Participante:

Cuando estoy con mi padre, es tan simple. Cuando voy a ver a mi madre, ella me necesita. Siempre ha sido de esa manera. ¿Qué es eso? ¿Las mujeres están encarriladas a eso?

Gary:

Las mujeres han sido encarriladas a creer que esa es la forma que se supone que tiene que ser. Tu padre quería que crecieras para ser un hombre de hombres. Tu madre quería que crecieras para ser necesitado por una mujer. En ninguna parte fuiste involucrado en el cálculo. Nadie te preguntó: "¿Qué es lo que tú quieres? ¿Qué es lo que quieres ser? ¿Qué es importante para ti?"

Participante:
Eso se siente como abuso para mí, ¿no es así?

Gary:
No. Es desatención.

Participante:
¿Puedes hablar más acerca de la diferencia entre desatención y abuso?

Gary:
Piensas que es abuso no ser reconocido como tú. Pero rara vez tiene que ver algo con abuso. Tiene que ver con desatención, porque la mayoría de los padres no saben lo que realmente está sucediendo. No saben cómo lidiar con nada, así es que se van hacia un estado de desatención. Y la mayoría de ustedes elige mujeres que se irán también a la desatención después de un tiempo, porque su tendencia es encontrar a alguien que es parecido a uno o a ambos de sus padres. Ser desatendido parece más real para ustedes que otras cosas.

Participante:
La mujer con la que estoy saliendo ahora no tiene la menor necesidad de mí.

Gary:
¿Eso te hace increíblemente necesitado de ella?

Participante:
No, otra cosa.

Gary:
¿Te sientes desatendido por ella?

Participante:
Es eso. Sí. Es como que he confundido la no-necesidad con la desatención. ¿Qué es lo que no estoy dispuesto a ver aquí?

Gary:
Así que, ¿estás dispuesto a no ser en absoluto necesitado por una mujer?

Gary:
En estos diez segundos no.

Gary:
¿Qué estupidez estás usando para crear la total y absoluta necesidad de las mujeres que estás eligiendo? Todo lo que esto sea, multiplicado por un dioszillón, ¿lo destruyes y lo descreas? Acertado - Equivocado, Bueno - Malo, POC y POD, Todos los 9, Cortos, Chicos y Más Allás.

AGRESIVAMENTE NO ESTAR NECESITADO

Participante:
¿Cómo se vería el agresivamente no estar necesitado con las mujeres?

Gary:

Sería el lugar donde, en lugar de buscar cómo irte a la cama, estás preguntando:

- ¿Qué es lo que realmente quiero de esta persona?
- ¿Puede ella proveerlo?

Rara vez te vas hacia lo que alguien puede proveerte. ¿Alguna vez has notado eso?

Participante:

No. Siempre estoy buscando qué es lo que yo puedo proveerles.

Gary:

Sí. Estás buscando ser una contribución. Y ellas están buscando que tú les contribuyas aún más. Piensas que nunca les entregas suficiente. Ellas siempre tienen la razón y tú estás equivocado. ¿Cómo está funcionando eso?

Participante:

¿Es eso en lugar de decir: "Si no me puedes dar lo que yo quiero, no fastidies"?

Gary:

Sí, y la mayoría de las mujeres tienen ese punto de vista, "¿No puedes proveerme lo que quiero? Deja de joder y vete".

SEXUALNESS **AGRESIVA**

La *sexualness* agresiva es el lugar donde no estás dispuesto a salirte de la pregunta. En esta realidad, la agresión se ve como cualquier cosa que crea una pregunta. ¿Alguna vez alguien te ha dicho: "¡Deja de estar haciendo todas esas preguntas!? ¿Por qué estás haciendo todas esas preguntas? ¿Qué es lo que quieres de mí? ¿Cómo puedes ser así?" Hacer preguntas se considera equivocado. Es considerado una agresión, a menos que digas de ante mano: "Hey, ¿te puedo hacer una pregunta, por favor?"

Si preguntas: "¿Puedo hacerte una pregunta?", nadie lo toma como una ofensa. Pero si haces una pregunta sin antes haber preguntado, la otra persona lo tomará como ofensa. Se van hacia la ofensa y se ponen a la defensiva. Esos son lugares en los que te metes en problemas con las mujeres.

CUANDO UNA MUJER NO PUEDE TENER UN ORGASMO

Participante:
¿Qué sucede cuando las mujeres tienen dificultad para tener un orgasmo o no pueden tener un orgasmo?

Gary:
Normalmente la razón por la que las mujeres no pueden tener un orgasmo es porque de hecho no están en su cuerpo. Cuando tengas sexo, mantén las luces prendidas. Levanta tu cuerpo del de ellas; no te acuestes encima de ellas para que no puedan esconder sus ojos. Y cada vez que veas que ella cierra sus ojos, dile: "Regresa, por favor. Regresa. Abre tus ojos. Por

favor, mírame. Quiero sentir la conexión contigo. Quiero sentir la conexión contigo y quiero sentir la conexión con tu cuerpo. Quiero sentir todo de ti". Así es como empiezas a traerla de regreso a su cuerpo y de vuelta a lo que es posible.

Sólo tienes que hacer esa única cosa: hacer que ella se mantenga en su cuerpo. La mayoría de las mujeres que no son orgásmicas o no son multiorgásmicas tienden a desconectarse de sus cuerpos. A algunas de ellas les gusta observar desde el techo. Cuando sientas que ella se va o sientas que ella se ha salido de su cuerpo, pregunta: "¿Dónde estás? ¿A dónde te fuiste? ¿Qué sucedió?" Cuando haces esas preguntas, ella se empezará a cuestionar. Tienes que hacer que regrese hacia la pregunta porque la pregunta crea presencia.

Participante:
¿Qué preguntas puedo hacerme que me permitan estar consciente cuando mi esposa está haciendo eso?

Gary:
Mantén las luces prendidas (o al menos la luz de una vela). Pídele que ponga sus piernas sobre tus hombros para que se puedan ver el uno al otro. Estate con ella y dile: "Estoy tan contento de poder mirarte a los ojos. Mirarte a los ojos es la cosa más maravillosa. Mantente conmigo, querida. Realmente necesito esto. Realmente necesito esto".

Y luego tienes que preguntar: "¿Puedes terminar o puedo hacerlo yo?"

Participante:
Mi esposa y yo hemos estados juntos durante ocho años y en los últimos tres meses ella empezó a tener orgasmos conmigo

durante el sexo. Ella es bastante capaz de hacerlo por propia cuenta, pero conmigo presente, parece ser un poco más difícil para ella. Voy a empezar a ir por el camino que has sugerido.

¿LE GUSTA A ELLA TENER SEXO CON SU CUERPO (O COMO SU CUERPO)?

Gary:
Algunas personas, especialmente las mujeres, tratan de mantenerse fuera de sus cuerpos durante el sexo. De hecho, no les gusta tener conexión con sus cuerpos. Si realmente quieres divertirte con el sexo, tienes que preguntar: "¿A esta persona le gusta tener sexo *con* su cuerpo o *como* su cuerpo?" Muchas mujeres salen del cuerpo y lo miran.
¿Es el ser el que tiene sexo o es el cuerpo el que tiene sexo?

Participante:
El cuerpo tiene sexo.

Gary:
Así que necesitas conectar con el ser y el cuerpo. Quieres a ambos. Si tienes a ambos, tienes la capacidad para mayor estimulación.

Participante:
¿Cómo se vería eso? ¿O qué preguntas puedo hacer para estar más en conexión en el cuerpo y el ser durante el sexo?

Gary:
Tienes que tener la voluntad de ver lo que la otra persona está dispuesta a tener.

¿Cuánta de tu energía estás usando para cegarte a aquello de lo que otras personas son capaces? ¿Mucho, poco o megatoneladas? Todo lo que esto sea, multiplicado por un dioszillón, ¿lo destruyes y lo descreas? Acertado - Equivocado, Bueno - Malo, POC y POD, Todos los 9, Cortos, Chicos y Más Allás.

Participante:

Y después preguntas: "¿Dónde tocarla? ¿Cuándo tocarla? ¿Cuánto tocarla?"

Gary:

Todo lo que tienes que hacer es preguntarle a su cuerpo. Él te dirá dónde tocarlo.

"HAY UNA ENERGÍA CON MI PENE"

Participante:

He estado teniendo muchísimo sexo realmente bueno, y estoy encontrando que hay una energía con mi pene que es mucho más dinámica. ¿Qué *tips* tienes para cuando tenga mi pene en la vagina de una mujer? ¿Qué energías puedo ser con eso que me daría más consciencia?

Gary:

Cuando tienes tu pene dentro de la vagina de una mujer, en lugar de hacer el mete-saca, trata de quedarte quieto y tensa tu pene mientras pones energía en él, como si estuvieras yendo hacia dentro y hacia fuera sin moverte.

Participante:

Puedo hacer eso.

Gary:

Y pon energía a través de toda la estructura de tu cadera también. Hay una gran probabilidad de que la mujer tenga un orgasmo con que sólo hagas eso.

Participante:

Gracias.

Participante:

He notado que cuando estoy dentro de una mujer, parece haber mucho más espacio en su vagina de lo acostumbrado.

Gary:

¿Estás tratando de llenar el espacio o estás creando el espacio?

Participante:

He estado tratando de llenar el espacio en lugar de crearlo.

Gary:

¿Qué tal si crearas el espacio como algo que contribuye a la calidad orgásmica de lo que estás haciendo?

Participante:

¡Wow! Veo que compré esa idea de que tiene que estar apretado.

Gary:

Bueno, ¿qué cantidad de mierda te dijeron, que se suponía tenía que ser así?

Participante:

Mucha.

Gary:

Todo lo que esto sea, multiplicado por un dioszillón, ¿lo destruyes y lo descreas? Acertado - Equivocado, Bueno - Malo, POC y POD, Todos los 9, Cortos, Chicos y Más Allá.

¿Podrías pedirle a tu pene que sea la energía que llena el espacio en lugar del órgano que llene el espacio?

Participante:

Eso haré.

Gary:

Grandioso.

Participante:

Muchísimas gracias. Wow.

"¿POR QUÉ NO PUEDO TENER TAMBIÉN ORGASMOS MÚLTIPLES?"

Participante:

Estoy un poquito celoso de las mujeres. ¿Por qué no puedo tener también orgasmos múltiples?

Gary:

Sí puedes tener orgasmos múltiples. No tienes que eyacular para tener un orgasmo. Si me acuesto sobre mi espalda, puedo tener de seis a ocho orgasmos sin jamás eyacular.

Participante:

¿Cómo haces eso?

Gary:

Me he entrenado a mí mismo para que cuando esté acostado sobre mi espalda no me venga tan rápido; yo quería que las mujeres se pusieran más excitadas.

Participante:

¿Cómo te entrenaste?

Gary:

Sólo le pregunté a mi cuerpo que me mostrara una manera diferente.

Participante:

Eso de la pregunta…

Participantes:

(Risas)

Gary:

Leí sobre hombres que son multiorgásmicos y pregunté: "¿Cómo puedo tener eso?", y capté: "Ponte sobre tu espalda", así que dije: "Bien". Me puse sobre mi espalda y dejé que ella se sentara encima de mí y me machacara todo lo que ella quisiera, y yo usaba mis dedos con ella y le hacía todo tipo de cosas. Yo hago cualquier cosa que puedo para hacerlo mucho mejor para ella, y eventualmente empecé a tener orgasmos cuando estaba sobre mi espalda. Empecé a tener orgasmos que no eran necesariamente eyaculaciones. Es cuestión de preguntarle a tu cuerpo: "Cuerpo, ¿qué tomaría para que tengamos un orgasmo sin eyaculación?" Cuando empiezas a ver lo que puedes crear, una posibilidad diferente se empieza a mostrar. Pero tienes que ver desde ese lugar, no desde los otros lugares a donde te vas.

Con los multiorgasmos se siente como que no tienes la necesidad o el deseo de eyacular, pero no pierdes la erección. Tienes el sentido de que, si lo haces una vez más, tal vez tengas una eyaculación, pero te las arreglas para no tener otra eyaculación y las cosas se ponen aún mejor. Sientes como que terminas, pero no terminas. Se siente como un orgasmo interno en lugar de una eyaculación.

SATISFACIÉNDOTE A TI MISMO

Gary:
   La *sexualness* agresiva no trata sobre esperar a tener una mujer que quiera tener sexo contigo. Trata sobre tu voluntad de tener sexo contigo. Tendemos a renunciar a la masturbación, especialmente cuando entramos en una relación. Cuando renuncias a la masturbación, dejas de complacerte a ti mismo, y renuncias a la idea de que vas a tener sexo ya sea que alguien más quiera o no.
   Un hombre que es sexualmente agresivo tendrá sexo y luego se meterá a la regadera y se masturbará.

Participante:
   ¿Cómo funciona eso en un matrimonio?

Gary:
   Te estimulas cuando lo eliges. Lo haces cuando lo eliges. Puedes decir: "Querida, lo siento. Simplemente necesito ir y estimularme". Si a ella no le gusta, ella dirá: "¿Por qué no me dejas ayudarte?" O le puedes decir a ella: "Puedes venir y ayudarme si quieres".

Participante:
Sí, he hecho eso unas cuantas veces. Ha sido divertido.

Gary:
Hay un lugar diferente desde el cual funcionar. Trata de preguntar: Si estuviera siendo todo la *sexualness* que soy, ¿cómo funcionaría en la vida?

Si estuvieras siendo todo la *sexualness* que realmente eres, ¿cómo funcionarías en la vida? Todo lo que esto sacó a relucir, multiplicado por un dioszillón, ¿lo destruyes y lo descreas? Acertado - Equivocado, Bueno - Malo, POC y POD, Todos los 9, Cortos, Chicos y Más Allá.

Ejecuten estos procesos:

Si estuviera funcionando como soy verdaderamente, ¿cómo funcionaría sexualmente? Todo lo que esto sea, multiplicado por un dioszillón, ¿lo destruyes y lo descreas? Acertado - Equivocado, Bueno - Malo, POC y POD, Todos los 9, Cortos, Chicos y Más Allá.

Si estuviera funcionando sexualmente como yo, ¿cómo funcionaría en la vida? Todo lo que esto sea, multiplicado por un dioszillón, ¿lo destruyes y lo descreas? Acertado - Equivocado, Bueno - Malo, POC y POD, Todos los 9, Cortos, Chicos y Más Allá.

Hubo un momento en el que consideraba que cuatro mujeres al día es lo que me funcionaba. Desafortunadamente, no lograba hacer ninguna otra cosa.

Participante:
Así que Gary, ¿cómo se vería eso?

"¿CÓMO SERÍA TENER SEXO CON ESTE HOMBRE?"

Gary:
Sería ver a un hombre y preguntarse: "¿Cómo sería tener sexo con este hombre?" Eso no significa que tienes que tener sexo con él. Cuando estás dispuesto a ver cómo sería tener sexo con alguien, especialmente alguien del mismo sexo, que no es usualmente tu preferencia, empiezas a ver la energía sexual de la mujer de diferente manera, porque dejas de intentar poner la energía sexual en "hombre" o "mujer".

Así que empieza a preguntar: "¿Cómo sería tener sexo con esta persona?" Cuando empiezas a tener ese tipo de agresividad sexualmente, empiezas a ver lo que funciona y lo que no funciona. Y si estás dispuesto a ver lo que funciona y lo que no funciona, estás dispuesto a hacer lo que haces de una manera diferente.

Participante:
Yo amo esa pregunta: "¿Cómo sería tener sexo con ese hombre?" Abre una posibilidad totalmente diferente de recibir. Recibí una energía totalmente diferente de preguntar eso con respecto a un hombre.

Gary:
Sí, cuando estás dispuesto a preguntar con respecto a un hombre, estarás dispuesto a ver más acerca de lo que las mujeres elegirán.

Participante:
Sí.

Gary:

Y cuando eres un hombre y eres hetero, y ves al hombre desde el punto de vista de "¿Cómo sería tener sexo con él?", tienes que ver al ser y al cuerpo y ver si eso sería divertido, que es lo que no haces con las mujeres. Dices: "Oh, ella es hermosa. La quiero", ¿lo cual es qué pregunta? ¡No lo es! Con los hombres, mantendrás la pregunta.

Con las mujeres tiendes a no hacerlo. Si estás dispuesto a mantener la pregunta, ¿obtendrás algo más grandioso? Sí, y eso es la parte importante de ello. Cuando llegas al lugar donde puedas ver a hombres y hacer la pregunta: "¿Será divertido tener sexo con él?", empiezas a ver a las mujeres y a hacer la misma pregunta: "¿Sería divertido tener sexo con ella?" Entonces dirás: "¡Wow! No tenía ni idea de que tenía tanta consciencia".

Participante:

¡Oh, eso es grandioso! Practicar elegir lo que es más ligero.

Gary:

Así es como aprendes a elegir mejores personas con quien tener sexo.

Participante:

Yo he hecho eso y funciona.

Gary:

Funciona. Es grandioso.

Participante:

Wow. Impresionante. Estoy agradecido.

Gary:

Ok, caballeros, hemos terminado.

Participante:

Gracias, Mr. Douglas. Eres maravilloso.

Participante:

Sí lo eres.

Participante:

Siempre hay algo bueno.

Gary:

Y recuerden, traten de acostarse sobre su espalda y obtener orgasmos múltiples. Ese es el juego para casa, hasta la próxima. La primera persona que obtenga seis orgasmos antes de eyacular, ganará un premio. Gracias. Hablaré con ustedes la próxima ocasión. Hasta pronto.

11
Eligiendo el compromiso

Cuando haces compromiso desde la elección, tienes que darte cuenta de lo que es realmente posible.
Es preguntar: ¿Qué es posible aquí que aún no he considerado?

Gary:
Hola, caballeros. Vayamos a algunas preguntas.

VIRILIDAD Y MASCULINIDAD

Participante:
¿Puedes hablar sobre virilidad, masculinidad, y sobre cómo verse y escucharse más viril y masculino? Yo no tengo una voz grave como otros hombres. ¿Tienes alguna sugerencia para desarrollar una voz más grave y viril? ¿Y qué hay con respecto a la barba? Tampoco tengo mucha barba. ¿Es genético o es modificable?

Gary:
Es genético y puede ser modificable. Tienes que preguntar: ¿Qué energía, espacio, y consciencia podemos ser mi cuerpo

y yo para hacer crecer masivas cantidades de vello con mayor facilidad? El único problema es que también te puede crecer vello en el pecho, espalda y los testículos. Inténtalo.

Participante:
¿Eso también funciona al revés? ¿Para tener menos vello?

Gary:
Prueba: ¿Qué energía, espacio, y consciencia puedo ser para tener menos vello con total facilidad? El problema con esto es que tal vez te quedes calvo.

Así que tienes elección. Puedes ser pelón y con mucho vello corporal, y entonces ella pasará tiempo trabajando tu cuerpo, o tendrás una abundante cabellera ondulada en tu cabeza, y ella pasará todo su tiempo pasando su mano en el cabello. ¿Dónde quieres que ella ponga su mano?

Participante:
En todas partes.

Gary:
Exacto. Por eso te crece cabello en todas partes. Deja de juzgarlo. ¿De dónde sacaste el juicio con respecto al pelo? Hay muchas mujeres que no les gustan los hombres velludos, pero si a ellas no les gustan los hombres velludos, no te desearán, y tú no las desearás a ellas. Elige a las que les gusta mucho pelo. Y si tienes mucho pelo en pecho, quítate la camisa en cada oportunidad que tengas para mostrar que tienes pelo en pecho. A algunas mujeres les gustará eso. Y si no tienes pelo en pecho, entonces tómate la oportunidad de quitarte la camisa para que ellas sepan cómo estás equipado. Ser masculino sólo

significa que estás dispuesto a ser algo que no es valioso en este planeta.

Para tener una voz más grave, prueba esto:

¿Qué energía, espacio, y consciencia podemos ser mi cuerpo y yo, que permitiría que nuestra voz sea dos octavas más grave con total facilidad? Todo lo que esto sea, multiplicado por un dioszillón, ¿lo destruyes y descreas? Acertado - Equivocado, Bueno - Malo, POC y POD, Todos los 9, Cortos, Chicos y Más Allás.

UNA ESTELA DE ENERGÍA

Participante:
¿Qué es eso cuando sientes que estás en una estela de energía que te impulsa hacia estar con otra persona y se siente ligero y fácil? Yo tuve una experiencia después del último evento de siete días de Access Consciousness, en la que durante una semana, soñé vívidamente que estaba teniendo sexo con una dama en particular, y la siguiente semana, estaba realmente ocurriendo. Estábamos en la cama realizando el sueño.

Guiándome a esos momentos agradables, estaba siguiendo una onda de energía que me llevaba hacia ella y se sentía tan fácil y energéticamente placentera. Se sentía como la energía de locamente posible. Debo decir que fue muy lindo. Sin embargo, no estoy seguro de qué es lo siguiente que debo hacer.

Gary:
Ese es un lugar al que tienen que dejar de ir, chicos. Tienen la tendencia de ir hacia: "Oh, ¿Y ahora qué hago?" Duh. Lo que haces es seguir adelante. Si tienes una estela ocurriendo,

deslízala hacia adentro, deslízala hacia afuera, deslízala hacia adentro, deslízala hacia afuera, y disfrútate al máximo

Todo lo que esto sea, multiplicado por un dioszillón, ¿lo destruyes y lo descreas? Acertado - Equivocado, Bueno - Malo, POC y POD, Todos los 9, Cortos, Chicos y Más Allás.

Participante:

Estoy tratando de no ser muy entusiasta para no asustarla. ¿Cómo puedo cambiar esto para tener más facilidad con respecto a dónde tengo que ir o qué hacer después de tener sexo? Me gustaría llevar esta posibilidad más lejos.

Gary:

Te estás poniendo a viajar mentalmente, amigo. Todo lo que has hecho para hacerte un viajero mental, ¿lo destruyes y lo descreas? Acertado - Equivocado, Bueno - Malo, POC y POD, Todos los 9, Cortos, Chicos y Más Allás.

¿Qué bastardización de la infinita *sexualness* estás usando para crear el viajero mental, el viajero de corazón y el viajero de entrepierna que estás eligiendo? Todo lo que esto sea, multiplicado por un dioszillón, ¿lo destruyes y lo descreas? Acertado - Equivocado, Bueno - Malo, POC y POD, Todos los 9, Cortos, Chicos y Más Allás.

Participante:

¿Puedes explicar lo que significa cuando dices que se está poniendo a viajar mentalmente? ¿Qué es eso de viajero mental?

Gary:

Número uno: "Estoy tratando de no ser muy entusiasta". Eso es un viaje mental. Es sobre lo que tienes que tratar de ser o hacer. Número dos: "¿Cómo cambio para tener más facilidad con respecto a dónde ir o qué hacer después?" Viaje mental.

Participante:
¿Es como tratar de teorizar lo que va a suceder en el futuro, en lugar de hacer una pregunta?

Gary:
Es lo que creas cuando tienes juicios con respecto a lo que se supone que tienes que tener como relación o cómo se supone que tienes que ser. Cuando haces una elección y juzgas esa elección, creas una solidez que requiere que el juicio se extienda hacia adelante y cree tu futuro. Creas un futuro sólido basado en esos juicios. ¿Es eso realmente lo que te gustaría elegir?

"No juicio" equivale a un futuro sin juicios. "Juicio", incluso un juicio positivo, equivale a un futuro con juicio.

¿CUANTOS FUTUROS HAS CREADO QUE ESTÁN BLOQUEANDO TU CAPACIDAD DE CREAR?

Cada vez que eliges, creas. Cada elección crea, ya sea que se trate de una elección a favor o en contra tuya. Si pones un juicio ahí con esa elección, creas un futuro que empieza a suceder, que creará el juicio como futuro. Digamos que tienes trece años. Encuentras a una chica y ella tiene sexo contigo. Tú dices: "Oh Dios mío, tengo que amarla para siempre. Me tengo que quedar con ella. Tengo que tener hijos con ella. Tengo que hacer todo con ella". Esos son futuros potenciales que empiezas a crear, basados en tus juicios de lo que hiciste y lo que debes hacer.

Participante:
Sí.

Gary:
Todos ellos se convierten en algo que se fijan como un futuro potencial, y cada vez que te acercas a alguien que es equivalente a algo así, sumas esa energía al futuro para crear un futuro que decidiste que debe volverse realidad. Ninguno de ellos es real.

¿Cuántos futuros con mujeres has creado, que actualmente están bloqueando tu habilidad de crear? Voy a contar hasta cuatro. El "uno, dos, tres" libera el pasado y el presente. Cuando el "cuatro" se suma, cambia el futuro que has creado, basado en decisiones, elecciones y juicios que estás haciendo. En cuatro, ustedes van a destruir y descrear todos ellos. Uno… dos… tres… cuatro. Gracias.

Todas las cosas que has creado sobre el futuro con mujeres; y sobre cómo no puedes tener un futuro con una mujer; y cómo tienes que tener un futuro con una mujer, y sin un futuro con una mujer, no eres un hombre de verdad; y todos esos lugares en los que no puedes estar sin tener una mujer; todos esos futuros, ¿los destruyes y descreas todos en cuatro? Uno… dos… tres… cuatro. Gracias.

¿Qué bastardización del infinito compromiso de ser, estás usando para crear la necesidad de sexo, relaciones, copulación y sexualidad, estás eligiendo? Todo lo que esto sea, multiplicado por un dioszillón, ¿lo destruyes y lo descreas? Acertado - Equivocado, Bueno - Malo, POC y POD, Todos los 9, Cortos, Chicos y Más Allás.

¿Cuántos de ustedes tienen el punto de vista de que sin una mujer, no pueden ser? Todo lo que esto sea, multiplicado por un dioszillón, ¿lo destruyes y lo descreas? Acertado - Equivocado, Bueno - Malo, POC y POD, Todos los 9, Cortos, Chicos y Más Allás.

¿Alguno de ustedes alguna vez ha tenido el sentimiento de que estaban siendo dirigidos por su necesidad de sexo, relación o copulación?

Participante:
Sí.

Participante:
Sí.

Gary:
De eso se trata. Es el lugar donde piensan que no tienen elección. Piensan que lo tienen que hacer. ¿Dónde está su elección?

LLEGANDO AL LUGAR DONDE HAY ELECCIÓN REAL

La idea completa de esta serie ha sido llevarlos al punto donde puedan tener elección, en lugar de pensar que, de alguna manera, no tienen elección y tienen que tener sexo. Si llegan al lugar donde hay elección real, no tienen que ceder ninguna parte de ustedes para crear una relación o sexo, y al hacer eso, pueden tener más presencia y más diversión. ¿Cómo sería si el sexo fuera totalmente divertido para ti?

Participante:
Sí, por favor.

Gary:
Todo el tiempo. Cada vez.

¿Qué bastardización del infinito compromiso de ser estás usando para crear la necesidad de sexo, relaciones, copulación y sexualidad, estás eligiendo?

Todo lo que esto sea, multiplicado por un dioszillón, ¿lo destruyes y lo descreas? Acertado - Equivocado, Bueno - Malo, POC y POD, Todos los 9, Cortos, Chicos y Más Allás.

Ahora, ¿por qué digo *sexualidad*? Porque llegas al lugar donde crees que tienes que tener sexo con una mujer con el fin de probar que eres hombre. ¿Qué tiene que ver eso con la elección?

Participante:
Nada.

Gary:
Eso significa que sólo puedes tener sexo con la mitad de la población. La única vez que te das cuenta de que eso realmente no importa, es cuando te meten en prisión y no tienes más que hombres para tener sexo.

Todo lo que esto sea, multiplicado por un dioszillón, ¿lo destruyes y lo descreas? Acertado - Equivocado, Bueno - Malo, POC y POD, Todos los 9, Cortos, Chicos y Más Allás.

Se suponía que eso era gracioso. ¿Dónde está su sentido del humor? ¿Es demasiado tarde para que tengan sentido del humor?

Participante:
Creo que tienes que hacer POD/POC en tu humor para que nos podamos reír de tus chistes.

Gary:

Todo lo que no te permita reconocer mi humor y lo brillante que es; y todo lo que no te permita tener sentido del humor sobre sexo, copulación, relaciones y sexualidad; y todo lo que no te permita jugar con toda forma de sexo, relación, copulación y sexualidad que podrías tener, ¿lo destruyes y lo descreas? Acertado - Equivocado, Bueno - Malo, POC y POD, Todos los 9, Cortos, Chicos y Más Allá.

COMPROMISO COMO UNA DECISIÓN/ COMPROMISO COMO UNA ELECCIÓN

Participante:

Gary, ¿puedes hablar sobre compromiso y elección? ¿Estamos creando compromiso como decisión en lugar de tenerlo como una elección?

Gary:

Sí.

Participante:

¿Es esa la perspectiva de esta realidad acerca del significado de compromiso?

Gary:

Sí.
Todos los futuros que has creado basado en eso, ¿lo destruyes y descreas todo?: Uno… dos… tres… cuatro. Gracias.

Chicos, tienen que captar que toman decisiones con respecto a los compromisos y luego tratan de validar el compromiso para hacerlo real y correcto.

COMPROMISO COMO UNA ELECCIÓN DE DIEZ SEGUNDOS

Participante:
Hablas sobre elegir en incrementos de diez segundos y has dicho que los compromisos son una elección de diez segundos. Estoy confundido al respecto. ¿Cómo funciona eso?

Gary:
Cuando estás eligiendo en incrementos de diez segundos, en un incremento de diez segundos, puedes decir: "La amo", y en los siguientes diez segundos, puedes decir: "No la amo". Puedes decir: "Amo mi negocio", y diez segundos después, puedes decir: "Ya no amo mi negocio". Cuando eliges en incrementos de diez segundos, ahí es donde existe la posibilidad de una creación constante.

Chicos, de alguna manera llegan al raro punto de vista de que el compromiso es permanente. Piensan que una vez que se han comprometido, no hay otra elección posible. Cuando hacen compromisos desde la elección, tienen que darse cuenta de lo que realmente es posible. Es preguntar: ¿Qué es posible aquí que aún no he considerado? ¿Qué tal si ven lo que es posible en lugar de lo que piensan que debería de ser? Eso es diferente a tratar de comprometerse con el compromiso al cual ya se han comprometido.

Participante:
Eso sería tan, pero tan fácil.

Gary:
Sí, y es la razón por la que no tendrás facilidad en tu vida. Sigues tratando de buscar las partes difíciles y las partes malas, en lugar de lo que la haría fácil. ¿Qué tal si estuvieras haciendo lo que sea que fuera fácil en lugar de lo que es difícil?

Participante:
Eso es simplemente brillante.

Gary:
Es simple. Seguimos buscando cómo hacer que algo funcione que parece no funcionar, en lugar de hacer una pregunta:

- ¿Qué funciona con respecto a esto?
- ¿Qué no funciona con respecto a esto?

Por ejemplo, digamos que haces el compromiso de casarte. ¿Eso significa que lo tienes que cumplir? Si te casas con una mujer, ¿estás casado para siempre?

Participante:
No.

Gary:
Continúas tratando de llegar a un lugar desde el cual piensas que puedes funcionar. Piensas que eso va a crear algo más grandioso que realmente estar presente. Sigues tratando de deducir qué va a ser, aun antes de haberlo elegido.

¿Cuántos posibles futuros estás creando y cuántos posibles futuros has creado con el fin de crear lo que no funciona en tu vida? En cuatro: Uno... dos... tres... cuatro. Gracias. Tienes que elegir desde el sentido de paz. ¿Qué tipo de paz y posibilidad están disponibles aquí, que no has considerado? La única razón para estar en una relación es para tener un sentido de paz, que es el sentido de gozo y posibilidad, y el sentido de que hay alguien que te respalda todo el tiempo, alguien con quien puedes divertirte sexualmente.

Participante:
Y no sólo sexualmente.

Gary:
Sí, y debe haber un sentido de paz con el sexo. Si tienes sexo, no deberías tener el punto de vista de: "Nunca debí haber hecho esto". Debería ser: "¿Qué puedo elegir, que aún no he elegido?" ¿Cómo sería si eliges algo que fuera más grandioso?

CREANDO UNA RELACIÓN CON EL HIJO DE TU PAREJA

Participante:
Gary, tengo una pregunta sobre una relación que estoy eligiendo con una niña que tiene cuatro años. Ella está haciendo... No estoy seguro cómo llamarlo... protección o defensa o competencia conmigo. ¿Puedo hablarle de una manera que le permita a ella saber que no le estoy robando a su mamá? Eso es lo que está surgiendo.

Gary:
Sí, le puedes decir: "Me gusta pasar tiempo con tu mamá. Te gusta pasar tiempo con tu mamá. ¿Qué tipo de relación te gustaría tener conmigo?"

Participante:
Maravilloso. Eso es realmente ligero.

Gary:
"¿Qué quieres que sea para ti? ¿Quieres que sea tu papá extra? ¿Quieres que sea el amigo de tu mamá? ¿Quieres que sea tu amigo? ¿Qué es lo que quieres?"

Participante:
Sí, eso le dará elección. Maravilloso.

Gary:
Sí. Ella necesita tener elección. Cuando yo me junté con mi exesposa, ella tenía un hijo, Adam, quien tenía dieciséis y estaba fuera de control, y una hija, Shannon, quien tenía seis y estaba fuera de control. Yo le pregunté a Adam: "¿Qué es lo que quieres que sea en tu vida? ¿Cómo quieres que yo sea en tu vida? ¿Quieres que sea el esposo de tu mamá? ¿Quieres que sea tu padrastro? ¿Quieres que sea tu malvado padrastro? ¿Qué es lo que quieres que yo sea?" Él eligió que yo fuera su papá y le dije: "Ok, de ahora en adelante soy tu papá".

Participante:
¿Y entonces tú eres lo que sea que sea la energía de papá?

Gary:
Sí. Exactamente.

Participante:
Eso sería el que hace las leyes o lo que sea que eso sea.

¿QUÉ ES "PAPÁ" PARA TI?

Gary:
Tienes que preguntar: "¿Qué es papá para ti?" Encuentra cuál sería la definición de ser papá o un hermano o lo que sea.

Participante:
Sí.

Gary:
Deja que ellos definan la relación y ustedes hagan todo lo que puedan para ser eso.

Participante:
Eso hace todo más fácil.

Gary:
Sí. Tú te puedes adaptar, ellos no.

Participante:
Sí. Capto eso.

Gary:
Todos esperan a que el chico se adapte, y esa es la forma equivocada de hacerlo. En algún punto de mi relación con mi ex, Shannon me estaba tratando como mierda. Le pregunté: "¿Por qué me estás tratando de la mierda?"
Ella me contestó: "Porque tú no eres realmente mi familia".

Le dije: "Si me vas a tratar de la mierda, yo te voy a tratar exactamente en la misma manera en que me tratas, y aún peor". Cuando ella me trataba de la mierda, yo la trataba de la mierda. Le daba exactamente la misma mierda que ella me daba, y en el transcurso de tres semanas, todo cambió.

Participante:
Tres semanas. ¡Eso es mucho tiempo!

Gary:
Sí, fue mucho tiempo, pero lo superé. Tienes que ser el más consciente.

Participante:
¿Por qué los chicos no se pueden adaptar?

Gary:
Porque su vida entera se trata de tener que cambiar con base en los puntos de vista de los demás. Sienten como que no tienen control de nada.

Participante:
¿Así que se pueden adaptar, pero no debemos esperarlo de ellos?

Gary:
Bueno, todos están esperando a que ellos se adapten. Tú esperas que tus hijos se ajusten a tu realidad, todo el tiempo. Así que el punto de vista de los niños es: "Yo no tengo control". Y si los niños no tienen control, ¿a dónde se va él o ella para obtener control? Al enojo, la rabia, la furia, y el odio.

Participante:

Exactamente.

Participante:

¿Eso es lo que estoy haciendo con mis hijos? ¿Creando mi vida y esperando que él quiera acompañarme?

NO CREES CONFLICTO O SEPARACIÓN CON TUS HIJOS

Gary:

El otro día le dijiste: "Tienes que elegir. ¿Quieres irte a casa con tu mamá y a la escuela?" Decir "¿Quieres regresar a la escuela?" es una cosa, pero usar el irte a casa con tu madre, como un castigo, no fue algo bueno, porque su lealtad con su mamá se pone en conflicto con su deseo de estar contigo. No creen eso con sus hijos.

Participante:

¿Qué pude haber dicho?

Gary:

"Bueno hijo, si te quieres regresar a casa, puedo encontrar a alguien que te lleve a casa".

Participante:

Sí.

Gary:

Entonces tiene elección.

Participante:

¡Es tan interesante! Nunca vi eso hasta ahora. Eso sería tratarlo como me gustaría que me hubieran tratado.

Gary:

Sí. Si estás en una relación con alguien, y tratas a tu hijo así, el niño tiene que crear enojo en contra de la persona con la que estás en relación.

Participante:

Oh, muy bien.

Gary:

Y eso les da muy poca o ninguna elección en la vida.

Participante:

Me estoy dando cuenta de qué poco gentil fui al preguntarle a mi hijo: "¿Quieres regresar a casa con tu madre y a la escuela?" Tienes más información que me puedas dar sobre cómo estoy creando separación con…

Gary:

Digamos que elegiste eso porque considerabas que era un castigo el regresarlo con su madre. ¿Lo considera él un castigo?

Participante:

No.

Gary:

Si haces eso, él tiene que elegir entre su madre y tú y tu pareja. ¿Con quién se va a desquitar?

Participante:
Con mi pareja.

Gary:
Sí, porque *ella* es el problema.

Participante:
¿Por qué haría eso? Ahora es tan claro que fui poco gentil.

Gary:
Fue sólo un momento de desconsideración. No lo estabas haciendo intencionalmente. Estabas funcionando desde la consciencia del resultado que iba a ocurrir por las elecciones que tomaste.

Participante:
Sí. Gracias.

Gary:
No le has hecho un daño permanente.

Participante:
No, y su mamá le dice: "¡Te mandaré a vivir con tu padre! ¡Eres como tu padre!" Todo eso es muy cruel. La odio por hacer eso, y ni siquiera me di cuenta de que también yo lo estaba haciendo con él, hasta que lo dijiste.

Gary:
Es porque yo estoy dispuesto a decir las cosas que nadie está dispuesto a decir.

Participante:
¿Me puedes decir dónde más estoy haciendo eso?

¿ESTÁS TRATANDO DE HACER QUE TE PREFIERA A TI EN LUGAR DE A ELLA?

Gary:
Tienes que ver dónde estás tratando de hacer que te prefiera a ti en lugar de a ella.

Participante:
Sí.

Gary:
La manera más fácil de hacer que él te prefiera a ti en lugar de a ella, es dejarlo que se quede con ella y sólo sé tú cuando él regrese.

Participante:
Sí.

Gary:
La madre de mi hijo siempre estaba tratando de probar que ella era mejor que yo. Hoy él quiere que ella se vaya y quiere que yo esté junto a él todo el tiempo. La mamá de Shannon nunca quiso que estuviera cerca de Shannon y nunca quería que la tocara. Y hoy, Shannon quiere estar conmigo. No quiere estar cerca de su madre.

Esa es la forma en que funciona. Los padres que tratan de probar que él o ella son mejores, los padres que tratan de controlar a los hijos pierden a los hijos. Si no estás viviendo con la madre de tus hijos, debes saber que tus niños siempre te van a preferir en lugar de a tu pareja. Tienes que hacer a tus hijos tu prioridad número uno sobre tu pareja, y hazle saber a tu pareja que lo estás haciendo para que el niño esté feliz.

¿Quién es tu prioridad número uno? ¿Tu niño o tu pareja?

Participante:
Mi niño.

Gary:
Entonces, si él es tu prioridad número uno, ¿cuál es tu pareja? Ella también es número uno. Tienes que dedicarle tiempo a cada uno de ellos. Cada uno tiene su propio momento especial contigo. Cada uno sabe que es número uno en tu lista.

Participante:
Correcto, en lugar de tratar de combinarlos.

Gary:
Sí, porque los niños empezarán a sentir que están perdiendo su lugar y resentirán a tu pareja. Tienes que dedicarle cierta cantidad de tiempo al niño, hasta que el niño sienta que no tiene más necesidad de ti. Es como empujar inmensas cantidades de energía hacia él, hasta que tenga suficiente. Si empujas inmensas cantidades de energía hacia una persona, ellos se llenan o se quieran alejar. De cualquier manera, ya no se sienten marginados.

Participante:
Mientras que yo he tratado de darle todo lo que su madre no puede, para que…

Gary:
Para que así él te quiera más

Participante:

Sí.

Gary:

Eso sólo está creando el lugar donde tiene que elegir en contra en lugar de en pro.

Participante:

Esto es de gran ayuda. Gracias.

Gary:

Lo increíble para ti es que a tu pareja le cae bien tu niño, y ella está dispuesta a hacer cosas por él y darle cosas que lo hacen feliz. Eso es lo que lo hace funcional. Cuando un niño vive con su madre y su padre, ambos padres adoran al niño. Cuando hay un padrastro, la mayoría de las veces el padrastro empieza a resentirse por el hecho de que el niño toma tanta energía todo el tiempo. No debes nunca permitir que el resentimiento dirija tu relación, por lo que debes estar en la pregunta y preguntar: ¿Qué puedo crear aquí que nunca antes había considerado?

"HE TRATADO DE SER EL PAPÁ *COOL*"

Participante:

Estoy tan agradecido por los temas que estamos tocando. Estoy viendo todos los lugares donde he tratado de ser el papá *cool* o el papá rico o el papá que no tiene puntos de vista, en lugar de alguien que simplemente puede estar junto a su hijo. He creado todos esos lugares donde he estado tratando de hacer algo.

Gary:

Sí. ¿Y qué fue lo que te enseñó tu mamá? ¿No trató de enseñarte a que fueras mejor que tu papá?

Participante:

Ella trató de enseñarme a no ser como mi padre, así que me tuve que hacer él, con el fin de deducir cómo no ser él.

Gary:

Sí, y al mismo tiempo, estás tratando de hacer lo que ella hizo, que es probar que tu padre no fue tan bueno como ella lo fue.

Participante:

Sí, entonces, ¿cuánto de mi futuro aún se crea por eso?

Gary:

Muchísimo. Así que, ¿podemos destruir y descrear todo eso?

Participante:

Sí.

Gary:

¡Uno… dos… tres… cuatro! Gracias.

Algunos de ustedes tienen madres y padres que hicieron lo mismo.

Participante:

Quiero decir cuán agradecido estoy por esta conversación. No soy padrastro y no tengo una madrastra o nada parecido. Ni siquiera tengo hijos, pero la consciencia que esta conversación sacó a relucir se aplica a toda la vida en general. Es brillante.

Gary:

Si ves personas haciendo elecciones que van a crear cosas que no están buscando, entonces al menos sabrás con qué o cómo ayudarlas.

Participante:

Sí.

Participante:

¿Puedo preguntar algo más al respecto? ¿Podemos destruir y descrear todos los lugares donde lo he creado como el futuro de mi hijo?

Gary:

Todo lo que has hecho para crear este tipo de futuro. Todas las proyecciones y expectativas que tuviste sobre otros, que creaste como futuro que están encerradas en su universo, y todas las proyecciones y expectativas: ¡Uno… dos… tres… cuatro! Gracias.

Esto pasa con las mujeres también, cuando las mujeres proyectan que estarás en su futuro. Te ven y dicen: "Oh, este hombre es para mí". Ellas empiezan a tratar de solidificar dentro de tu realidad el futuro que debería ser, basado en que estés con ellas. ¿A cuántos de ustedes, chicos, les están creando ese tipo de futuros?

Participante:

¡Oh, Jesucristo!

Gary:

Sí. Podemos destruir y descrear todo eso: ¡Uno… dos… tres… cuatro! Gracias.

Participante:

Esto es inmenso. Muchísimas gracias por mencionarlo.

Participante:

Y esto también aplica para el dinero. Cuando te conocí, ¿cuántas proyecciones tenía con el dinero?

Gary:

Sí. Aparentemente, los procesos sobre quitarles de encima las proyecciones sobre ustedes acerca de sus futuros, les ha dado, chicos, más libertad que cualquier otra cosa que les he dado esta noche.

Participante:

Me dijiste que soy inapropiadamente generoso; sin embargo, a veces mi esposa todavía me acusa de ser egoísta. Ella piensa que no la tomo suficientemente en cuenta. ¿Qué es eso?

APRENDE A SER MANIPULADOR

Gary:
Ella es una mujer. Si ella no es la prioridad número uno en tu vida, ni la primera persona que escuchas o con quien hablas, su punto de vista es que a ella no le estás poniendo suficiente atención. Hay muchas formas de cambiar esto.

Por ejemplo, asegúrate de traerle regalos por lo menos una vez a la semana. No tienen que ser grandes, solamente para mostrarle que estás pensando en ella. Puede ser una sola flor. Encuentra una linda flor y dile: "Querida, te quiero dar esto, porque esto me recordó a ti. Es casi perfecta, y no podría imaginar nada más bello". Será válida por tres días, y probablemente te toque una mamada con eso. Chicos, tienen que aprender más a ser más manipuladores.

Participante:
¿Sólo una pequeña muestra de "estoy pensando en ti"? ¿Puedes repasar algunas más de esas cosas que harían mi vida con una mujer, más divertida y fácil?

Gary:
Pregúntale: "¿Qué es lo que te gustaría de mí?" Y estate dispuesto a escuchar la respuesta que no te dice. Las mujeres hacen algo que se llama subtexto. Les preguntarás cosas como esa y te dirán: "Oh, nada", pero no significa "nada". Significa, "Quiero que tú sepas lo que quiero, sin tener que decir nada".

Si tu mujer hace esto, vete de compras con ella y pregúntale: "¿Qué te gusta de este aparador? ¿Qué es realmente excitante para ti?" hasta que empieces a tener idea de cuáles serían sus gustos. Y entonces tienes elección.

Cada vez que estés con ella, expresa tu gratitud por ser parte de tu vida. "Estoy tan agradecido de que estés en mi vida. Estoy tan agradecido por el regalo que eres".

Participante:

Una vez le dije eso a mi pareja, y por poco me corta las pelotas.

Gary:

Sí, porque ella pensó que era manipulación. Le debiste haber dicho: "Querida, era en serio. Realmente lo dije de corazón".

Participante:

Yo lo veo diciéndole lo hermosa que es, todo el tiempo. ¿Eso también es expresar gratitud?

Gary:

Sí, esa es la forma en que ella lo puede recibir.

Participante:

Sí, así es.

Gary:

Ella puede recibir: "Eres tan hermosa. ¿Cómo llegué a ser tan afortunado para tenerte en mi vida?" Averigua qué es lo que la persona puede recibir. Dale lo que ella puede recibir. No uses los textos que te di aquí. Ya te está funcionando. He observado a tu pareja hacerse hermosa y más hermosa cada año, los he observado a ambos estar más en sincronía y más conectados el uno con el otro, todo el tiempo.

Participante:
Una vez me dijiste que le diera a mi pareja cosas que jamás nadie más le había dado. Eso fue increíblemente "wow".

Gary:
Dain y yo le dimos a una mujer que trabaja para nosotros un collar, que fue la cosa más cara que ella jamás había recibido, y simplemente cambió su universo. Como resultado, nosotros hicimos más dinero. Cuando estás dispuesto a reconocer el hecho de que las mujeres se merecen ese tipo de cosas, ellas dirán: "Oh, Dios mío. Este chico realmente está aquí para mí. Lo respaldaré. Voy por él".

Y como Dain dice, no se hace desde el lugar de "Oh, esto va a ser una manipulación". Se hace desde la gratitud y el gozo que realmente están ahí, porque hay una gratitud para todos los que están en tu universo y todo lo que te obsequian y te proveen.

Muy bien, caballeros, ha sido un placer. Pienso que ustedes son los chicos más increíbles en el planeta y los únicos que tienen el suficiente valor para convertirse en hombres.

Participante:
¡Eres maravilloso, Gary!

Participante:
Gracias Gary.

12
Descifrando los subtextos de las mujeres

*El subtexto es la forma en que las mujeres funcionan.
Hay "esto es lo que ellas dicen" y hay "lo que ella está pensando".
Lo que ella está pensando es lo que se supone tienes que hacer.*

Gary:
Hola, caballeros. ¿Alguien está feliz?

Participante:
Sí. Estamos realmente felices.

Participante:
¡Estamos felices! ¡Muy felices!

Gary:
Muy bien, vamos. Veamos qué puedo crear aquí. Veamos qué tan miserables los puedo hacer. ¿Quién tiene una pregunta?

ENCARRILAMIENTO CULTURAL

Participante:
Me encuentro a mí mismo más atraído a las mujeres que son de mi misma raza, origen étnico y que tienen el mismo tipo de color de piel. ¿Tener sexo con gente de tu misma raza y origen étnico es un implante o alguna programación en mi cuerpo?

Gary:
No, es un encarrilamiento que aprendiste de tu cultura. Tendemos a estar más excitados por las personas del mismo origen étnico porque hemos sido entrenados para creer que son los más atractivos. No es una programación, es un encarrilamiento.

Muchos chicos ven a una mujer y dicen: "¡Oh! ¡Es sexy!" ¿Es eso realmente verla a ella? No, la estás cosificando y la estás convirtiendo en un "objeto" en tu mundo, en lugar de estar con ella como ser.

¿Cuántos encarrilamientos tienes para determinar con quién o qué vas a dormir y con quién no dormirás, estás eligiendo? Todo lo que eso sea, multiplicado por un dioszillón, ¿lo destruyes y descreas? Acertado - Equivocado, Bueno - Malo, POC y POD, Todos los 9, Cortos, Chicos y Más Allás.

"FRECUENTEMENTE ATRAIGO HOMBRES GAY"

Participante:

Me parece que frecuentemente atraigo hombres *gay*. Ellos coquetean conmigo y siempre me hacen sentir incómodo porque no estoy seguro de cómo responder. ¿Cómo creo esto?

Gary:

Bueno. No lo sé. ¡Podría ser que realmente eres sexy! El asunto sobre los hombres gay es que les gustan los hombres sexys. Si eres sexy, los hombres *gays* irán tras de ti. No significa que eres *gay*, aunque lo haría mucho más fácil para ti si lo fueras. Eso significa que eres bien parecido. Lástima que seas un idiota. Piensas que no eres bien parecido porque las mujeres no van tras de ti de la misma forma en que lo hacen los hombres. Tonto, tonto, tonto.

Participante:

¿Estoy mandándole señales equivocadas a los chicos *gay*?

Gary:

No.

Participante:

¿Cómo puedo cambiar esto?

Gary:

Disfrútalo. Reconoce que solamente es un reconocimiento de lo que has hecho y lo que está funcionando para ti.

¿DÓNDE NECESITAS PONER TU ENERGÍA?

Participante:
Estoy empezando una relación consciente con una mujer, y he encontrado que me estoy moviendo más hacia mi negocio y menos a Access Consciousness y a apoyar a otros facilitadores. ¿Estoy excluyendo a Access para crear mi relación y mi propio negocio?

Gary:
No. Tienes que estar dispuesto a ver dónde tienes que poner tu energía cada día. Es la parte más importante de todo esto. No se trata de renunciar a Access. Tienes que ir hacia: ¿cuál será la prioridad que va a crear el mejor resultado para mí?

Participante:
¿Qué puedo ser o hacer diferente para tener todo como prioridad?

Gary:
No puedes tener todo como prioridad. Podrías reconocer que hay momentos en donde una cosa será la prioridad y en otros momentos, la será otra. Y si estás con una mujer, ella siempre será la prioridad.

Participante:
¿Qué puedo ser que me permita recibir más de Access Consciousness y de ustedes?

Gary:

Lo que puedes ser es *tú*. Y si estás haciendo tu negocio, y si estás haciendo todas las cosas de las que estás hablando aquí, todo deberá mejorar.

UNA RELACIÓN CON UN NIÑO ADJUNTO

Participante:

La relación en la que estoy ahora tiene un niño adjunto. He descubierto que hablando con mi pareja sobre cómo podemos facilitar a su hija, ha creado una gran conexión entre nosotros. ¿Es esto una contribución para mí, la niña, y la mujer, o resultará contraproducente?

Gary:

No, es una contribución. Tienes que captar que por eso estás yendo ahí. Eso es lo que puede ser contribuido y lo que realmente es posible.

Participante:

Después de la llamada anterior, le pregunté a mi hijastra qué le gustaría a ella que yo fuera en su vida, y ella me respondió: "Feliz". Después de que hablamos un poco más, me dijo: "Un amigo". Hablamos también sobre eso, y su punto de vista es que un amigo es un compañero de juego. ¿Cómo puedo usar eso?

Gary:

Sé un compañero de juego.

Participante:

Ella también ha estado considerando el cambiarse su apellido por el mío, y una vez me llamó *papá*.

Gary:

Eso significa que ella te está tratando de hacer su papá. Tienes que ver si estás dispuesto a ser eso, porque aun cuando termines no quedándote con esta mujer, tienes que estar dispuesto a ser el papá de esta niña o la mujer te odiará.

Participante:

A mi hijastra le gusta hacer videos sobre entidades y cosas así conmigo, y yo le pregunté tanto a su mamá como a ella, si podía usarlas para promover mi negocio. Ambas están felices con eso. ¿Qué creará esto?

Gary:

Eso creará que estén involucradas en tu negocio, lo que deberá crear más ganancias para ti.

Participante:

¿Esto debe hacerse como Trato y Entrega?

Gary:

Sí. Todo debe ser hecho como Trato y Entrega.

UNA VIDA INDEFINIDA

Participante:

Primero, quiero darte las gracias por estas llamadas. Han sido, de muchas maneras, un cambio para mí. He obtenido más claridad sobre cómo funciono con las mujeres, con las relaciones, y lo que puedo hacer diferente para hacer que las cosas funcionen. Ya no estoy yendo, tan seguido, hacia lo errado de mí y tengo más paz interior. En este momento siento que no hay nada a qué aferrarme en ningún área de mi vida. He estado pidiendo una vida indefinida, lo que significa para mí estar libre de definiciones y limitaciones que otras personas imponen en mí. No tengo ni la menor idea de cómo funcionar con esto, aparte de hacer preguntas.

Gary:
Si funcionas desde la pregunta en tus relaciones y con todo lo que haces, empiezas a moverte hacia tener una vida indefinida. Si todo es una pregunta, abres la puerta a una relación que todavía no ha existido. Pregunta:

¿Qué energía, espacio y consciencia podemos ser mi cuerpo y yo que nos permita tener una relación más allá de esta realidad con total facilidad? Todo lo que no permita que eso se muestre, multiplicado por un dioszillón, ¿lo destruyes y descreas? Acertado - Equivocado, Bueno - Malo, POC y POD, Todos los 9, Cortos, Chicos y Más Allás.

Tal vez querrás poner esto en un *loop* y ejecutarlo sin parar, por lo menos treinta días, hasta que empieces a captar que hay un lugar diferente desde donde puedes lidiar con todo.

LIDIANDO CON LA IRA DE LAS MUJERES

Participante:
Cuando mi mujer me lanza su ira o la proyecta hacia mí, todavía me voy a un más allá y me descarto. A veces me voy a lo

errado de mí. He ejecutado procesos con los más allás y con los implantes SHICUUUU, pero de todos modos hay resistencia a recibir la energía de su ira.

Gary:
La ira no es sino una forma de controlarte. ¿Qué tal si tuvieras una elección diferente? ¿Estarías dispuesto a tener eso?

Participante:
¿Debería ejecutar "¿Qué energía, espacio, y consciencia podemos mi cuerpo y yo ser que me permitirá ser el patético montón de mierda, lo errado y la debilidad que verdaderamente soy?"?

Gary:
Ese no es uno bueno. Quieres ejecutar:

¿Qué bastardización de la infinita capacidad estoy usando para crear lo errado, el patético montón de mierda, y el débil, el pusilánime cobarde que estoy tratando de ser, que estoy pretendiendo ser, estoy eligiendo? Todo lo que eso sea, multiplicado por un dioszillón, ¿lo destruyes y descreas? Acertado - Equivocado, Bueno - Malo, POC y POD, Todos los 9, Cortos, Chicos y Más Allás.

Participante:
También he estado tratando de usar los jalones de energía, bajar mis barreras, hacer "interesante punto de vista", POD/POC, y todos funcionan a veces. Pero cuando me voy a un más allá, todas esas herramientas se van. ¿Hay alguna otra manera para liberarme aquí y soltar esto?

Gary:

Algunas veces tienes que estar dispuesto a enojarte. Puedes hacer ira sin juicio y sin fuerza. Hacer ira sin juicio y sin fuerza es el elemento generativo de la ira. Tienes que estar dispuesto a hacer eso. Estar dispuesto a ir hacia la ira cuando lo necesites. La mayoría de nosotros pensamos que no enojarse es el objetivo. ¿Qué tal si no es así? ¿Qué tal si hubiera otra elección que aún no hemos elegido?

Participante:

¿También podemos usar el juicio sin ira con los niños?

Gary:

Sí. Con los niños puedes decir: "Ya basta. No más".

Participante:

¿Es la ira sin juicio lo mismo que la energía asesina?

Gary:

No, la ira sin fuerza o juicio es: "¿Sabes qué? Vuelves a hacer eso otra vez y te va a pesar". La gente tiende a tener el punto de vista de que la ira siempre está mal, pero no es así. Es sólo que eres hombre, así que generalmente estás mal.

Todo lo que has hecho para no percibir, saber, ser y recibir las otras opciones que tienes, ¿lo destruyes y descreas? Acertado - Equivocado, Bueno - Malo, POC y POD, Todos los 9, Cortos, Chicos y Más Allá.

PRESENCIA AGRESIVA EN UNA RELACIÓN

Participante:
¿Puedes hablar más sobre la presencia agresiva en una relación y cómo podría mostrarse eso?

Gary:
Presencia agresiva es la voluntad de ser tú y estar presente en la relación sin importar el resultado. Es acerca de no tener ningún punto de vista. Todo es simplemente un interesante punto de vista y nada más. Cuando estás dispuesto a funcionar sin el sentido de que tienes que hacer algo más que simplemente estar presente, empiezas a crear una realidad donde nada se convierte en algo errado y todo se vuelve una posibilidad.

CÓMO ABORDAR A UNA MUJER

Participante:
¿Puedes hablar de cómo abordar a una mujer?

Gary:
Depende de lo que estás buscando. Tienes que preguntar:

- ¿Qué es lo que realmente quiero crear aquí?
- ¿Qué es lo que quiero hacer?
- ¿Cómo va a funcionar esto para mí?
- ¿Qué es lo que quiero obtener de esta mujer?

Si realmente deseas crear algo con una mujer, tienes que preguntar: "¿Qué es lo que realmente quiero crear aquí?" Muchos de ustedes tratan de crear algo basado en una mentira.

¿Cuántas mentiras estás usando para crear la relación que estás eligiendo? Todo lo que esto sea, multiplicado por un dioszillón, ¿lo destruyes y descreas? Acertado - Equivocado, Bueno - Malo, POC y POD, Todos los 9, Cortos, Chicos y Más Allá.

"LA PALABRA COMPROMISO TODAVÍA ME ESTÁ ATORANDO"

Participante:
La palabra *compromiso* me sigue atorando. Por ejemplo, la idea de comprometerme con una relación me hace sentir que tengo que excluir a todas las mujeres con las que me gustaría tener sexo o convivir. O comprometerme a un trato de negocios o a un trabajo significa que tengo que excluir todas las otras posibilidades de negocio.

Gary:
¿Cuántos de ustedes están comprando la mierda de que solamente son capaces de, o están dispuestos a, o les gustaría tener solo una persona o un solo negocio como la suma total de su realidad? Todo lo que esto sea, multiplicado por un dioszillón, ¿lo destruyes y descreas? Acertado - Equivocado, Bueno - Malo, POC y POD, Todos los 9, Cortos, Chicos y Más Allá.

Participante:

Las expectativas de otras personas me hacen querer salir corriendo en la dirección contraria.

Gary:

¿Qué tal si sólo estuvieras consciente, en lugar de ser un idiota?

Participante:

(Risas)

Gary:

Reconoce que estás consciente. Eres mucho más consciente que el noventa por ciento de los chicos en este planeta. Así que, ¿qué significa esto? Significa que tienes más posibilidades con más mujeres que los demás.

Usa tu consciencia y pregunta:

+ ¿Qué es lo que esta persona quiere escuchar?
+ ¿Qué es lo que esta persona quiere crear?
+ ¿Cómo va a lucir esto?

Empieza a alcanzar ese universo, y serás capaz de hablar con cualquiera sin esa sensación de que no puedes elegir estar con ella. Serás capaz de crear tu canal de empoderamiento, más grandioso de lo que has estado actualmente haciendo.

Participante:

Tengo miedo de que si me comprometo con alguien o con algo, otra vez me perderé en esa persona o esa cosa.

Gary:

¿Es eso realmente tuyo? Odio decírtelo, mi amigo, pero eres muchísimo más consciente de lo que quieres saber. Noventa por ciento de lo que ustedes, chicos, están pensando y los está confundiendo, ni siquiera es suyo. ¿Qué tan raro es eso?

PUEDES SER *TÚ* SIN UNA MUJER

Participante:

Conocí a una mujer que es doce años más joven que yo. Ella vive a sesenta kilómetros de distancia de mí y su vida es muy diferente a la mía. Ella trabaja en las artes y yo trabajo en negocios.

Gary:

¿Por qué crees que está interesada en ti? Su punto de vista básico es que eres exitoso. Ella quiere aprender cómo ser exitosa.

Participante:

Todo entre nosotros era realmente fácil cuando ninguno de los dos estaba buscando una relación seria, así que simplemente nos estábamos dejando llevar. Realmente me gusta y ella ha desarrollado sentimientos que no quería, y los apartó. Es como si ella tuviera el punto de vista de que no quiere estar en una relación, así que nada más puede suceder. Aun cuando ella siga adelante con su vida, de la manera en que ella lo elija, me gustaría tener más claridad acerca de lo que está sucediendo.

Gary:

¿Qué bastardización de la infinita libertad de las mujeres estás usando para crear las relaciones inconscientes con las mujeres que estás eligiendo? Todo lo que esto sea, multiplicado por un dioszillón, ¿lo destruyes y descreas? Acertado - Equivocado, Bueno - Malo, POC y POD, Todos los 9, Cortos, Chicos y Más Allás.

Participante:
¡Whoa! Esa es la energía que he estado sintiendo.

Gary:

¿Qué bastardización de la infinita libertad de las mujeres estás usando para crear las relaciones inconscientes con las mujeres que estás eligiendo? Todo lo que esto sea, multiplicado por un dioszillón, ¿lo destruyes y descreas? Acertado - Equivocado, Bueno - Malo, POC y POD, Todos los 9, Cortos, Chicos y Más Allás.

Chicos, tienen el extraño punto de vista de que no pueden estar sin una mujer. Es jodidamente extraño, porque ustedes *pueden* estar sin una mujer. De hecho, es mucho más fácil, pero ustedes por alguna razón, han decidido que, sin una mujer, no pueden ser.

Todo lo que esto sea, multiplicado por un dioszillón, ¿lo destruyes y descreas? Acertado - Equivocado, Bueno - Malo, POC y POD, Todos los 9, Cortos, Chicos y Más Allás.

¿Qué bastardización de la infinita libertad de las mujeres estás usando para crear las relaciones inconscientes con las mujeres que estás eligiendo? Todo lo que esto sea, multiplicado por un dioszillón, ¿lo destruyes y descreas? Acertado -

Equivocado, Bueno - Malo, POC y POD, Todos los 9, Cortos, Chicos y Más Allás.

Participante:
Ejecútalo de nuevo, por favor.

Gary:
¿Qué bastardización de la infinita libertad de las mujeres estás usando para crear las relaciones inconscientes con las mujeres que estás eligiendo? Todo lo que esto sea, multiplicado por un dioszillón, ¿lo destruyes y descreas?
Acertado - Equivocado, Bueno - Malo, POC y POD, Todos los 9, Cortos, Chicos y Más Allás.
Todos los futuros no actualizados y no realizados que tienes con respecto a tu futuro siempre con una mujer y que la única manera en la que vas a tener un futuro es con una mujer, ¿puedes destruirlos todos, por favor?: Uno… dos… tres… cuatro. Gracias.

SIEMPRE VAS A ENTRAR EN UNA RELACIÓN PORQUE ESO ES LO QUE LA MUJER QUIERE

Participante:
Yo realmente no deseo una relación; sin embargo, conocí a una maravillosa mujer con la que realmente me gusta pasar el tiempo, y aun cuando todo es muy fácil, termina creando relación.

Gary:

Eres un hombre. Eres un idiota. Te amo, pero ¿me estás bromeando? Siempre vas a entrar en una relación, porque es lo que la mujer quiere. Chicos, ustedes se entregarán una y otra vez a la mujer. Es simple y malditamente estúpido. Tienen un pene. Su CI es sólo tan largo como su pene.

Participante:

¿No podemos simplemente disfrutar sin todas esas otras cosas?

Gary:

No, lo siento. Son muy lindos, pero son más tontos que nada. No existe eso de amigos con derechos. Todas las mujeres siempre asumen que, si eres amigable y fácil, y encima de eso, eres lindo, significa que eventualmente se van a meter en una relación, y la única razón por la que quieren pasar tiempo con ella, es porque quieren una relación. Lo siento, chicos. Ustedes tienen un cerebro que funciona, y es el que cuelga entre sus piernas. El resto de su poder cerebral es inservible.

Participante:

¿Hay alguna forma de darle la vuelta a esta mierda?

Gary:

¿Hay alguna forma de darle la vuelta? Sí. Vuélvete inteligente. Velo. Después de tomar la clase de sexo y relaciones, recibí un mensaje de texto de una dama que decía: "¿Qué tengo que hacer para tenerte? ¿Te puedo mandar una foto de mi clítoris? ¿Tengo que hacer una retirada agresiva? ¿Qué tengo que hacer para tenerte?" ¿Me pidió mi punto de vista? No. ¿Me preguntó si estaba interesado? ¡No! ¿Por qué? Porque es una mujer y su punto de vista básico es: "Si eres un hombre, no tienes otro punto de vista que el que yo quiero que tengas". Tienen que captar esto chicos, porque si no lo hacen, pasarán su vida entera tratando de hacer a las mujeres correctas, y tratando de deducir cómo hacer que funcione para ellas. No para ustedes, para ellas.

LA MUJER NO ES LA FUENTE DE TU REALIDAD SEXUAL

Participante:
He dejado de hacer a las mujeres la fuente de mi realidad sexual. Eso me ha dado una gran libertad.

Gary:
Sí. La mujer no es la fuente de tu realidad sexual. ¿Cuántos de ustedes han hecho a la mujer la fuente de su realidad sexual? Hacen al sexo la fuente de cómo viven. Deciden que no pueden vivir sin sexo. La verdad es que, sí pueden vivir sin sexo, pero es mucho más divertido tenerlo. Pero ustedes, chicos, no tienen sexo por diversión. Lo hacen para asegurarse de que puedan continuar viviendo. Piensan que el sexo es cosa seria. Yo tengo un punto de vista diferente. Tengo el punto de vista de que el sexo es algo que haces por diversión. ¿Por qué no hacerlo sólo porque es divertido?

¿Qué estupidez estás usando para crear el sexo serio que estás eligiendo? Todo lo que esto sea, multiplicado por un dioszillón, ¿lo destruyes y descreas? Acertado - Equivocado,

Bueno - Malo, POC y POD, Todos los 9, Cortos, Chicos y Más Allás.

Cuando llegues al punto donde el sexo no tenga importancia, donde está bien para ti de una forma u otra, estás creando el lugar donde realmente tienes elección, y el sexo que hagas será mucho más grandioso.

Las mujeres me hacen todo tipo de raras y forzosas invitaciones, y yo no tengo ningún deseo de tener sexo con ellas. A mí me gusta alguien que es divertido, no alguien que es impositivo. Para mí personalmente, debe haber un sentido de diversión en ello. Cuando llegues al punto en que no tengas necesidad de ello, empiezas a elegir con quienes puedes tener sexo— y cuándo. Es un lugar mucho más fácil desde el cual funcionar, y cuando llegues ahí, terminarás teniendo mucho mejor sexo. Te lo puedo garantizar.

¿CUÁNTOS EMPLEOS TE HAN DADO?

Participante:
   Veo que he estado tratando de ser el pacificador en el sexo y las relaciones. He estado ejecutando el proceso de "¿Qué estupidez estoy usando para crear al pacificador que estoy eligiendo?", y parece como que las cosas están cambiando.

Gary:
   ¿Tomaste el empleo de ser el pacificador o te dieron el empleo? ¿Te dieron ese empleo en el útero?

Participante:
   Te dieron se siente más ligero.

Gary:

Así que te fue dado el empleo de ser el pacificador en tu familia. ¿Eso te da elección o eso los hace a ellos los que eligen por ti?

Participante:

Los hace a ellos los que eligen.

Gary:

Si ellos son los que eligen, ¿qué elecciones tienes? ¿Tienes muchas elecciones o tienes muy pocas elecciones?

Participante:

Pocas elecciones.

Gary:

La realidad es que lo que realmente quieres crear es una posibilidad más grandiosa, no una posibilidad menor. ¿Cómo sería si pudieras tener la posibilidad más grandiosa que hayas tenido? ¿Cómo sería?

Nota que no tienes una respuesta, porque no respuesta es el lugar donde nunca te dieron elección. Te dieron el empleo y ese es el empleo que se supone tienes que tener. Ningún otro empleo funciona.

Todo aquello con lo que te alineaste y concordaste, o a lo cual reaccionaste y resististe, que permitió que ese empleo te fuera dado, ¿lo destruyes y descreas todo? Acertado - Equivocado, Bueno - Malo, POC y POD, Todos los 9, Cortos, Chicos y Más Allá.

¿Cuántos empleos te han dado las mujeres en esta vida, que requieren que tú no elijas por ti, que no seas tú y que hagas lo que ellas quieran que hagas? Todos ellos, ¿los destruyes y descreas? Acertado - Equivocado, Bueno - Malo, POC y POD, Todos los 9, Cortos, Chicos y Más Allás.

Todos los futuros que han sido creados basados en esos empleos, ¿podemos destruirlos y descrearlos todos, por favor?: Uno… dos… tres… cuatro. Una vez más: Uno… dos… tres… cuatro. Una vez más: Uno… dos… tres… cuatro.

Bien, ¿Se sienten más libres para elegir?

Participantes:
Sí.

Gary:
Sigues pensando eso, porque la mujer te dio ese trabajo, ya sea que el empleo que les han dado sea sacar la basura o ser la basura,. A muchos de ustedes se les ha dado el empleo de ser el hombre de la familia, especialmente si tuvieron madres divorciadas. Les dieron el empleo de ser el hombre de la familia, pero nunca se les dijo qué significaba y definitivamente no recibieron ningún beneficio por ello. Usualmente les dijeron que su padre era tan terrible, tan espantoso y despiadado, que decidieron que no se querían volver como él, así que nunca llegas a ser tú. La forma en que sabes qué eres como hombre, es por el padre que tuviste, aun cuando sólo lo hayas tenido por los treinta segundos que le tomó eyacular.

Todo lo que esto sea, multiplicado por un dioszillón, ¿lo destruyes y descreas? Acertado - Equivocado, Bueno - Malo, POC y POD, Todos los 9, Cortos, Chicos y Más Allás.

EL EMPLEO DE JUZGARTE A TI MISMO

Si tuviste una madre que juzgó a tu padre de alguna manera, modo o forma, la única elección que tuviste fue el empleo de juzgarte a ti mismo.

¿A cuántos de ustedes les han dado el empleo de juzgarse sin parar hasta joderse fuera de la existencia? Todo lo que esto sea, multiplicado por un dioszillón, ¿lo destruyes y descreas? Acertado - Equivocado, Bueno - Malo, POC y POD, Todos los 9, Cortos, Chicos y Más Allás.

Participante:

¿Cómo funciona eso? Si tu madre juzga a tu padre, entonces tú estás…

Gary:

Tú eres el retoño. En la Biblia, dice: "Los pecados de los padres serán derramados sobre los hijos". Eso es. Ese es el encarrilamiento, el asumir que serás tan malo como tu padre. Y pasas toda tu vida no queriendo ser como tu padre, y el resultado final es que te volviste eso con el fin de no ser eso, lo que significa que estás atascado. De hecho, tú eres mucho mejor que tu padre. ¿Alguno de ustedes lo ha notado? ¿Alguna vez han sido reconocidos por ser mucho mejores que sus padres?

Participante:

No. Mi mamá solía decirme: "Te ves como tu padre", y la gente decía: "Te ves como tu padre", y un día me di cuenta: "Wow, mi cuerpo se volvió como el de mi padre".

Gary:

Sí. Todos esos puntos de vista te fueron entregados.

¿Cuántos de ustedes tienen el punto de vista de que se ven como su padre, o que se ven como su madre, o que se ven como un tío, o que se ven como su abuelo? La verdad es que ninguno de ustedes se ve como nadie más que como tú.

Todo lo que has hecho para estar conforme con verte como el cuerpo de alguien más, ¿lo destruyes y descreas? Acertado - Equivocado, Bueno - Malo, POC y POD, Todos los 9, Cortos, Chicos y Más Allá.

¿CUÁL ES EL SUBTEXTO AQUÍ QUE NO ESTOY RECONOCIENDO?

Participante:
Cuando le pregunto a mi mujer qué le gustaría, cómo se vería algo, o qué puedo hacer por ella, raramente recibo alguna información. Ella no quiere responder, así que nunca podemos llegar al Trato y Entrega. Te he escuchado decir que las mujeres nunca te dicen la verdad de ellas, para que así puedan controlar al hombre. ¿Qué preguntas puedo hacer o qué energías puedo ser aquí? ¿Me puedes decir más sobre eso? ¿Estoy buscando una respuesta, en vez de la consciencia?

Gary:
Sí, estás buscando una respuesta, no la consciencia. ¿Qué te gustaría crear? ¿Qué te gusta crear con una mujer?

Todo lo que no te permita percibir, saber, ser y recibir eso, ¿lo destruyes y descreas? Acertado - Equivocado, Bueno - Malo, POC y POD, Todos los 9, Cortos, Chicos y Más Allá.

Participante:

Yo también tengo un problema con esto. ¿Podemos hablar un poquito más sobre ello? Cuando trato de hacer un Trato y Entrega, la mujer me sigue haciendo las preguntas que yo le hago, así que damos vueltas y vueltas.

Gary:

¿Por qué alguien te hace la pregunta que tú le acabas de hacer? Porque a) no quieren contestarte; b) quieren averiguar cuál es tu respuesta antes de responder.

Si le preguntas a una mujer: "¿Te gusta este color?", ella responderá: "¿Qué color te gusta?"; su punto de vista es: "Si a ti no te gusta el color que a mí me gusta, entonces no me vas a gustar. Si a mí no me gusta el color que a ti te gusta, no nos vamos a llevar bien". Este es el subtexto de toda conversación. Tienes que hacer la pregunta: ¿Cuál es el subtexto aquí que no estoy reconociendo?

Participante:

He conocido un par de mujeres. Nos gustan las mismas cosas, nos gusta hacer las mismas cosas y entre nosotros tenemos muchas cosas en común…

Gary:

Toda mujer te va a decir que tienen muchas cosas en común, ya sea que sea verdad o no. *En común* significa "estamos destinados a estar juntos". Ese es el subtexto de ese comentario. Cuando una mujer te dice: "Tenemos mucho en común", significa "nos vamos a casar".

Participante:

Ahí es a donde quiero llegar. Cuando las mujeres dicen: "Tenemos muchas cosas en común", yo les digo: "Sí, ¿y eso qué tiene que ver?"

Gary:

Todas las mujeres van a buscar lo que tienen en común, para que ella pueda decidir que tú eres el hombre que ella quiere. No tiene nada que ver con tu punto de vista. No les importa tu punto de vista.

Participante:

Verdad, verdad, verdad.

Gary:

¿Cuándo vas a captar que siempre hay un subtexto en las conversaciones femeninas? "Eres tan interesante" significa "Oh, puedo tener sexo contigo". "Wow, esto fue muy divertido" significa "¿Qué es lo siguiente que vas a hacer?" y "¿Para cuándo reservo la iglesia?

Participante:

Lo capto.

Gary:

Chicos, tienen el punto de vista de que las mujeres escuchan lo que ustedes les dicen. No, no. Ellas no escuchan lo que ustedes dicen. Ellas ya tramaron lo que va a suceder.

¿Cuánto de tu habilidad de comprender es invalidado por la trama femenina de lo que ella quiere escuchar? Todo lo que esto sea, multiplicado por un dioszillón, ¿lo destruyes y descreas? Acertado - Equivocado, Bueno - Malo, POC y POD, Todos los 9, Cortos, Chicos y Más Allás.

¿QUÉ PARTE DE "LAS MUJERES TIENEN SUBTEXTO" NO ESTÁS CAPTANDO?

Las mujeres se comunican de una forma sinuosa, pensando que van a obtener lo que ellas quieren a través de cambiar la forma en cómo lo piden, de modo que eventualmente te quitas del camino y haces lo que ellas dicen. Las mujeres siempre esperan que los hombres hagan lo que ellas quieren.

¿Por qué no captas eso? ¿Qué parte de "Las mujeres tienen subtexto" no estás captando? El punto de vista de una mujer es que, si dices lo que ella dice, estás diciendo la verdad. Si le estás diciendo a ella lo que quiere escuchar, estás diciendo la verdad. Todo lo demás es una mentira.

Tienen que captar esto, chicos. Las mujeres funcionan desde el subtexto. Pregunta: ¿Cuál es el subtexto que no estoy escuchando aquí? Subtexto es la manera en que ellas funcionan. Hay "esto es lo que ella dijo" y hay "esto es lo que ella piensa". Lo que ella piensa, es lo que se supone tienes que hacer. Ella dice: "Oh, no hay problema. Haz lo que quieras". Eso significa: "Haces eso y te mato".

Alguien dijo que deberíamos tener una *app* de subtexto para decodificar lo que las mujeres dicen. ¿No sería grandioso? Ella dice, "x, y, z" y lo traduce a "esto significa bla, bla, bla". En una clase que hicimos esta semana, les dije a las mujeres lo que era el subtexto, y todas dijeron: "Sí, pero…"

Yo dije: "El subtexto de eso es 'bla, bla, bla'".

Ellas dijeron: "¿A qué te refieres? ¡No estaba haciendo subtexto!

Yo respondí: "¡Sí lo estabas haciendo! ¡Lo acabas de hacer! No está mal; es simplemente lo que haces. Si quieres ser honesta sobre lo que estás diciendo, tienes que ver cuándo lo estás haciendo. Es sólo una de las maneras en que las mujeres son diferentes de los hombres".

Hay un gran video en YouTube llamado "It's Not About the Nail (No es acerca del clavo)". La dama le dice al hombre: "Necesito que escuches. Tengo un dolor en mi cabeza". El hombre dice: "Bueno, ¿qué hay con respecto al clavo que está en tu cabeza?"

La mujer responde: "¡No, ese no es el problema! Quiero que escuches. ¿Por qué nunca me escuchas? ¡Deja de tratar de arreglarme!"

¿Saben? La cosa es, chicos…. que son hombres.

Participante:

¿Tienes algunos procesos para tener más facilidad para decodificar subtexto?

Gary:

Las mujeres siempre tienen motivos ulteriores. Ellas siempre tienen subtexto. Nunca, nada es derecho. Nunca es directo.

¿Qué estupidez estás usando para crear el nunca percibir y recibir el subtexto, estás eligiendo? Todo lo que esto sea, multiplicado por un dioszillón, ¿lo destruyes y descreas? Acertado - Equivocado, Bueno - Malo, POC y POD, Todos los 9, Cortos, Chicos y Más Allás.

"AHORA TENEMOS UNA RELACIÓN"

Participante:
¿Habrá algo que no he visto en mi relación, que, si lo viera, podría crear más espacio y posibilidad?

Gary:
De todas formas, siempre estás haciendo eso, así que no pienso que tengas que preocuparte por ello. Ambos, tu pareja y tú, están tratando de crear su relación. No están tratando de vivir en ella. Y eso es esencial. El mayor error que la gente comete es cuando dice: "Ahora tenemos una relación". ¿Ese es el final? No. No es el final. Es sólo el principio de qué más es posible. Están en un constante estado de creación de su relación cuando funcionan desde:

- ¿Qué más es posible?
- ¿Qué otras elecciones tenemos?
- ¿Qué más podemos crear?
- ¿Cómo nos gustaría que esto sea?
- ¿Podemos destruir y descrear todo lo que fue ayer?

Hacer estas preguntas te mantiene en el momento presente y abre la puerta a niveles de posibilidad que nadie más podría tener.

Muchísimas gracias. Chicos, son un maravilloso regalo. Esta serie ha sido una enorme contribución a una posibilidad más grandiosa. Ustedes son los chicos más valientes que jamás he conocido, porque están dispuestos a hablar acerca de ser algo diferente de lo que las demás personas están dispuestas a ser.

Participante:

Impresionante. Yo quiero decir: gracias por una serie grandiosa.

Participante:

Muchísimas gracias, Gary.

Gary:

Gracias a todos por estar en estas llamadas. Estoy tan agradecido de que estén en el mundo, chicos. ¡Cuídense, y salgan a fornicar! Pero recuerden, sólo quieren fornicar una vez. Si lo hacen por segunda vez, estarán en una relación, y si van por la tercera, se están casando. Y si la chica les dice: "Tenemos tanto en común", su punto de vista es que estarán casados muy pronto. Así que más les vale estar preparados para las consecuencias, si ustedes no se muestran como se supone que deben ser.

Los amo, chicos. ¡Cuídense!

El Enunciado Aclarador de Access Consciousness®

Tú eres el único que puede desbloquear los puntos de vista que te tienen atrapado.
Lo que estoy ofreciendo aquí con el Enunciado Aclarador es una herramienta que puedes usar para cambiar la energía de los puntos de vista que te han encerrado en situaciones inmutables.

A lo largo de este libro, hago muchas preguntas, y algunas de esas preguntas van a hacer que tu cabeza dé vueltas un poco. Esa es mi intención. Las preguntas que hago están diseñadas para sacar a tu mente fuera del contexto para que puedas captar la energía de la situación.

Una vez que la pregunta ha hecho girar tu cabeza y ha surgido la energía de la situación, pregunto si estás dispuesto a destruir y descrear lo que atora la energía: porque la energía atorada es la fuente de todas las barreras y limitaciones. Destruir y descrear lo que atora la energía abrirá la puerta a nuevas posibilidades para ti.

Esta es tu oportunidad para decir: "Sí, estoy dispuesto a dejar ir cualquier cosa que esté manteniendo esa limitación". De ahí seguiremos con palabrería rara que llamamos el Enunciado Aclarador:

Acertado - Equivocado, Bueno - Malo, POC y POD, Todos los 9, Cortos, Chicos y Más Allás.

Con este Enunciado Aclarador, estamos yendo atrás hacia la energía de las limitaciones y barreras que se han creado. Estamos viendo las energías que evitan que podamos movernos hacia adelante y expandirnos hacia los espacios a donde nos gustaría ir. El Enunciado Aclarador es simplemente una breve frase que aborda las energías que están creando limitación y contracción en nuestra vida.

Cuanto más ejecutes el Enunciado Aclarador, más profundo irá y más capas y niveles se pueden liberar. Si surge un montón de energía en respuesta a la pregunta, quizá desees repetir el proceso en numerosas ocasiones hasta que el tema que está siendo abordado ya no sea un problema para ti.

No tienes que entender las palabras del Enunciado Aclarador para que este funcione, porque lo que cuenta es la energía. Sin embargo, si te interesa e saber lo que estás palabras significan, a continuación, encontrarás algunas breves definiciones:

Acertado – Equivocado, Bueno y Malo: es una abreviación de: ¿Qué es acertado, bueno, perfecto y correcto sobre esto? ¿Qué es equivocado, malvado, vicioso, terrible, malo y horrible sobre esto? La versión corta de estas preguntas es: ¿Qué es acertado y equivocado, bueno y malo? Lo que consideramos acertado, bueno, perfecto y/o correcto es lo que más nos atora. No deseamos dejarlo ir, ya que hemos decidido que estamos en lo correcto.

POD corresponde en inglés a Punto de Destrucción; todas las formas en que te has estado destruyendo con el fin de mantener en existencia lo que estás liberando.

POC corresponde en inglés al Punto de Creación de los pensamientos, sentimientos y emociones que inmediatamente preceden a tu decisión de atorar la energía en ese lugar.

Algunas personas dicen "POD/POC", que es simplemente un acrónimo del enunciado completo. Cuando haces "POD/POC" en algo, es como sacar la carta inferior de una casa de naipes. Todo se derrumba.

Todos los 9 corresponde a las nueve diferentes maneras en que has creado esto como una limitación en tu vida. Hay capas de pensamientos, sentimientos, emociones y puntos de vista que crean la limitación como sólida y real.

Cortos es la versión corta de una muy larga serie de preguntas que incluyen: ¿Qué es significativo de esto? ¿Qué es lo insignificante de esto? ¿Cuál es el castigo por esto? y ¿Cuál es la recompensa de esto?

Chicos corresponde a la estructura energética llamada esferas nucleadas. Básicamente, tienen que ver con esas áreas de nuestras vidas donde hemos tratado de solucionar algo continuamente sin ningún resultado. Hay al menos trece diferentes tipos de esferas, que colectivamente llamamos "chicos". Las esferas nucleadas se ven como las burbujas creadas cuando soplas en uno de esos tubos de burbujas para niños que tienen múltiples cámaras. Crea una gran cantidad de burbujas, y cuando revientas una de ellas, otra llena el espacio.

¿Has intentado pelar las capas de una cebolla cuando estás tratando de llegar al meollo de un asunto, pero nunca lograste llegar ahí? Es porque no es una cebolla; son esferas nucleadas.

Más Allás son sentimientos o sensaciones que detienen tu corazón, paran tu respiración o detienen tu voluntad de ver las posibilidades. Más Allás es lo que ocurre cuando quedas en shock. Tenemos muchas áreas en nuestras vidas donde nos paralizamos. Cada vez que te paralizas, es un más allá manteniéndote cautivo. Esa es la dificultad con los más allás: evitan que estés presente. Los más allás incluyen todo lo que va más allá de las creencias, realidades, imaginación, concepción, percepción, racionalización, perdón, así como cualesquiera otros más allás. Usualmente son sentimientos y sensaciones, raramente emociones y nunca pensamientos.

Glosario

PERMISIÓN

Puedes alinearte y estar de acuerdo con un punto de vista, o te puedes resistir y reaccionar a un punto de vista. Esa es la polaridad de esta realidad. O puedes estar en permisión. Si estás en permisión, eres la roca en medio del arroyo. Pensamientos, sentimientos, actitudes y consideraciones llegan hacia ti y te rodean, porque para ti son simplemente interesantes puntos de vista. Si, por el otro lado, te vas a alinear y concordar o resistirte y reaccionar a los puntos de vista, quedas atorado en el arroyo de la locura y te vas con ellos en el viaje. Ese no es el arroyo en el que quieres estar. Quieres estar en permisión. Total permisión es: todo es simplemente un interesante punto de vista.

BARRAS

Las Barras es un proceso práctico de Access que involucra un toque ligero en la cabeza para hacer contacto con puntos que corresponden a diferentes aspectos de tu vida. Hay puntos para gozo, tristeza, cuerpo y sexualidad, consciencia, gentileza, gratitud, paz y calma. Incluso hay una barra del dinero.

Estos puntos se llaman "Barras" porque corren de un lado a otro de la cabeza.

SER

En este libro, la palabra *be (ser)* se usa continuamente en lugar de *are (eres)* para referirse a ti, el ser infinito que verdaderamente eres *(be)*, en oposición al punto de vista artificial de lo que tú piensas que eres *(are)*.

SER (BEING) Y PROBAR SER (BEINGNESS)

Ser es tú, el ser infinito que eres.
Beingness es algo que haces para probar que eres.

SÍNTESIS ENERGÉTICA DEL SER (ESB)

ESB es una clase que imparte el Dr. Dain Heer. Trata acerca de cómo tú, como ser, unes las cosas para cambiar todo alrededor tuyo.

SÍNTESIS ENERGÉTICA DE LA COMUNIÓN (ESC)

Este es un proceso que hace el Dr. Dain Heer. Básicamente, la síntesis energética de la comunión te pone en conexión con todas las estructuras moleculares del universo, de diferentes maneras. Puedes encontrar más acerca de esto en la página web de Dain (www.drdainheer.com). Él ofrece "muestras" gratis, para que puedas obtener una idea de cómo es.

VIAJERO MENTAL, VIAJERO DE CORAZÓN, VIAJERO DE ENTREPIERNA

Cuando haces un viaje mental, piensas en *ello* (lo que sea) todo el tiempo. "¿Qué sigue? ¿Qué vamos a hacer después? ¿Cuál es el siguiente paso?" El viajero mental siempre está yendo hacia: "lo que sigue, lo que sigue, lo que sigue".

Un viajero de corazón siempre está yendo hacia: "¿Por qué no me llamaste? ¿Por qué ya no me quieres? ¿Qué es lo que te pasa? ¿Qué es lo que me pasa?"

Un viajero de entrepierna siempre está tratando de probar qué tan sexual es, en lugar de realmente *ser* sexual. Es una prueba de *sexualness* —no *ser* sexual. Las mujeres que se visten provocativas, pero que no tienen un gramo de energía sexual, son viajeras de entrepierna. Se ven como que deberían de ser sexuales— pero lo son en imagen, no en la realidad.

PATRONES SOSTENIDOS

Esos son patrones que sostenemos en nuestros cuerpos. Estos pueden ser liberados con procesos de imposición de manos de Access Consciousness.

HUMANOS Y HUMANOIDES

Hay dos especies de seres bípedos en este planeta. Les llamamos humanos y humanoides. Se parecen mucho, caminan parecido, hablan de forma similar, y muy a menudo comen lo mismo, pero la realidad es que son diferentes.

Los humanos siempre te dirán que estás mal, cómo ellos tienen la razón y cómo no deberías cambiar nada. Dicen cosas como: "Nosotros no hacemos eso de esa manera, así que ni te molestes". Son los que te preguntan: "¿Por qué estás cambiando eso? Así como está, está bien".

Los humanoides tienen un enfoque diferente. Siempre están viendo las cosas y preguntando: "¿Cómo puedo cambiar eso? ¿Qué hará que esto sea mejor? ¿Cómo superamos esto?" Son las personas que han creado las grandes obras de arte, toda la grandiosa literatura y los más grandiosos progresos en el planeta.

IMPLANTES

Implantes son esas cosas que nos han hecho en una u otra vida, que tienen un efecto en el cuerpo y en la mente. Un implante crea una vibración en particular dentro de nosotros; se vuelve algo que nos impacta y nos detiene. Hemos encontrado que es posible remover o deshacer esos implantes usando los procesos de Access Consciousness.

INTERESANTE PUNTO DE VISTA

Interesante punto de vista es una herramienta de Access Consciousness. Es una grandiosa manera de neutralizar los juicios, al recordarte que no importa cuál sea el juicio, es sólo un punto de vista que tú o alguien más tiene en ese momento. No es acertado ni equivocado ni está bien o mal. En cualquier momento en que surja un juicio, sólo dices: "interesante punto de vista". Ayuda a distanciarte del juicio. No te alineas ni concuerdas con él —y tampoco te resistes ni reaccionas a ello. Sólo le permites ser lo que es, lo cual no es más que un interesante punto de vista. Cuando puedes hacer esto, estás en permisión.

¿ES ESTO MÍO?

"¿Es esto mío?" es la pregunta que haces para averiguar si los pensamientos, sentimientos y emociones que tienes realmente te pertenecen —porque el 98% de los pensamientos, sentimientos y emociones que tenemos, no nos pertenecen. Continuamente estamos captando todas esas cosas de los demás, y asumimos que son nuestras, especialmente si son malas. Y asumimos que las cosas buenas pertenecen a alguien más.

LA ENERGÍA ASESINA

La energía asesina es la energía que tomaría para que tú mates a alguien si estuvieras dispuesto a hacerlo sin juicio. Toma energía el matar a una vaca o a un venado o cualquier cosa que te vas a comer. Esa energía, entregada a alguien de la misma manera en que la entregarías si de hecho estuvieras sacrificando a un animal, es la energía que va a cambiar cosas en la gente.

LIGERO/PESADO

Lo que es ligero siempre es verdad, y sientes la ligereza de ello. Lo que es una mentira siempre es pesado, y la sientes como pesadez.

EL LUGAR

Una novela de Gary Douglas acerca de lo que siempre has estado buscando y de cómo y dónde puede ser posible.

HACIENDO POD/POC

Hacer POD/POC es una forma corta de decir que vas a regresar en el tiempo al punto donde te destruyes a ti mismo con algo o el punto de creación de algo que te tiene atorado.

JALANDO ENERGÍA, JALONES DE ENERGÍA

La mayoría de los hombres empujan energía a las mujeres a las que se sienten atraídos. Las mujeres reciben mucho de eso y su respuesta es casi siempre: "¡No gracias!" En lugar de empujar energía a alguien por quien te sientes atraído, trata de jalar energía de ellos. Esa es la forma de atraerlos. De repente se sentirán atraídos hacia ti. Los flujos de energía son la forma para crear conexión con la gente. Sólo tienes que pedirle a la energía que jale. Es así de fácil.

PONER (ALGO) EN UN *LOOP*

Esto es algo que puedes hacer con tu computadora, lo cual te permite escuchar lo que sea una y otra vez.

RECIBIR

En esta realidad, la gente piensa que la única forma de recibir es a través del sexo, copulación o dinero.

El verdadero recibimiento es ser capaz de recibir toda la información que hay. Tiene que ver con la consciencia de todo lo que es posible. Es la capacidad de percibir toda la consciencia sin ningún punto de vista.

SEXO Y NO SEXO

En Access Consciousness, cuando decimos *sexo* y *no sexo*, no nos estamos refiriendo a la copulación. Estamos hablando sobre recibir. Elegimos esas palabras porque hacen que surja la energía de recibir y no recibir mejor que cualquier otra cosa que hayamos encontrado.

La gente usa sus puntos de vista sobre sexo y no sexo como una forma de limitar su recibir. Sexo y no sexo son universos excluyentes —universos dicotómicos—, donde ya sea que te hagas presente (sexo) con exclusión de todos los demás, o escondes tu presencia (no sexo) para que no puedas ser visto. En ambos casos, debido al enfoque en ti mismo, no te permites recibir de nadie ni de nada.

IMPLANTES SHICUUUU

Estos son los implantes que son secretos, ocultos, invisibles, encubiertos, no vistos, no dichos, no reconocidos y no revelados.

SIGNOS, SELLOS, EMBLEMAS Y SIGNIFICANCIAS

Estas son las insignias que usas todo el tiempo que no tienen nada que ver con quien eres.

¿QUÉ ESTUPIDEZ ESTÁS ELIGIENDO?

Los seres infinitos, con el fin de ser inconscientes, tienen que crearse a sí mismos como estúpidos. Las preguntas que contienen esta frase "¿Qué estupidez estás eligiendo…?" no tienen el propósito de sugerir que eres estúpido. En su lugar, buscan que surja la energía de las veces en que has elegido una falta de saber —una estupidez— con el fin de crearte a ti mismo como inconsciente.

¿Qué es Access Consciousness?

¿Qué tal si estuvieras dispuesto a nutrirte y a cuidar de ti?
¿Qué tal si abres las puertas para ser todo lo que decidiste
que no era posible ser?
¿Qué tomaría para descubrir cuán crucial eres
para las posibilidades del mundo?

Access Consciousness es un conjunto de técnicas, filosofías y herramientas simples que te permiten crear un cambio dinámico en todas las áreas de tu vida. Access proporciona bloques de construcción que paso a paso te permitirán llegar a ser totalmente consciente y empezar a funcionar como el ser consciente que realmente eres. Estas herramientas se pueden utilizar para cambiar lo que no funciona en tu vida, para que tengas una vida diferente y una diferente realidad.

Puedes acceder a esto a través de una variedad de clases, libros, teleclases y otros productos, o con Facilitadores Certificados de Access Consciousness o con Facilitadores de Barras de Access Consciousness.

El objetivo de Access es crear un mundo de consciencia y unicidad. La consciencia es la habilidad de estar presente en tu vida a cada momento, sin necesidad de juzgarte a ti o a alguien más. La consciencia incluye todo y no juzga nada. Es la habilidad de recibir todo, sin rechazar nada, y crear todo lo que deseas en la vida, más grandioso de lo que actualmente tienes y que jamás pudiste haber imaginado.

Para más información sobre Access Consciousness, o sobre cómo localizar facilitadores de Access Consciousness, por favor visita:

www.accesscosciousness.com
www.garymdouglas.com

www.ingramcontent.com/pod-product-compliance
Lightning Source LLC
Chambersburg PA
CBHW050831230426
43667CB00012B/1954